华中·元照 中青年法律科学文库

家事法与家事习惯
——晋中地区家事习惯调查报告

On Family Law and
Family Customs:
A Survery Report on the Family
Customs in Jinzhong Area

杜江涌·著

華中科技大學出版社
http://www.hustp.com
中国·武汉

图书在版编目（CIP）数据

家事法与家事习惯：晋中地区家事习惯调查报告 / 杜江涌著. — 武汉：华中科技大学出版社, 2017.9

ISBN 978-7-5680-3228-5

Ⅰ. ①家… Ⅱ. ①杜… Ⅲ. ①婚姻法－研究－中国 ②家庭－法律关系－研究－中国 ③婚姻－风俗习惯－调查报告－晋中 ④家庭关系－风俗习惯－调查报告－晋中 Ⅳ. ①D923.904 ②K892.425.3

中国版本图书馆CIP数据核字（2017）第181610号

家事法与家事习惯——晋中地区家事习惯调查报告 杜江涌 著

Jiashifa Yu Jiashixiguan——Jinzhong Diqu Jiashi Xiguan Diaocha Baogao

策划编辑：王京图
责任编辑：李 娜
封面设计：傅瑞学
责任校对：北京佳捷真科技发展有限公司
责任监印：朱 玢
出版发行：华中科技大学出版社（中国·武汉） 电话：（027）81321913
武汉市东湖新技术开发区华工科技园 邮编：430223
录 排：北京欣怡文化有限公司
印 刷：北京印匠彩色印刷有限公司
开 本：710mm × 1000mm 1/16
印 张：13.25
字 数：190千字
版 次：2017年9月第1版第1次印刷
定 价：56.00元

摘　要

在法的运行中，“有限的法律”与“无限的事实”之间不可避免地存在着矛盾，面对这种法律与社会的脱节，习惯、道德等社会规范常常扮演着“消防员”的角色，起着“定分、息诉”的作用，在家事领域尤其如此。

“法的关系正像国家的形式一样，既不能从它们本身来理解，也不能从所谓人类精神的一般发展来理解，相反，它们根源于物质的生活关系。”家事习惯是长期形成并得到群众普遍认可的行为规范，是对人们良好信念的反映和美好意向的表达；在社会主义法律体系初步建立的今天，依然以其特有的方式影响着国人的生活，对调节和稳固一定的社会关系有着不可或缺的意义。

损益古今，权衡中外，笔者认为，在家事法领域，赋予法律以习惯的内容，赋予习惯以法律的特征，是家事法律在当代中国发展的有效途径。

近年来，越来越多的社会学家和法学家都开始关注家事习惯在调整婚姻家庭关系中的作用，探讨习惯、制定法的融合与互动。社会学界对家事习惯的研究成果多是以社会学的眼光来审视婚姻家庭习惯现象，但这些研究成果并没有依据该调查研究提出对相关法律的修改完善建议，并没有对相关家事习惯的规制进行探究。法学界对家事习惯的研究更多只是停留在将社会学视为一种获取数据的手段这个层面，且一般采用问卷调查或法院案例随机抽取方式，缺乏“全景式”“解剖麻雀式”的研究方式。

本报告以晋中地区（太谷、平遥、祁县）为调查点，综合运用田野作业方法、文献分析方法、调查问卷方法等手段，调查家事习惯的适用情况，对现行法律进行审视，从而提出完善法律的建议。该调研的进行，有利于推进我国社会主义先进文化建设，加快现代化建设的步伐，有利于现行法的贯彻、实施，有利于当事人利益的保障，有利于和谐社会的构建。

除前言外，本报告分为四个部分。

第一章　家事习惯调查基本问题研究

这一部分从基本概念入手，界定家事习惯的内涵和外延；从历史沿革的角度，分析家事习惯的勃兴；在阐析晋中地区家事习惯调查实证研究意义的基础上，介绍本课题所选定的调查地点和所采取的研究方法。

一、家事习惯的基本内涵

本书认为，习惯，即习俗和惯例的统称，指的是在一定范围内为众多的社会群体所认可与遵循，是一种一般性调整，在发生纠纷时由中立的第三者裁断，并由各种被默认的处罚方式作为贯行基础的强制力。习惯具有以下几个方面的特点：（1）从起源上看，习惯源于人们的社会生活实践；（2）从内容上看，习惯反映了人们生活的方方面面；（3）从存在上看，习惯具有相对独立性；（4）从表现形式上看，习惯存在多样性特征；（5）从功能上来看，习惯是人们的行为准则；（6）从价值上看，对习惯的认知具有优劣的复杂性。

本书所称家事习惯，指的是存在于日常生活中的，关于婚姻、家庭和继承等方面的习惯以及处理相关纠纷的机制。其特征表现为以下几点：（1）产生的自发性；（2）内容的私人性；（3）效力的地域性；（4）调控的内在性；（5）延续的稳定性。

二、家事习惯的勃兴

中国传统社会的习惯种类繁多，其中起主导作用的是依靠宗族而形成的宗族习惯。宗族习惯通过大量的规范全面地调整宗族成员的婚姻、家庭、继承关系，以保证宗族内部的长幼有序、尊卑有次，保证宗族血统的统一和纯正。总之，习惯与家事法具有极强的亲缘关系。

三、家事习惯调查的功效

要想客观、准确地了解家事习惯，掌握其存在、发展的一般规律，深入的调查是必不可少的。山西自丝绸之路中断以后，长期远离国际交往的中心，孤宿一隅，无法直接与异质文化接触，这样，民俗文化的变化与更新就受到了极大的限制，使它的民俗风情更具传统意蕴。笔者出生在山西一个传统气息浓厚的晋中小城——太谷，家乡的社会生活对我来说既熟悉又陌生。以晋中地区为调查区域：首先，语言上不会存在问题；其次，同乡的情感使我能进一步融入到当地人们的生活中去，以便获取真实的第一手民情资料。

第二章　晋中地区家事习惯调查结果

该部分首先对“晋中地区家事习惯调查问卷”之内容在统计调查数据的基础上进行分析采用“田野作业法”，原生态再现晋中地区相关家事习惯。

一、晋中地区家事习惯调查数据统计及分析

关于近亲属范围与通婚范围。较之法律的规定，在晋中地区，近亲属的外延有所扩大，权利义务也更体现出伦理性的特性。择婚禁忌则主要表现在两个方面：其一，禁止同姓同宗通婚；其二，禁止表亲通婚。大多数被调查者还提到了“门当户对”的重要性。晋中地区择婚过程中的禁忌，具有一定的科学性，符合一定的社会道德规范，但也不乏一定的迷信色彩。

关于婚姻礼仪。在晋中地区，男女结婚大都遵从传统的婚姻礼仪，且近些年来排场越来越大，花样种类愈益繁多。统计显示，年龄越长的人，对传统婚姻礼仪越支持。年轻人尽管认为传统婚姻礼仪礼节烦琐、铺张浪费，但想到人生大事非同小可，故亦持从众态度。

关于彩礼。彩礼是一个普遍存在的现象，在晋中地区，女方索要彩礼被认为是正常现象，即使女方不要彩礼，男方也会象征性地给一点。男方所下礼金的多少，受到以下几个因素的影响：一是家庭经济实力，二是考虑社会声誉，三是因“女方家的经济实力和社会地位”而定。在彩礼的归属问题上，近 95% 的受访者认为，彩礼应该归女方父母。调查中，近 90% 的受访者认为应该按照当地的习惯处理彩礼纠纷问题。

关于嫁妆。在山西晋中地区的太谷县，嫁妆又称之为“陪嫁”。调查数据表明，嫁妆的来源具有多样性，“嫁妆”产生的动因或功能不一而足。

关于男到女家落户。“男到女家落户”，在晋中地区被称之为“上门女婿”“招赘婚”。招赘婚产生的主要原因在男方，一般是因生活所迫。但调查结果所反映出来的原因已经突破了原有的经济与生活等方面的限制，是招赘婚走出歧视圈的一个突破口。双方的权利义务从约定。上门女婿的地位主要表现在两个方面：一是在女方家庭的地位；二是在整个社区中的地位。综合调查实证，笔者认为，从现实出发，招赘婚有其存在的必要性。

关于换亲和转继婚。关于换亲，调查结果显示，这种现象在20年前在当地比较流行，但随着改革开放带来的人们经济收入和生活水平的提高，当地已经不存在换亲的现象。关于转继婚，被调查者均表示当地没有听说过类似的事情。

关于离婚的后果。直到现在，在晋中地区，离婚仍被认为是不光彩的事情，因离婚原因的不同，财产的分配规则也不相同。在子女问题上，男孩一般归男方抚养。离婚以后，男女两家的亲属关系就自然终止了。

关于收养。在晋中地区，收养有两种形式，即抱养与过继。晋中地区所谓的抱养，就是法律上所说的收养，办理了合法的收养手续的，就是收养，因为种种原因（包括不符合法定收养条件）未能办理合法收养手续的，便是抱养。与过继的不同体现在被抱养者为宗亲以外的人。

关于分家析产。调查结果表明，分家是人们的一种理性选择，这种选择是出于生活的具体实际。从儿子结婚到分家的时间越来越短，人们对分家的评价也趋中性化。值得注意的是，协商分家、媳妇做主分家的形式已经出现，媳妇不被看作是外人而是作为一个家庭主人的身份在分家过程中逐渐凸显。分家后，“轮养”是赡养老人的最主要的方式。

关于继承人的范围。晋中地区关于继承人范围的习惯显示出四个方面的特质：第一，在生活中，丧偶的儿媳、女婿一般都难以参与到遗产的实际分配之中来，即便其尽了主要赡养义务，也只能以代位继承人（被继承人的孙子女、外孙子女）的法定代表人的身份来管理这些财产，并不拥有死者遗产。第二，当被继承人没有继承人时，一般都会将其财产留给侄子女或者是外甥子女。第三，死者的父母一般也不参与继承。第四，父母去世后，女性不参加继承，结婚后，其继承地位与男性平等。

关于遗产的范围。被调查者认为，遗产应该是一种利益，是能够给继承人带来财产增益的钱、物等东西。而“死者欠别人的钱”是一种负担，不应该纳入遗产的范围。

关于债务的清偿。在还债与分割财产的顺序、生前所欠债务的清偿顺序上，体现了人们的伦理性观念对生活的影响。

关于债权人的通知。调查结果体现了“趋利避害”的人性本能。

关于丧葬费用的负担。在当地人看来，对父母的“生养死葬”是做儿子天经地义的责任。

关于死亡消息的发布。大多数人认为，人不可能脱离社会，将死亡的消息告知他人，有助于了结与死者相关的事务，减少日后不必要的麻烦。同时认为贴告示是既有效又省钱的方式。

关于遗产的管理。对于法律没有规定的，如遗产的管理问题、债务关系的公示催告问题，老百姓有一套行之有效的做法。

关于酌分遗产人。人们的做法与法律规定之间有较大差异。

关于遗嘱形式。在当地，民间继承习惯存在忌讳“交代后事”即立遗嘱的现象，所以一般遗嘱形式运用较少或仅是在临近死亡时的口头阐述。

二、晋中地区家事习惯实录

笔者如实记录晋中地区的亲属制度、婚姻礼仪、生育习惯和丧葬仪式。

第三章 晋中地区家事习惯之解析

本部分从历史、现实、法之规制等方面对婚姻礼仪、彩礼、嫁妆、婚约、分家析产、父债子偿等家事制度和习惯进行剖析。

一、“婚姻礼仪”之解读

婚姻礼仪是人类婚姻形态发展到一定阶段的产物，是反映一定婚姻意识的积久成习的婚姻行为，不仅体现一定时代的社会生活面貌，而且随着结婚制度的发展而变化。

二、“彩礼”之解读

彩礼，作为历史的积淀和文化上的传承，作为一种婚姻习惯，仍普遍存在于我国民众的现实生活当中。关于彩礼的性质，学者仁智各见，主要有“从契约说”“证约定金说”和“赠与说”等观点。作为婚姻习惯的彩礼在被国家强力废止几十年后仍能存在于民间，并以不同的方式影响着人们的现实生活，作为一种文化，它赖以生存的民情基础是其延续至今的原因。

三、“嫁妆”之解读

嫁妆在中国有着古老的历史，送嫁妆也是传统婚俗中的必备部分。

四、“婚约”之解读

早在西周时期，我国就有了有关婚约的相关规定，新中国成立以后的1950年和1980年《婚姻法》中都没有关于婚约的规定。但在司法实践中，因婚约引起的财物纠纷案件却屡屡可见。

五、“分家析产”之解读

分家析产习惯在中国由来已久。纵观立法态度，从古代到近现代，经历了一个承认—否认—再承认—再否认的反复、犹豫的抉择过程。在大多数的中国家庭里面，家产的传递实际上是家产负责人权力的一种交接，具有特殊的意义和功能。在民间，形成了一套较为成熟的分家析产制度。

六、“父债子偿”之解读

即使在当今社会，仍有多数民众认可“父债子偿”的传统观念，一方面是由于民众的法律意识不够高，但更多地表现出人们朴素的信誉观念，也表现出人们仍愿意付出代价以维护死去父母之尊严与人格。从现代意义上讲，“父债子还”系另类形式的信用体制，稳定了经济生活，为债权人提供了可信的担保，保障债权顺利实现，是一个家庭诚实信用的体现。

第四章　家事习惯与我国家事立法的修改、完善

本部分主要阐析了三个方面的问题：第一，从纵向的角度介绍我国立法、司法对习惯的态度；第二，分析家事立法中制定法与习惯良性互动的可行性与必要性；第三，家事习惯的法律规制。确立家事习惯的取舍原则，对亲属制度、结婚的形式要件、彩礼制度、归扣制度、婚约制度、法定继承制度、遗产破产制度等问题进行深入剖析，并提出相应的立法或完善建议。

关于亲属范围制度。我们认为，应当将我国亲属分为配偶、血亲和姻亲三个种类；明确规定亲等；明确规定我国近亲属的范围。

关于结婚形式要件。对我国目前婚姻礼仪不宜简单否定，而应切实正确引导，并对我国现行结婚制度进行适当改革：结婚的形式要件采登记与公告结合制的形式；限制承认“未登记婚”。

关于彩礼制度。法律应当承认婚约关系变动给当事人精神利益产生的实际影响，通过对物质利益的安排，使得当事人之间失衡的利益关系恢复平衡。

关于嫁妆与继承权。建立归扣制度以达到定分止争的目的。

关于婚约制度。法律应对婚约制度作出原则性规定，同时确立使用婚约制度的基本原则。

关于法定继承制度。应从以下几个方面予以完善：第一，“男女继承权平等”原则的贯彻；第二，将侄子女、外甥子女规定为法定继承人；第三，重构法定继承顺序；第四，确立配偶应继份上的先取权和使用权。

关于遗产破产制度。我国应该引入遗产破产制度，并结合我国现实的社会现状和习惯，设立适合我国国情的遗产破产制度。

前　言

中国是一个有着五千年历史的文明古国，因各民族、地区、宗教、文化等的影响，历史的进程中形成了形形色色的习惯。正如恩格斯指出：在社会发展某个很早的阶段，产生了这样的一种需要：把每天重复着的生产、分配和交换产品的行为用一个共同规则概括起来，设法使个人服从生产和交换的一般条件。这个规则首先表现为习惯，后来便成了法律。[1]法因习惯而生，也因习惯而变。传统与现代性作为一对难解的结，并行于法律发展的整个过程中。在迅速走上法律现代化道路的中国，习惯依然以其特定的方式影响今天中国人的法律生活。“国家制定法和民间法之间必须尽力沟通、理解，在此基础上相互妥协、合作，这样可以避免更大的伤害，获得更大的收益。”[2]

尊重和承认习惯是古今中外各国的普遍做法。国外先进的立法例，自古罗马到近现代的法、德等国，再到现在的荷兰、意大利、俄罗斯等国的民法典，无不高度重视习惯的作用。[3]在我国，元朝即有“尽收诸国，各依风俗”[4]的立法指导思想，20世纪初叶（民国元年至民国二十五年），当时的民国政府开展了遍及全国、规模巨大的民商事习惯调查活动。[5]“人们

---

〔1〕《马克思恩格斯选集》第2卷，人民出版社1972年版，第538~539页。

〔2〕苏力：《法治及其本土资源》，中国政法大学出版社1996年版，第63页。

〔3〕李霞：《民间习俗中的彩礼及其流变》，载《民俗研究》2008年第3期。

〔4〕《元典章》卷57。

〔5〕1922年春，中国代表在华盛顿会议上提出收回领事裁判权问题，大会决定由各国派员来华调查司法。北洋政府责成司法部加速司法改革，民法典的修订重新被提上议事日程。

在反思清末立法之得失时，依然认为其重大失误的教训之一还是对于本国的习惯或惯例未能给予足够的重视。”“调查所得之民间法规则仍然未能充分而合理地反映于立法之中……其结果，不但西方化成为20世纪中国社会现代化的基本主题，而且法律与社会脱节也构成了20世纪中国法制最基本的格局和特征，法律往往只是纸上的法，而民众大多在‘法律’之外我行我素。”〔1〕“在中国的法治追求中，也许最重要的不是复制西方法律制度，而是重视中国社会中的那些起作用的，也许并不起眼的习惯、惯例，注重人们经过反复博弈而证明有效有用的法律制度，否则的话，正式的法律制度就会被规避、无效，而且可能给社会秩序和文化带来灾难性的破坏。”〔2〕

家事法（主要包括婚姻法和继承法）是最具民族特色的部门法之一，与一个国家的婚姻家庭制度和民事习惯有着密切的联系。在当代社会，多种多样的民间习惯在解决家事关系及争议方面发挥着重要的调整作用，即实质上替代了相关法律在调整着人们有关的家事事宜。〔3〕

在笔者看来，家事领域的问题，并不是一个可以通过移植其他国家的相关制度就能完全解决的问题。一个民族国家的家事法的制度设计，应该体现这个民族长期以来对解决该问题的认同程度。在这方面的习惯，只要不违背自由、平等这些现代伦理，法律就没有扭曲习惯的必要。因为，现代法还需要是一个体现人性关怀的法，私法自治的另一个含义就是，只有在私法领域内尽可能地排斥强制干涉，才可能营造出一个体现人性关怀的法制环境。因此，作为市民社会调整家庭关系的基本制度之一，家事法的

修订法律馆以《大清民律草案》为蓝本，调查各省民、商事习惯，并参考各国最新立法，于1925年完成并公布了民法典的第二个草案。

〔1〕 胡旭晟：《20世纪前期中国之民商事习惯调查及其意义（代序）》，载前南京国民政府司法行政部编，胡旭晟、夏新华、李交发点校：《民事习惯调查报告录》（上册），中国政法大学出版社2000年版，第10～11页。

〔2〕 苏力：《法治及其本土资源》，中国政法大学出版社1996年版，第36页。

〔3〕 在此要强调的是，这一现象的存在，并不代表“习惯”对制定法的取代，反之，我们必须时刻谨记“对民事习惯的积极和消极作用有比较全面的认识”，以免挂一漏万。（徐国栋：《认真地反思民间习惯与民法典的关系》，百度文库 http：//wenku.baidu.com/view/01ebfcd4b14e852458fb573f.html。访问时间：2016年11月10日。

相关设计必须做到“从群众中来，到群众中去”，以期更好地为公民的生活服务。“如果法律调整的某种社会关系发生了新的变化，出现了新情况、新问题，法律就必须根据丰富而生动的现实生活的需要而进行相应的立、改、废，才能具有旺盛的生命力。然而，现实生活中的某种社会关系到底发生了怎样的变化，我们是不可能从书本上获知的，也不能靠自己的头脑去凭空想象，而只能深入到社会现实生活中去调查，去研究，去分析，去发现。我们对法律的立、改、废才具有现实的科学依据。”〔1〕也正是基于上述原因，我就“晋中地区家事习惯”〔2〕进行调查〔3〕，寄希望于通过对调查结果的分析，找出法律条文与现实之间的差距，有的放矢，博采众长，对婚姻家庭继承制度进行科学的设计。

---

〔1〕 陈苇:《当代中国民众继承习惯调查实证研究》，群众出版社 2008 年版，第 23 页。

〔2〕 目前，绝大多数关于“民事习惯”的系统性研究均是针对少数民族的，针对汉族地区的民事习惯研究相对而言比较零散，究其原因，大概有以下两点：其一，汉族相对少数民族而言具有高度的同质化倾向，特有的民事习惯并不像少数民族地区那样丰富；其二，相对于少数民族，汉族地域广阔、人口众多，民事习惯在各地具有截然不同的内容和形式。（尚海涛:《农业雇佣习惯法研究》，山东大学 2008 年硕士学位论文。）也许汉族的高度的同质化减弱了其民事习惯的独特性，但是，越是在大范围内被适用的民事习惯其意义和价值也就越大。即便可能汉族的民事习惯在各地具有截然不同的内容和形式，但是其与少数民族的民事习惯一样，作为区别国家法的规则模式和形态，各地不同的民事习惯同样也是作为“地方性规则”或“地方性知识”而存在，与国家法一道对当地的秩序进行规制。因此，对汉族聚居地区，进行一定地域范围内的针对性研究也是具有相当的价值的。（张哲:《当代中国民事习惯法研究的回顾与展望》，载《广西政法管理干部学院学报》2010 年第 1 期。）

〔3〕 主要通过“田野调查”以获取第一手资料，通过“问卷调查”以获知被调查者在相关问题上的态度倾向。

目　录

第一章　家事习惯调查基本问题研究

一、家事习惯的基本内涵

（一）习惯的界定

习惯是一个人们日常使用频率较高的词。在古代文献中“习惯”有两种基本含义。一是指习于旧惯。如，孔子曰：“少成若天性，习惯如自然。”二是指长时间养成的不易改变的生活方式。《司马法》中有：“习惯成，则民体俗矣。”根据《辞海》的解释，习惯就是：“由于重复或练习而巩固下来的并变成需要的行动方式。”《现代汉语词典》对习惯的解释是：“①常常接触某种新的情况而逐渐适应。②在长时期里逐渐养成的、一时不容易改变的行为、倾向或社会风尚。”《词源》将“习惯”解释为：“长时间养成的不易改变的生活方式。”《牛津法律大词典》中对习惯也有解释，“在大多数发达的社会中，一般的或广为流传的习惯一直经常是法律的重要的历史渊源，因为一般习惯做法已经得到如此公认，以致通过司法上的接受、采纳并在其后适用于其他案件而已经成为习惯法，或者已经被教科书的作者阐述为具有法律效力，或者已经在立法中得到采用或认可”。[1]

---

〔1〕 显然，该解释将习惯与习惯法基本混同。笔者认为，“习惯法”是一个不科学的术语。这一概念只能是限定在学者们分析问题时的一个分析性概念适用，而不能把它当成是一个与国家法相对应的分类概念使用。因为在国家制定法之外不应存在另外一种也称之为法的东西。如是使用，不仅会带来群众认知上的混乱，而且在实践中也可能有负面的影响。如《大清民律草案》第一条规定：“民事，本法所未规定者，依习惯法；无习惯者，依条理。”用的是“习惯法”这一概念。但到了 1928 年编纂《民法总则》时，本条被修改为：“民法所未规定者，

本书认为，习惯，即习俗和惯例的统称，指的是在一定范围内为众多的社会群体所认可与遵循，是一种一般性调整，在发生纠纷时由中立的第三者裁断，并由各种被默认的处罚方式作为贯行基础的强制力。“可以是家庭的，也可以是民族的；或者有明确的规则，或者更多地表现为富有弹性的规范；其实施可能由特定的一些人负责，也可能依靠公众舆论和某种微妙的心理机制。”[1]习惯具有以下几个方面的特点：

1. 从起源上看，习惯源于人们的社会生活实践

在古代，人们当时尚无立法者，当时根本没有这类东西存在，最初连文字也没有，人们根据习惯而生活。习惯源于生活，取材于具体经验，与人民群众的生活贴近，并随着时代的发展而不断演化，广泛流行于某一地域，并在一定条件下经常重复出现，成为传承思想、积淀文化的载体。

2. 从内容上看，习惯反映了人们生活的方方面面

习惯存在于生活的方方面面，范围广泛。习惯反映的是群众在日常生产、居住、饮食、衣着、婚丧、节庆、典仪、纠纷处理等物质生活和精神生活方面共同的或广为流传的喜好、风气、崇尚与禁忌，其内容大多朴实、简洁、方便、易操作，欠缺成文法规或无完整明确的条文体系。

3. 从存在上看，习惯具有相对独立性

习惯会随着社会的发展而演进，但“所有高等文明体系都是异常复杂的……一个人、一次战争或者一个条约断不能立刻将当时的宗教的、知识的、法律的、军事的、政治的思想和习惯统统改变。一次战争，或者一个条约也许可以改换一个国家的君主；一种很厉害的瘟疫也许可以影响他们的经济状况，但是在历史上看起来，没有一次骤然的变化改变了大部分人类的习惯、风俗和制度”。[2]

依习惯；无习惯或虽有习惯而法官认为不良者，依法理。”弃“习惯法”而采用“习惯”的概念，可见，当时的立法者已经意识到使用“习惯法”这一术语可能导致的不良后果。

〔1〕 梁治平：《清代习惯法：社会和国家》，中国政法大学出版社 1996 年版，第 431 页。

〔2〕 [美]詹姆斯·哈威·鲁滨孙：《新史学》，齐思和等译，商务印书馆 1964 年版，第 106~107 页。

4. 从表现形式上看，习惯存在多样性特征

习惯反映一定社会的风土人情、精神风貌，其表现形式多样。有的以村规民约的形式出现，内容完整、详尽；有的以俗语、谚语的形式流传，没有文字记载，但却代代口口相传；有的散落各地，很难“成形”。

5. 从功能上来看，习惯是人们的行为准则

“行有行规，家有家法。”习惯是人们社会交往、礼仪禁忌和生产劳动的遵从模式，当人们依此行事时，既不会自责，也不会遭到周围舆论的谴责，并且大部分人都是依据这样的原则来做事的。

6. 从价值上看，对习惯的认知具有优劣的复杂性

习惯是人类活动的产物，并不以公平正义之理念为基础，所以习惯本身也是很复杂的，有优劣、善恶之分。[1] 当然优劣、善恶的判断标准因时代和形势的不同而有所变化。[2]

（二）家事习惯的界定

本书所称家事习惯，指的是存在于日常生活中的，关于婚姻、家庭和继承等方面的习惯以及处理相关纠纷的机制。其表征表现为以下几点：

1. 产生的自发性

家事习惯大都是在长期的社会生活中自发形成的，反映的是人们在婚丧、嫁娶、继承以及家庭维系方面的需要，是人们适应自然环境和社会环境的必然结果。

2. 内容的私人性

家事习惯源于规范个体或群体的日常事务的准则，它所涉及的更多的，或者说是最主要的，都是人们之间的私事，如婚丧、嫁娶、节日喜庆，且侧重于对人们之间的生产关系、婚姻家庭等问题的保护与解决。

3. 效力的地域性

家事习惯“百里不同风，千里不同俗”。它产生于特定社会区域的群体

---

〔1〕 苗鸣宇：《民事习惯与民法典的互动——近代民事习惯调查研究》，中国人民公安大学出版社 2008 年版，第 17 页。

〔2〕 对于“善”“恶”的区分标准，在书中“家事习惯的法律规制”部分进行阐释。

和组织，为特定地域人们在处理婚姻家庭继承关系纠纷中所普遍认同、共同遵守、广泛运用。但是，家事习惯的地域性并不排除其在更大范围内存在的可能性，况且，不同地区之间家事习惯的这种差异性一般来说不是本质的，并没有达到水火不容的地步。亦即，某一家事习惯具有合理性与先进性，并不排除将其纳入国家制定法的可能。

4. 调控的内在性

家事习惯是在长期的社会生活中逐渐形成的，人们内心的认同和价值取向的共同性，是家事习惯生命力延续不断的保障。法律是刻在铜表上的，而风尚、习俗铭刻在公民内心里。[1] 家事习惯实体内容与程序内容混杂，不具有法律的明确性、确定性和科学性，但“在一个特定的社会群体中，对它的违反将导致一种相对普遍的而且具有实际影响力的谴责性反应”。[2] 在这个过程中，大多没有严格的正式程序手段可供遵循，重视运用“调解”手段解决纠纷，而调解者往往不是特殊的专家，而是双方都接受的邻居、亲戚或当地有威望的人。[3]

5. 延续的稳定性

家事习惯弥漫在乡土社会生活的各个方面，它规范着人们在婚姻家庭继承方面的行为，维系着所在区域的社会秩序。“那些由长期习惯确认了的并且被常年遵守的东西，同写成文字的法一样，被作为公民间的默认协议。”[4] 与时代发展相适应，家事习惯也在逐渐发生着变化，但是它始终保持着一种波澜不惊式的稳定。它经受着生活对于它的洗礼和检验，承受着外来力量的冲击，但人们依然对它充满信任，这种无形的约束始终调整着人们的生活。

---

〔1〕［法］卢梭：《社会契约论》，何兆武译，商务印书馆 1980 年版，第 73 页。

〔2〕［德］马克斯·韦伯：《社会学的基本概念》，顾中华译，广西师范大学出版社 2005 年版，第 213 页。

〔3〕这些人有共同的特质，办事比较公道，有威信，能说会道，被视为是“能人”。

〔4〕［意］桑罗德·斯奇巴尼亚：《正义合法》，黄风译，中国政法大学出版社 1992 年版，第 63~64 页。

二、家事习惯的勃兴

（一）习惯与制定法的并行不悖

在有国家、统治阶级以前，制定法是不存在的，社会秩序是在长期的劳作过程中缓慢形成的，这是一个渐进的过程，也是一个不断形成共识的过程。《汉书·地理志》曰："凡民函五常之性，而其刚柔缓急，音声不同，系水土之风气，故谓之风；好恶取舍，动静亡常，随君上之情欲，故谓之俗。""无论何时，只要行为规则变成了习惯，即它成了众人同意的指导性行动，可以说，这就是传统。"〔1〕可见，习惯根植于社会生活，如影随形。其一经形成，就会成为一种支配个人行为和生活的无形力量，迫使人们按它的要求去行动、去生活。正所谓"习惯成自然"。正是在这种习惯的支配下形成了一定的传统，秩序才得以确立，这就是原始状态下的"法"，"违反习惯的人往往会被恪守习惯的民族群体或村落群体所排斥，而自觉遵守本民族、本村寨习惯者才能表示对本民族、本村寨群体和文化的认同，也才能赢得本民族和本村寨群体的认同，完成个体与群体之间的互动过程"。〔2〕

进入阶级社会以后，国家为了贯彻统治者的意志，为了维护有利于统治阶级的秩序，动用了国家机器制定了法律，这就导致了制定法与习惯的分离。虽然制定法在一定程度上反映了习惯的某些要求，但由于渗入了统治阶级的意志，因此，二者绝不可能重合。同时，国家制定法出于统治的宏观需要不可能面面俱到，这必然留下了大量的真空地带，这就为习惯法提供了大展身手的舞台。诚然，当今法律规则愈来愈明确，习惯的有效空间已大为缩小，然而，"这并不意味着习惯所具有的那种产生法律的力量已耗尽、枯竭，我们会发现，职业或商业习惯，甚或更为一般性的习惯仍在非诉讼情形中调整着人们的行为，而且这种习惯还在法庭审判活动中起着

---

〔1〕［德］马克思·韦伯：《论经济与社会中的法律》，张乃根译，中国大百科全书出版社1998年版，第27页。

〔2〕张晓辉、王启梁：《民间法的变迁与作用——云南25个少数民族村寨的民间法分析》，载《现代法学》2001年第5期。

某种作用”，[1]因此，在制定法之外，尚存在许多领域须由习惯去调整，这也正是制定法的生命力的来源之一。

德国法学家萨维尼指出：“法律只能是土生土长和几乎是盲目地发展，不能通过正式理性的立法手段来创建。一个民族的法律制度，像艺术和音乐一样，都是他们的文化的自然体现，不能从外部强加给他们。”[2]他认为，法的基础就是民俗，法的最好来源不是立法，而是习惯，只有在人民中活着的法才是唯一合理的法，民俗最有生命力，其地位远远超过立法。马克思也同时指出：法的关系正像国家的形式一样，既不能从它们本身来理解，也不能从所谓人类精神的一般发展来理解，相反，它们都源于物质的生活条件。[3]一定的物质生活条件必然要求一定的社会生活模式，必然会出现符合、适应一定物质生活条件下的习惯，这种习惯有一定的权威系统的支持和强制保证其适用。埃利希的“活的法律”理论实质就是指习惯的巨大效力。

社会存在决定社会意识，但社会意识具有一定的独立性，会产生长远的影响。除了根本法、公民法和刑事法之外，“在这三种法律（即政治法、民法、刑法）之外，还要加上一个第四种，而且是一切之中最重要的一种；这种法律既不是铭刻在大理石上，也不是铭刻在铜表上，而是铭刻在公民们的内心里；它形成了国家的真正宪法；它每天都在获得新的力量；当其他的法律衰老或消亡的时候，它可以复活那些法律或代替那些法律，它可以保持一个民族的创制精神，而且可以不知不觉地以习惯的力量取代权威的力量。我说的就是风尚、习俗……其实这些规章都只不过是穹隆顶上的拱梁，而唯有慢慢诞生的风尚才最后构成那个穹窿顶上的不可摇动的拱心石”。[4]

---

〔1〕［美］E. 博登海默：《法理学、法律哲学与法律方法》，邓正来译，中国政法大学出版社 1999 年版，第 472 页。

〔2〕［英］乔治·皮博迪·古奇：《十九世纪历史学与历史学家》，耿淡如译，商务印书馆 1989 年版，第 79 页。

〔3〕《马克思恩格斯全集（第十九卷）》，人民出版社 1972 年版，第 86 页。

〔4〕［法］卢梭：《社会契约论》，何兆武译，商务印书馆 1980 年版，第 73 页。

由于制定法体现了统治者的利益要求，而习惯更多的是乡民社会的地方性规则，可以说，这两者的矛盾在一定程度上是不可调和的，也正是这种矛盾的一定程度上的不可调和性以及制定法的未必有效性为习惯的生存及发展提供了更为重要的基础。

（二）家事习惯与制定法的嬗变

习惯转化为制定法，最早出现在民事领域，产生于氏族外群婚时期。中国传统社会的习惯种类繁多，其中起主导作用的是依靠宗族家族而形成的宗族习惯。宗族习惯通过大量的规范全面地调整宗族成员的婚姻、家庭、继承关系，以保证宗族内部的长幼有序、尊卑有次，保证宗族血统的统一和纯正。

1. 在婚姻方面，宗族习惯对婚姻缔结的实质要件和形式要件都有若干规定，以保证封建宗法婚姻关系

宗族习惯有订婚、结婚年龄的规定。如明代庞尚鹏撰写的《庞氏家训》中就规定："男女议婚，必待十三岁以上方许行聘礼，恐时事变更，终有后悔。"

婚姻当事人一般要求门当户对，婚姻双方门第相当。如泾川万氏《家规》的规定："嫁娶不拘贫富，惟择阀阅相当。"

婚礼是外族人加入本族取得本族族籍成为本族成员的标志，因此习惯法有不少这方面的规定。如《宋史·礼志》所载，"士庶人婚礼，并问名于纳采，并请期于纳成。其无雁奠者，三舍生听用羊，庶人听以雉及鸡鹜代"。民初山东《济南县志》也载："日晨，舅姑盛服，率新妇谒祖先，遂拜遍舅姑和尊长，曰拜三。"基本上，婚礼仪式是取得社会认可的形式要件。

2. 宗族习惯调整家庭关系，规范夫妻行为，维护家庭关系的稳定

太平李氏家法有"宜室家第三条"，其规定为"夫妇乃人道之始，万化之基也。相敬如宾，岂容反目。虽夫为妻纲，固当从夫之命；然妻言有理，亦当从其劝谏"。

同时，在父母子女关系上，宗族习惯法要求子女服从父母特别是父亲的教导，从"父为子纲"原则出发，"孝为百善先"。司马光所订家规《居

家杂议》规定："凡子受父母之命，必籍记而佩之……"确立家长的支配权。

3. 宗族习惯还调整继承关系，规定了立后承继的原则和顺序，以确保宗族财产不流入他族

依习惯法，只有儿子才有权继承财产，女儿外嫁他姓即失去了财产继承的资格。诸子按平均继承原则继承财产。长子因继承宗祧，一般可另外再得一份，以供家祀之用。

无子立嗣，禁止以异姓之子立嗣，如《寿州孙氏家谱》规定："无子立嗣，必择名分相当者，于谱内说明。如后继无人，准其立爱，惟不得抱养异姓之子，以致紊乱宗族。"

为了避免因图产争嗣而在宗族内部引起争端，宗族习惯法对承继立嗣的顺序进行了规定，如交河李氏"凡无子之家，必遵长门无子过次门之长；次门无子，过长门之次子例，不许乱争。如无应继之人，必择其近支之子多者而继之，如近支无人，必择其远支有才者而继之"。[1]

有的宗族还对财产继承规定了宗族机构的监督权，保证财产按宗族所确立的原则和方式继承，维护宗族内部秩序。

随着生产力的发展，人们认识水平的提高，习惯在实践的传承中发生了分化和变异，一部分习惯被淘汰、废弃，一部分习惯经过一番扬弃和改造，融入其后的民事法律法规中。可以肯定的是，在任何民族的民法体系中，习惯是一种"不仅最古老而且是最普遍的法律渊源"。[2]为此恩格斯指出，在社会发展某个很早的阶段，产生了这样的一种需要，把每天重复着的生产、分配和交换产品的行为用一个共同规则概括起来，设法使个人服从生产和交换的一般条件。这个规则首先表现为习惯，后来便成了法律。

总之，习惯与家事法具有极强的亲缘关系，而对于刑法、行政法等法律，因为它们本身就是国家强制力的直接体现，它们往往涉及公共利益、

---

〔1〕 转引自高其才：《中国习惯法论》，湖南出版社 1995 年版，第 35 页。

〔2〕［美］埃尔曼：《比较法律文化》，贺卫方、高鸿钧译，三联书店 1990 年版，第 43 页。

公共秩序的维持，因此，在这些领域中，习惯的适用范围是相当狭隘的，甚至可以说是不可能的。

三、家事习惯调查的功效

“风俗改革，是根据平衡的眼光，以求废除或建设某种的风俗；而民俗研究，则根据客观的事实，以求得到民俗的因果的关系；至于共同所必采的手段，则彼此俱以确实的调查为第一步功夫。”[1]家事习惯也是如此。要想客观、准确地了解家事习惯，掌握其存在、发展的一般规律，深入的调查是必不可少的。

（一）民事习惯调查的作用与应用

1. 民事立法是一项综合性的工程，民事习惯调查是民事立法的一个重要环节

对此，有人认为：在我国要进行一次较为全面、客观的民事调查，需要耗费巨大的人力、物力、财力，其成本付出无法估量，这从清末和北洋政府时期进行的两次民事习惯调查中得到了证明。就其投入与产出，从今天的法律经济学中法律成本与法律效益的比例来分析是不值得的。这个问题的解决主要在于如何评价民事习惯调查所带来的法律效益问题，如果我们将这个法律效益仅仅局限于民法典中直接采用了多少民事习惯调查结果，那样的话，法律效益的确不高，但是，我们不能忽视的是，民事习惯所产生的法律效益绝不仅仅局限于直接作为法律条文加以应用[2]，它在法的移植

〔1〕 容肇祖:《风俗改革与民俗研究》，载苑利主编:《二十世纪中国民俗学经典》（民俗理论卷），社会科学文献出版社 2002 年版，第 15 页。

〔2〕 纵观各国法典的编撰，我们可以简单将民事习惯调查和对立法的影响分为两大类：一、直接的影响。二、间接的影响。对于第一类而言，主要体现在立法条文直接引用习惯用语，或是立法条文不直接引用习惯用语而是由于各方面因素将其改为另外一种表达，但是实质内容没有变化。对于后者而言，又可以分为三种情况：第一种情况是立法不采用习惯做法，但是立法也不另行作规定，这种情况一般发生在由于立法技术不够成熟，异议较大，于是选择较为弹性的规定或者是有意识地制造法律漏洞，留待司法解决；第二种情况则是立法不是采用习惯而是反习惯之道而行之；第三种情况即是采用原来的习惯用语，但是内容却完全不同，有其名而无其实。

和法的继受方面的影响同样不容忽视。

（1）民事习惯对通过法律移植方法立法的影响。“当民法被植入一个具有深厚的文化传统国度时，民法的价值将与该国原有的文化价值观念发生激烈的碰撞。”[1]在身份性较浓厚的家事领域，这样的碰撞就更加明显了。怎样才能让这种碰撞更缓和地进行，使其不至于产生过多的负面效果？这就需要对民事习惯在此移植过程中发挥怎样的作用进行分析。

对于主要采取法律移植方式进行的立法，民事习惯起到参照物的作用。以民国民法典的编撰为例，可以说，民国民法典在很大程度上是依靠法律移植进行的，当时参加立法的都是一些从国外留学回来的法学家，他们的法律思想深受外国影响，而且整个立法过程，都是在参考日本、德国、法国、瑞士等国民法典的同时进行的，这些在与以上国家法律条文的对照中已是很清楚的了，就如梅仲协所说“现行民法采德国立法例者，十之六七；瑞士立法例者，十之三四；而法、日、苏联之成规，亦曾撷取一二”。[2]但是不同的社会环境，不同的历史文化背景，如果不依通过对本国民事习惯精心调查得出的结果和其他相关的资料来制定本国的民法典，那与不加限制、检测而从国外引进生物是一样的，不同的是后者极易造成生物入侵，导致某个区域内生态破坏，前者则可能使原有的社会关系混乱，甚至激化社会矛盾。

（2）民事习惯对通过法律继受方法进行立法的影响。对于主要采取法律继受方式进行的立法，民事习惯起到过滤消毒的作用。任何事物都是在变化中的，一成不变的事物是不存在的。民事习惯虽然比较稳定，但也是存在或多或少变化的，因此我们不能拿着过去那些已经为人们所舍弃的民事习惯来衡量今天的生活，因此对于传统习惯法的规定要进行筛选以后再加以采用，一方面尽量地将相关“恶习”通过法律的规定加以修正，另一方面又要顾及法律执行问题，采取一些概括性规定，赋予司法更多的自由

〔1〕［美］艾伦·沃森：《民法法系的演变及形成》，李静冰、姚新华译，中国政法大学出版社1992年版，译者后记。

〔2〕梅仲协：《民法要义》，中国政法大学出版社1998年版，初版序。

与变通。将“毒性”降到最低。

2. 民事习惯调查是配合民法典编纂的一项重要的准备活动，要编撰一部优秀的民法典必须在本民族特点的基础上，以民事习惯为依托

民事习惯调查的作用是不容置疑的，清末和北洋政府时期的两次组织民事习惯调查并非是毫无意义而言的，只是由于当时的社会环境而难以发挥其效能。同样，在先前的民事习惯调查基础上编撰的南京国民政府时期的民法典，在制定以后也由于历史、政治等因素而没有实施。在大陆，该法典几乎没有很好实施过，但是该法典在我国台湾地区一直沿用至今，当中，进行过修改，但是幅度比较小，应该说，我国台湾地区近年来经济的迅速发展，与该民法典发挥的作用是有密切关系的。不仅如此，随着该法典的颁布施行，中国民法学研究出现了前所未有的高潮，从 20 世纪 30 年代开始，涌现出了一大批著名的民法学者与优秀的民法学著作，这些学者的思想与他们的著作直到今天仍有重要的研究价值，对于我们制定新的民法典，从事民法研究都有非常积极的作用。此外，在国外民法典历史上也有比较成功的例子。首先是《法国民法典》，起草人之一波塔利斯认为法国民法典之所以优秀的原因：“如果说允许这样表达的话，那么就是说，我们已经完成了一种成文法与习惯法之间的妥协，即不论何时，我们已经能够使二者的规定和谐一致，或者采用一者来修改另一者而没有破坏其体系的统一，也没有违背其总的精神。”[1]而这样的成功是建立在大量的民事调查工作基础上的，法国从 13 世纪以来就开展民事习惯的采录工作，到 18 世纪末才基本告竣。至于习惯法和罗马法的融通工作，则从 16 世纪已经展开了。其次还有《德国民法典》《瑞士民法典》。

（二）晋中地区家事习惯调查实证研究的意义

透过历史的演进可以看到，东西南北地理环境的巨大差异，从密到疏那极不均匀的人口分布，受异国情调和不同民族的影响不同，由此而形成

〔1〕 俞江:《民事习惯调查与中国民法典编纂》，中国法律文化网，http ://www.ruclcc.com/，访问日期：2016 年 11 月 13 日。

的经济优势和自然优势的巨大差异，直接造成了不同区域间人们那各有千秋的传统习惯、民情风俗和性格心理，“百里而异习，千里而殊俗”。

诚如费孝通先生在他的《江村农民生活及其变迁》一书中所说的，为了对人们的生活进行深入细致的研究，研究人员有必要把自己的调查限定在一个小的社会单位来进行。这是出于实际的考虑，调查者必须容易接近被调查者以便能够亲自进行密切的观察。另一方面，被研究者的社会单位也不宜太小，它能够提供人们社会生活较完整的切片。

山西自丝绸之路中断以后，长期远离国际交往的中心，孤宿一隅，无法直接与异质文化相接触，这样，民俗文化的变化与更新就受到了极大的限制，使它的民俗风情更具传统意蕴。

此外，笔者出生在山西一个传统气息浓厚的晋中小城——太谷，家乡的社会生活对我来说既熟悉又陌生。熟悉是说，家乡的大多数家事习惯我都有所耳闻，有些还亲身经历，生活实践与法律规范之间的差异，理想与现实之间的不同，也是促使我思考和写作本书的主要动因；陌生是说，我对相当的家事习惯了解的并不是面面俱到，不能像家乡的父老一样，对每一家事习惯都能将它们与具体的人和事相联系。但不管如何，以晋中地区为调查区域：首先，语言上不会存在问题；其次，同乡的情感使我能进一步融入到当地人们的生活中去，以便获取真实的第一手民情资料。

（三）晋中地区家事习惯调查实证研究的方法

1. 调查地的选取

古人云：“水性使人通，山性使人塞，水势使人合，山势使人离。”这就形象地说明了环境不同民俗也不同。梁启超把我国不同地理环境中的不同习俗特点归结为：“北俊南靡，北肃南舒，北强南秀，北塞南华。”中国南北方的差异，不仅表现在人的身高体重及外貌特征上，在语言、性格、习惯、服饰、建筑风格等方面也有很大的不同。

林语堂把中国分为“粗犷豪放的北方”和“温柔和婉的南方”。他以为：尽管中国的南方与北方被共同的主干文化纽带连在一起，成为一个民族，但实际上，他们在性格、体魄、习俗上的区别之大，并不亚于南欧地中海人和北欧日耳曼人的差别。一方面我们看到的是北方的中国人，习惯于简单质朴的思维和艰苦的生活，身体高大健壮，性格热情幽默；另一方面，在长江以南，人们会看到另一种人，他们喜爱文学，勤于修养，老于世故，头脑发达，身体退化。显然这是很有见地的概括。

黄河流域，是一部硕大的史书，它记载了远古人类活动的历史，那一处处遗址，就是文明发展的丰碑。山西，地处黄河流域与黄土高原地带，南部沿黄河一线和汾河谷地正是中国传统文化的发祥之地，这里有长达几千年之久的文化积淀，古迹遍地，每处古迹似乎都在向世人诉说一个古老民族灿烂的文明和悲壮的命运。

山西，曾经有过辉煌的历史，在很多时候，它曾经是中国经济与文化的中心，从唐太宗到司马光，这片黄土地上人才辈出。然而，伟大的汉唐之后，随着中国经济与文化中心移向东南，山西便开始落伍了。由于地处内陆，交通不便，经济落后，社区封闭，各种现代化的信息传播受到时空的限制，风俗与价值倾向呈现出一种严重的沉淀与凝固性，人们的心理、精神与行为被牢牢地锁在历史的山谷之中。

如同今日中国东南沿海地区近临东南亚，面向海洋文明一样，丝绸之路也曾是古代中国面向世界进行沟通、交往与接触的欧亚大通道。大西北也曾通过与西域与地中海的交往而丰富了自己的文明。但是，山西自丝绸之路中断以后，长期远离国际交往的中心，孤宿一隅，无法直接与异质文化相接触，这样，民俗文化的变化与更新就受到了极大的限制，使山西的民俗风情更具传统意蕴。

（1）调查地之一：太谷县。太谷县位于山西省中部，地处晋中盆地，总面积 1033.6 平方公里，总人口 27 万人，其中耕地面积 45 万亩，农业人口 21 万人。太谷县始建于西汉，历史悠久，文化商贸发达，与祁县、平遥共同成为闻名遐迩的晋商故里，县内有许多晋商大院遗存，以曹家大院和孔祥熙宅院为其代表。是盛唐诗人白居易的祖籍，近代大财阀孔祥熙的出生地。明清民国时期，太谷富商巨贾云集，成为山西的金融、商业中心，固有“旱码头”“小北京”之称，现代，则被称为“金太谷”。[1]

（2）调查地之二：祁县。祁县位于山西省中部，因古时有昭馀祁泽薮（长杂草的积水地带）而得名。全县辖6镇2乡（昭余镇、东观镇、古县镇、贾令镇、城赵镇、来远镇、西六支乡、峪口乡），160个村民委员会，289个自然村，面积为854平方公里。2004年人口为26.1万人。祁县为国家历史文化名城之一，其历史可以追溯到新石器时代。1994年1月，祁县古城被国务院批准公布为国家级历史文化名城。[2]

（3）调查地之三：平遥县。平遥县位于中国北方黄河中游、黄土高原东部的太原盆地西南。总面积1260平方公里。总人口49万人，县辖5个镇9个乡。平遥古城已有2800年的历史，是中国现存最为完整的一座古代县级城市。因其所有特征为人们展示了一幅非同寻常的文化、社会、经济及宗教发展的完整画卷，而被载入世界文化遗产名录。“走进平遥，就如同走进一座大型的历史博物馆。”迄今为止，它还较为完好地保留了中国明清时期县城的风貌，可以说它是中国汉民族地区现存最完整的古城。[3]

2. 调查方法的运用

在研究中，笔者综合运用了民俗学、社会学和人类学等多学科诠释晋中地区的家事习惯。在实际操作中，本书结合田野作业方法和历史文献分析。

（1）田野作业方法。“田野作业”亦称“田野调查”，是一种到调查对象所在地搜集实际资料并进行研究的方法。田野作业方法是民俗学方法论中的重要组成部分，也是不同于一般学科的特色所在。[4]在该方法的

---

〔1〕 太谷县志编纂委员会：《太谷县志》，山西人民出版社1993版，第1页。

〔2〕 祁县地方志编纂委员会：《祁县志》，中华书局1999版，第3页。

〔3〕 平遥地方志编纂委员会：《平遥县志》，中华书局1999版，第1页。

〔4〕 若要较为科学、完备地描述家事习惯的内容，除了实地进行相关习惯调查之外别无他途。但是，在以往的家事习惯研究中，虽然研究者们都意识到了这种实地调查与第一手资料的重要性，但是实地调查与第一手资料的缺乏仍然成为了当代家事习惯研究发展的瓶颈。另一方面，过于依赖于问卷等社会学上可量化统计的调查方式，从而使得其调查结果本身只能提供某些问题上的态度倾向而无法提出现实具体的规范。基于此，笔者认为对于现存的、有效的家事习惯的田野调查和第一手资料的收集是必需的。

运用中，笔者注重从两个方面入手，一是对“活体”的调查，一是对“静态”事物的调查。

所谓“活体”指的是世世代代生活在乡村中的村民以及由他们自发进行的家事习惯活动。在调查时因为是本土文化的调查，虽然参与进去很容易，但切忌附加自己的主观意识，要依据生活文化本身的逻辑，从被调查者的角度客观分析。此外，根据访谈对象的不同，所了解的内容也因之相异：对年轻人，主要通过他们了解当地的婚姻现状，他们的家庭观念，对婚姻家庭及继承问题的想法与看法；对中年人，主要通过他们了解对婚姻、继承、赡养等相关问题的看法，以及他们作为亲历者的经历和感受；对老年人，他们往往是传统文化的承载者，主要通过他们了解家事习惯的历史演进，他们作为实践者的经历、感受、经验以及所面临的问题，从而体会家事习惯的文化意义。

所谓“静态”的事物指的是家事习惯活动中的一些物质载体，比如有形的家庭财产、文书等。

（2）文献分析法。文献分析法主要指搜集、鉴别、整理文献，并通过对文献的研究，形成对事实科学认识的方法。

本书的主旨是研究乡里社会的家事习惯，全书立足于调查家事习惯的生活本真，除对现存的家事习惯进行回顾性的考察外，还要通过各种文献典籍中对家事现象的分析进行缜密比较。在这方面，主要是一些与家事习惯相关的论文及研究书籍。当然，在借鉴他人成果的同时，必须注意差异，即地域的差异与习惯的差异，切忌盲目引用他人的观点，但也不可一味地追求所谓的理论创新，更不能随意标新立异。在立论与论证的过程中，一定要从实际出发，展现生活真实。

（3）调查问卷法。问卷调查法也称“书面调查法”，或称“填表法”，是用书面形式间接搜集研究材料的一种调查手段。主要是通过向调查者发出简明扼要的征询单（表），请其填写对有关问题的意见和建议来间接获得材料和信息的一种方法。

关于调查人员的选择：本次调查，由于被调查人数量较大且分散，故调查人员由在校大学生和笔者的朋友、亲戚组成。在调查之前，对调查人员进行了调查方法、技巧的相关培训，要求他们以拉家常的方式进行调查，提问时不带有倾向性，且不以调查者自己的观点影响被调查人。这样做的目的是提高问卷的回收率和问卷的填写质量。

关于被调查的回答：对被调查人而言，在回答提问或问卷时，要求其不考虑法律规定，如实反映当地习惯和自己的愿望。

关于问卷的收集与整理：调查工作于 2009 年 4 月—6 月，2009 年 8 月，2009 年 12 月—2010 年 2 月，2010 年 7 月—8 月四个阶段进行，共发放问卷 2700 份，收回 2597 份，经整理，有效问卷为 2589 份，入户访谈 485 人次，三地有效调查数据共 3074 份。（此外，笔者还在网上对网友进行了调查，为尽可能保证调查数据的可代表性和真实性，本部分调查结果仅做参考，不计入最后的数据统计。）

第二章　晋中地区家事习惯调查结果

如前所述，通过田野作业法和问卷调查法的采用，我们对晋中地区家事习惯有了初步的认识，具体情状如下：

一、晋中地区家事习惯调查数据统计及分析

（一）关于近亲属范围与通婚范围

1. 关于近亲属的范围

关于近亲属的范围，除了法律所确认的配偶、父母、子女、兄弟姐妹、祖父母、外祖父母、孙子女和外孙子女外，受调查者普遍认为，儿媳、女婿、侄子女及其配偶、外甥子女及其配偶以及叔、伯、姑、舅、姨及其配偶也应当纳入近亲属的范围。

较之法律的规定，在晋中地区，近亲属的外延有所扩大，权利义务也更体现出伦理性的特性。比如，在他们看来，“好煞是人家，赖煞是自家”，不管平时亲属之间有多大的矛盾和纠纷，一旦发生困难，应该是“一家有难，家家支援。有钱出钱，有力出力”。绝对不能袖手旁观，否则会落个“孤家寡人”的名号，为大家所孤立。在平时，尤其是过年、过节，亲戚之间讲究互相走动[1]，联络感情。在社会保障体系尚不完善的我国，亲戚之间的互助对于养老育幼以及社会的稳定起着不可或缺的作用。

---

〔1〕 平辈之间的走动，不需要繁缛礼节，主要是情感交流；但如果到长辈家去做客，则必须要带有礼物，而且讲究双份，寓恭敬、祝福之意，否则会被认为不懂礼数，为人所奚落。

2. 关于择婚禁忌

在晋中地区，择婚禁忌主要表现在两个方面：其一，禁止同姓同宗通婚。禁止本族即同姓“近门子”之间择亲通婚，认为此举乱伦理，定要遭到家族的反对和别人的耻笑。一般情况下，通婚要在“五服”之外。其二，禁止表亲通婚。晋中地区讲究“骨血不倒流”，具体而言就是反对姑家的女儿嫁到舅家，也就是“倒亲”。姨妈、姑妈做婆虽不反对，但也不被人赞美，俗语亦有“姨妈做婆，刀剪相磨；姑妈做婆，一世不和”之说。

关于择婚，大多数被调查者还提到了门当户对的重要性。在晋中地区，人们在择婚过程中注重门第，讲究门当户对。[1]俗语说：“金娃配银娃，西葫芦配南瓜，蛤蟆要吃天鹅肉，那是大笑话。”

晋中地区择婚过程中的禁忌，具有一定的科学性，符合一定的社会道德规范。禁忌习俗作为一种意识形态，往往掺杂着不少迷信的东西，但是它作为人类在长期的社会生活实践中创造、积累起来的经验，禁忌习俗亦有其合理性、科学性在内，并包含一定的社会道德规范。[2]晋中地区关于择婚的习惯与之亦同。如“同姓不婚”“表亲不婚”禁忌就符合优生优育的科学道理和基本的人伦道德规范；等级婚姻中的注重“人气”，讲究人缘关系和社会威望，也是与传统道德规范相符的，并且也应该被后人所肯定和继承。

（二）关于婚姻礼仪

在晋中地区，男女结婚大都遵从传统的婚姻礼仪，且近些年来排场越来越大，花样种类愈亦繁多。[3]但其最基本的意义和作用无非有二：一是使婚姻取得社会的承认，二是体现人们对新婚夫妇的美好祝愿。另一方面，当人们的生活缺乏多彩的娱乐活动的有效填充的时候，参加婚礼自然成了娱乐的另一取向。

---

〔1〕 何谓“门当户对”，被调查者认为，就是两家的家境不能相差太大，尤其强调“门风”（父母的名声以及在当地的声誉——笔者注）的重要性。

〔2〕 张元、王绒：《陕北婚姻习俗中的禁忌探析》，载《延安职业技术学院学报》2009年第5期。

〔3〕 具体的婚姻礼仪，笔者在本章“晋中地区家事习惯实录”中有详细的介绍。

根据对调查数据的统计，我们发现，年龄越长的人，对传统婚姻礼仪越支持。年轻人尽管认为传统婚姻礼仪礼节烦琐、铺张浪费，但想到人生大事非同小可，故亦持从众态度。

（三）关于彩礼

彩礼在男女结婚之间是一个普遍存在的现象，在晋中地区，女方索要彩礼被认为是正常现象，即使女方不要彩礼，男方也会象征性地给一点。在进行的调查中显示，只有不到5%的男士表示宁愿分手也不给彩礼，其余都表示无论是请求女方父母少要还是想办法借钱，为了结婚都愿意把彩礼给女方。[1]同时只有仅9%的女士明确表示结婚时不会要彩礼；近15%的女士表示，彩礼是双方家长之间的事情，自己不便发表意见；绝大部分的女士认为彩礼事关自身价值，不可能不要。无论是通过传统媒人牵线搭桥的联姻方式，还是通过自由恋爱而实现的婚姻，一般情况下，只有在男方基本满足女方提出的条件的前提下才能够顺利完婚。

男方所下礼金的多少，受到以下几个因素的影响：一是家庭经济实力。一般而言，送彩礼讲究“量入为出，量力而行”，如果家庭贫困，双方可以协商适当减少，因为“举债送礼其实是给自己的女儿找罪受”，“借的钱到头来还是要夫妻共同偿还”。二是考虑社会声誉。礼金太少或没有，会被认为是无能，不仅“自己脸面上过不去，还会被认为是做人有问题，一辈子抬不起头”。三是因“女方家的经济实力和社会地位”而定。如果女方家贫穷，男方家即使很富有，也不会送太多礼金；如果女方家富裕，社会地位也高，男方家一般都会“打肿脸充胖子”，“为的是挣个面子，免得被女方家人小看”。调查结果表明，晋中地区彩礼一般是三万到五万，也就是当地人戏称的“起轿价”。

在彩礼的归属问题上，近95%的受访者认为，彩礼应该归女方父母。原因主要有二：其一，彩礼是对女方父母的补偿，是对女方父母嫁女的一种安慰；其二，在女方出嫁时，娘家一般陪有嫁妆，彩礼实际上有一部分

〔1〕在调查中，一位即将结婚的年轻人还很“实受”（当地方言，实在的意思）地说，人家把女儿养大不容易，多少都应该给点。反正现在有行情，给少了自己都过意不去。

又返还给女儿，皆大欢喜。

调查中我们发现，婚姻彩礼纠纷，多数是因为男方支付给女方订婚金后，没有能力买房或建房而导致婚约破裂，男方要求女方退回彩礼而引发的。近90%的受访者认为应该按照当地的习惯处理彩礼纠纷问题。一个比较普遍认同的解决方案是：如果是男方要求退婚，则不退彩礼（如果是因女方的过错导致男方退婚，则返还一半）[1]；如果女方要求退婚则全额返还彩礼。

（四）关于嫁妆

在山西晋中地区的太谷县，嫁妆又称之为“陪嫁”。究其原因，与女子的父母有关。对出嫁女的父母来说，除了从小将她养大花费的心血钱财，女子一出嫁就像“泼出去的水”，家里立刻失去了一个劳动力，父母什么都没留下来，而且还得在她结婚时陪上一大笔嫁妆，可谓“赔了女儿又舍财”。对于娘家而言，女子出嫁完全是一种净损失。陪送之“送”则透出父母对女儿的感情。嫁妆可以决定女子在婆家的物质和精神两个层面的生活质量，比如丈夫能否分担家务，自己在家中有没有一定的权威，在夫妻有不同意见时妻子能否掌握最终决定权，对家庭经济有多大程度的支配权。做父母的认为，自己的闺女在婆家是否“得日子过”和是否“能抬起头来”，衡量因素基本上就是这些。

1. 嫁妆的来源

调查数据表明，嫁妆的来源具有多样性：

其一，来源于男方的聘礼。根据笔者在晋中地区的调查，在20世纪80年代之前，男方赠与女方的货币和礼物的价值仅有大约三分之二被女方花费到女方的嫁妆上。80年代以后，女方赠与男方的嫁妆价值高于男方赠与女方的聘礼价值，但是相差也并不多。经过统计，前者仅高出后者28%。可见，女方用于置办嫁妆的资金多数还是来源于男方所赠送的聘金。

---

〔1〕 在南洸调查时，一位访谈者说：“前年我还在读高中，准备考大学，哥哥的未婚妻要求建好房子才嫁过来，但我们家父亲去世早，经济困难，无法满足女方的要求，拖了两年多也不行，最后提出退婚，按我们这边的规矩，订婚时交给女家的6600元就泡汤了。”这个受访者告诉笔者，按照当地的习惯，男方提出退婚，女方收受的彩礼是不会退的，因为“女方没有说不结婚，只要你盖好房子，她就立刻同意结婚”。

其二，来源于女子的父母。女子父母出于多种原因，比如说疼爱女儿，愿意多给她一些嫁妆，或者不想担负一个“卖女儿”的负面评价，从而在嫁妆资金的支付上超出男方所赠与的聘金。这种情形在目前来看也是较为普遍的。

其三，同族近亲以及姻亲的赠送。礼物形式多种多样，主要表现为衣料与床上用品。父母、姑妈、姨妈、姐姐还要给新娘压柜钱、压腰钱。凡是床上用品一般都给新娘带走，作为喜礼的货币全部留给父母来补充嫁资，压柜钱、压腰钱由新娘个人支配。[1]

其四，女子的个人财产。随着时代的发展，女性的经济能力日益增强，以婚前个人财产作为嫁妆，逐渐成为一种普遍现象。

（五）关于男到女家落户

“男到女家落户”，在晋中地区被称为“上门女婿”“招赘婚”。

1. 招赘婚产生的原因

招赘婚产生的主要原因在男方，一般是因生活所迫，诸如兄弟姐妹众多，无力娶妻[2]，居住环境恶劣，无女愿意上门[3]，以及男方已经在经济条件好的地方谋生，愿意做上门女婿而能够留在本地。不过，在调查中我们发现，近一半的男性被调查者表示，只要对女方“满意”[4]，愿意当上门女

---

〔1〕一般情况下，亲戚朋友要送什么都会提前告诉女方母亲。女方父母在置办嫁妆的过程中，会根据亲友们所送东西的种类和价值来决定自己准备的情况。亲友们送的越多，自己需要准备的就越少，但如果亲友们送的东西很多，超过了男方家所送彩礼的价值，那么女方家不但不需要做准备，而且还会把亲友们送的东西留下一部分。但这并不意味着女方家“赚”了，因为，女方父母以后还需要“还礼”给这些亲友，到他们家有娶媳嫁女的喜事时，就需要送同样或同等价值的礼物“还给”亲友们。

〔2〕招赘婚的优势之一就是婚姻费用较低。这主要表现在由于上门女婿家里经济条件一般较差，不给女方彩礼，相反女方要给男方一定的“过门钱”。

〔3〕婚姻市场中妇女资源向地理位置好、经济水平高的地区流动，越是贫困偏远的地区，女孩子越有外嫁的冲动，而该地区的男子，即便条件不错，也很难娶到妻子。

〔4〕“满意”包含两方面的意思：一方面是对女方的综合条件，如人品、相貌、家庭条件、家庭社会地位满意；另一方面是对女方有较为深厚的感情，愿意为女方作出“牺牲”而遵照女方的要求入赘。

婿。这一结果所反映出来的原因已经突破了原有的经济与生活等单方面的限制，是招赘婚走出歧视圈的一个突破口。

从女方来说，招赘婚主要基于以下几个原因：其一，延续家族的需要。在中国的传统文化中，“上以事宗庙，下以继后世”是家庭的重要功能之一。对于没有儿子的家庭而言，招上门女婿就成了解决家庭香火延续问题的手段之一，而上门女婿所生子女随女方姓就解决了女方姓氏的延续问题。[1]其二，解决女方家庭劳动力缺乏的需要。与一般婚姻形式比较，招赘婚的实用性功能体现得特别明显。招一个上门女婿，有助于减轻父母家庭扶养压力，改善家庭经济状况。其三，解决养老问题的需要。可以这样说，招赘婚是传统“养儿防老”观念的一个延续，也是我国社会保障制度不健全情况下民间所保留和延续的一种婚姻形式。

从上述的原因分析中我们不难看出，招赘婚的产生不是人们的一种随意行为，而是经过多层面考虑的结果，是综合多方面的因素最终确定的一种婚姻形式。特别是女方，招上门女婿这一行为体现出非常大的理性，其原则可以表述为最大限度的获取利益，具有强烈的目的指向。

2. 双方的权利义务从约定

上门女婿从家庭的居住方式上属于从妻居。通常情况下，双方都会订立婚前协议以确认双方的权利和义务，主要体现在姓氏、养老责任和财产继承等三个方面。

3. 上门女婿的地位

上门女婿的地位主要表现在两个方面：一是在女方家庭的地位，多少会受到来自女方家族集团中的人的歧视，有的上门女婿甚至受到虐待，导致精神压力较大；二是在整个社区中的地位，主要取决于其本人的能力和人际关系，与赘婿的身份无必然联系。当然，赘婿的地位也呈现出动态的变化性，它会随着个人的努力而逐渐得到家庭和社区的认同，而家庭和社

---

〔1〕 我们需要注意的一点是，笔者在调查中得知，女方要求男方改名更姓，并不是让女婿本人延续女方家族的姓氏，而是以其所生子女来延续女方家族的姓氏，这是与以往招赘婚在延续家族姓氏上的一个质的不同。

区的认同反过来也会提升赘婿的地位。

综合调查实证，笔者认为，从现实出发，招赘婚有其存在的必要性。招赘婚的发生、发展对个人、家庭和社会的影响表现在以下几个方面：

第一，招赘婚的发生，使得劳动力资源在家庭这一单位上获得重组，合理性增强。男性劳动力在家庭中的分布不均匀，会影响到女方家庭的经济运行和安全，而上门女婿的出现带来了劳动力的增加；另一方面，上门女婿的能力既是被女方家庭接受的重要因素，也是上门女婿本人日后被社区认可的重要因素，这样的结果往往是上门女婿的潜能要高于当地的平均水平，从而能够在一定程度上扭转女方家庭随着父母的年老而不断衰败的趋势，从而促进了家庭向上的社会流动，保证了家庭经济的安全运行。

第二，招赘婚有利于维系传统的家庭养老模式，维护社会稳定。在我国社会保障体系尚未健全的情况下，女儿的外嫁会导致女方父母年老时缺乏照顾，不利于和谐社会的构建。为此，给女儿招上门女婿是养老的需要〔1〕，是维持目前农村无儿家庭养老模式的需要，是控制农村人口数量的需要。〔2〕

第三，招赘婚在一定程度上降低了家庭和生活的男孩偏好，对于我国未来的人口和社会发展有着积极的影响。在我国，尤其是北方大部分地区都存在着强烈的男孩偏好，而招赘婚具有的继祖、养老和劳动力转移的功能，使得没有儿子的夫妇可以通过为女儿招女婿来替代儿子的功能，在一定程度上降低了他们对男孩的追求。

（六）关于换亲和转继婚

1. 关于换亲

在我国一些偏远、贫困的地区，因为穷，很多人娶不上媳妇。为了传宗接代以续香火，有女儿的人家，就以女儿嫁给对方兄弟作条件，为

〔1〕 且在招赘婚中不存在婆媳关系，而翁婿关系则相对来说更容易相处，这也有利于家庭养老功能的完成。

〔2〕 钟祥虎、范晓颖、冯文娟：《农村招赘婚形式与内涵》，载《湖北师范学院学报》2008 年第 1 期。

儿子换回一房媳妇以繁衍后代。或者在媒人的撮合下，张家兄妹或姐弟与王家姐弟或兄妹相互娶嫁。还有三家转亲的，就是由条件大致相当的三家兄妹或姐弟转着相互娶嫁，如买卖、等价交换一样。而家里实在太穷且又无姐妹换亲的就只有打光棍的份儿了。在晋中地区，换亲有两种形式，两家对换叫换亲，三家转换叫转亲。

调查结果显示，这种现象在20年前在当地比较流行〔1〕，但随着改革开放带来的人们经济收入和生活水平的提高，当地已经不存在换亲的现象以至于很多年轻人在听到“换亲”的说法时，认为“这是很扯淡的一件事，简直让人觉得不可思议”。

2. 关于转继婚

转继婚，又称之为叔接嫂、嫂就叔，是指兄死弟娶其嫂，或者弟死兄娶其弟媳的一种结合形式。

被调查者均表示当地没有听说过类似的事情。〔2〕他们认为，这种结合

---

〔1〕 在平遥，我们遇到一位柳姓婆婆，她给我们讲述了发生在自己身上的换亲故事。柳婆婆是太谷县窑子头人，家中有两个哥哥。由于窑子头地处偏僻，吃水困难，且靠天吃饭，故两个哥哥年过三十还没有说上对象。无奈之下，父母托人换亲，把她换到了现在的丈夫家——张家。柳婆婆告诉我们，自己的夫家本来家境殷实，但由于公公抽大烟导致家境败落，无力娶媳妇，后来不得已才把女儿嫁给了柳婆婆的二哥。好在双方日子过得平安，也算是皆大欢喜。后来，柳婆婆又给我们讲了王家姑嫂换亲的事儿。新婚之夜，王家儿子绝望地发现，“妻子”已将自己的被子缝成筒状，像个口袋一样，而且他一靠近就大喊大叫。从此，杜家女儿每晚钻到“口袋”里睡觉。老实的王家儿子吱吱唔唔地对母亲说了事情经过，王母十分痛心，但也无能为力。三个月后，王家女儿如期嫁给杜家儿子，杜家儿子送走客人，回到新房，看到“妻子”手拿剪刀，坚决不让自己靠近。最后，经两家三番五次的商讨后，杜家女儿终于妥协了，但从此变得疯疯癫癫。后来才知道，杜家女儿早有一个相好，但相好家家贫，无力娶妻，终于酿成悲剧。

〔2〕 2011年春节，笔者在老家参加一位远方亲戚的婚礼，在宴席上偶然听到关于“转继婚”的谈聊，几经努力，找到了事情的主人公——“狗不理”（在当地，人们认为，孩子名字越贱，越好养活）赵姓老人。据老人家说，他家有兄弟三人，他最小。后来二哥因一场大病去世，当时留下一个三岁的男孩和正在怀孕的妻子。嫂子不愿意改嫁，但日子过得艰辛，后来在旁人的劝凑下，他娶了嫂子。“说实在的，当时心里一百个不愿意，感觉挺尴尬。但想想侄儿侄女没人管，也就将就了。”当笔者进一步问老人过得如何时，老人笑了笑，反问笔者，“你认为呢？”

"简直是乱伦，不能接受"。

（七）关于离婚的后果

直到现在，在晋中地区，离婚仍被认为是不光彩的事情，无论是谁先提起，也不管是什么原因（女方出轨的除外）提起离婚，双方家庭都会为了维持这个婚姻而予以干涉。

如果女方是因为"在外面有相好的"而离婚，则不但没有人阻拦，只能是"净身出户"，娘家的父母还要派人来向夫家道歉；如果女方是因为"不能生儿育女"而离婚，除了衣物和首饰，不能带走任何财产；如果女方是因为其他原因而离婚，则可以分得一半的财产。

在子女问题上，如果孩子为男孩，一般归男方抚养[1]，如果是女孩，则由双方协商解决。

与一方死亡不同，离婚以后，男女两家的亲属关系就自然终止了。即使有小孩，男方一般也不允许其去探望外公外婆和娘舅。孩子成年后，由其自己决定，选择是否认亲。

（八）关于收养

在晋中地区，收养有两种形式，即抱养与过继。

1. 关于抱养

晋中地区所谓的抱养，就是法律上所说的收养，办理了合法的收养手续的，就是收养，因为种种原因（包括不符合法定收养条件）未能办理合法收养手续的，便是抱养。与过继的不同体现在被抱养者为宗亲以外的人。

让人略感意外的是，在调查中，近九成的人选择抱养女孩。究其原因，主要是"养女儿成本较低，且将来能得恩济"，不像"儿子性子野，养起来操心，将来娶了媳妇怄气"，有可能到头落一个"人财两空"。[2]

---

〔1〕 在这个问题上，双方似乎没有太多的争执。对男方而言，儿子意味着门户的兴旺，其理所当然应留在自己身边；对女方而言，如果抚养儿子，则不利于再婚，因此也"乐得个清闲"。

〔2〕 其中一位年长的刘姓受访者还给我们讲述了当地流传的一出折子戏——《清风亭》。《清风亭》是一出传统伦理戏。这个故事，就发生在陕西南部的汉中，说的是，在宋朝，张元秀夫妇虽然清贫，但是两人恩恩爱爱大半生，感情深厚的他们倒也过得其乐融融，只是

年迈沧桑，却膝下无子，这成了两人大半生的遗憾。日出而作，日落也不息的豆腐坊紧紧地拴着两夫妻，孤单的老两口，多年来一心只盼着家里能添丁增子，两人常在忙闲的时候，四目相对，眼睛里有对彼此的关怀，更有一份无法释放的情感，那就是为人父母者给予儿女的亲情。许是这对善良人单纯坚决的淳朴之心感动了上苍，也许是命中注定，就在这一天，老两口遇到了他们一直以来想要的——一个胖娃娃。

这还不能说是一个偶然，而是事出有因，民间女子周桂英善良贤淑，嫁给秀才薛荣为妾，婚后不久便生下一子，却不想遭到了正房的嫉妒，正房夫人命人将这个娃娃扔到荒野，任狗啃狼叼。而此时薛荣薛秀才却又正好在京应考，对此事全然不知，可怜的周桂英只能忍痛割爱，在孩子的身上放下了一封血书，仆人周小哥生了恻隐之心，将襁褓中的孩子放在了大路旁供人歇脚的地方——清风亭，这才被看花灯归来的张元秀夫妇捡到。

老来得子，老两口喜不自胜，真把这个娃娃当成了上天赐给他们的宝贝。然而娃娃的母亲——周桂英却在家里坐立不安，痛断肝肠，她不顾正房夫人的拦阻，以最快的速度和仆人一起赶回了清风亭，无论如何她也要抱回她的孩子。找不到孩子的周桂英心如刀割，她不知道这孩子究竟是被好心人抱走了，还是真的叫狼叼跑了。而张元秀夫妇这时正沉浸在得子的幸福当中。他们给孩子起名叫张继保，从此就继保长继保短地把儿子的名字挂在嘴边，这干活过日子心里头也就更有劲了。

光阴如流水，一晃十三年过去了，当年襁褓中赤条条的小婴儿已经长成了一个翩翩少年，只是这孩子的品性一点也不像他纯朴善良的养父母，在家里常常动不动就为了一点小事发脾气，把一对风烛残年的老人呼来唤去，即使是这样，老两口也乐得其所，心里头仍然是热乎的。

这一天，从学堂回来的张继保气呼呼地质问他的爹娘，我知道你们不是我的亲生父母，你们快告诉我，我的亲生父母到底在哪儿，我才不稀罕在这个穷家待下去。听到这话，气得浑身发抖的张元秀赶紧寻问到底是咋回事。原来，张继保在学校的时候，同学们就经常拿他开玩笑，说他是捡来的娃什么什么的，说得张继保心里头常犯嘀咕，加上他的爹妈年纪又这么大，张继保自己也觉得自己不应该出生在这个穷苦家庭里，所以他就编了段谎话，给他爹妈说。张继保越说越离谱，越说越过分，全然忘了老夫妇这十三年的养育之恩，这下可把张元秀给气坏了，张老汉抡起拐棍，括了这不孝子张继保一棍，而这一棍，竟将张继保打出了家门，看到儿子头也不回地跑出家门之后，老两口都非常后悔。看到儿子没有回来的迹象，张老婆开始埋怨张老汉不该打儿子，赶紧催促他出门去追赶儿子，还说：都是你，都怪你，要是儿子有个三长两短，我也不活了。

张继保一口气跑到了故事的初发地“清风亭”，却偏巧就遇见了故地重游的他的生身母亲周桂英，孩子的容貌和异常举动使周桂英有了重重猜测。随后赶来的张元秀对张继保连说带劝，说到伤心之处，不免透露出孩子的身世。一个故事的三个主人公终于同时明白了真相，积压在周桂英心中的苦如今像泉水一样全都涌了出来。

然而周桂英说出的真相，带给张元秀的却是令他无比恐惧的痛苦。得知眼前这个妇人便是自己的生身母亲，张继保当下便认下他的生母，还对张元秀说：我如今已经找到了生身之母了，爹爹，你就回去吧。

这突如其来的事情像晴天霹雳一样，打在张元秀的头上，他一时有些发懵，难道说，这十三年的春夏秋冬就化作云烟飘散了？难道说这十三年的父子情意就此恩断义绝了？这真是

2. 关于过继

过继，即过房。把自己的儿子给没有儿子的兄弟、堂兄弟或亲戚做

苍天的捉弄呀，早知道有现在，当初为啥又要让他遇到这个孩子呢？张老婆无论如何也想不到，张老汉的这一棍，永远地将他们疼爱了十三年的继保儿打出了家门。从此，继保儿就再也没有回来，而老两口，也没有心思磨豆腐了，常常念叨，后悔打了继保那一棍。如果当初不打儿子，儿子就不会走，不走就不会遇到他的生母，遇不到他的生母，他们的继保儿就还是他们的……没有了儿子，他们茶不思，饭不想。两人的身体情况一天不如一天……终于有一天，老两口实在无法忍耐这种痛苦了，他们决定，结伴上路，一起去寻找他们的儿子张继保。此时，张老婆的眼睛已经因为整日想儿子都哭瞎了，张老汉用棍棍拖着张老婆，两个人沿着清风亭外边的大街乞讨为生，遇到好人家了，好坏能填饱肚子，找不到吃的时，就只能挨饿了。他们此时只有一个目的，就是找到他们的儿子。

结束了十三年贫寒的日子，忽然间成了大户人家的少爷，张继保心里头舒坦得不得了。饭来张口，衣来伸手，这不正是他想要的生活么？张继保心里头也自私自叹，这好日子咋就感觉过得这么快呢？虽然回到了自己的生身母亲身边，但是因为有嫌贫爱富的毛病，张继保对待他的亲生母亲和他大娘的态度完全不同，老嫌他亲娘寒酸，在家里头没有地位。反过来对大娘却言听计从，显得非常有眼色。这一天，张继保的亲娘周桂英亲手为儿子缝制了一件衣裳，她小心翼翼地将衣裳拿给孩子，生怕孩子不喜欢，没想到，张继保不但不喜欢，而且还一把把那件新衣裳扔到地上，并且又一次数落他亲娘没本事，说他大娘待他如何如何。

不几年，大娘靠她在朝中的关系，给继保娃也弄了个状元，让继保娃更加喜欢他的这个大娘了。这一天状元带着大队人马，回乡来了，又一次路过清风亭。听到消息的张元秀老两口，急忙赶来认子，却不想，这孩子如今已变成了铁石心肠，不认养育了自己十三载的爹爹，叫老人家好不伤心。见这个孩子如此绝情，张元秀张老汉并不罢休：你不是口口声声说，我不是你的养父么，我们两个什么关系都没有么，你等着，你等着。说着，张元秀被气得发抖的手慢慢的伸进了怀中，掏出了那张他一直保留在身边的血书，那血书上写得清清楚楚，你张继保从何而来，为什么被遗弃，生母是谁等等，你想抵赖，门儿都没有。

看到这种情况，当年奉命丢弃张继保的仆人——如今当了地保的周小哥，给他们二老出了一个主意，说：你看，你娃现在是大老爷了，可能碍着面子不好承认你们，你们不妨退一步，给他跪下，一来给他个台阶，二来是打他的脸。两位老人眼含热泪双双跪倒在张继保面前，这一景象让状元爷的随从们都深深为之感动，大家异口同声为二老求情，求状元爷就认了这两位老人吧。但是张继保千思万想之后，死活不开这个口，坚决不认这一对要饭的是他的爹妈。见随从们个个相劝，碍于面子，他命人扔给张元秀两位老人二百铜钱，算是打发他们了。张元秀夫妇手拿二百铜钱，含泪相望，刹那间，竟不知该说啥好，张元秀的老婆一时接受不了，便碰死在了石桌上。

说也奇怪，此刻天色大变，狂风骤起，打雷闪电，丧尽天良、逼死养母的张继保，被雷劈死在了清风亭。

从老人的口中我们得知，他有着与戏中张元秀一样的遭遇，养子不孝，导致其晚年倍感凄凉。

儿子；没有儿子的人以兄弟、堂兄弟或亲戚的儿子为自己的儿子。在晋中地区，过继子嗣有三种：一种是从小即将孩子过继来，一直和继父母相处，由继父母抚养、教育；另一种是，已长成人过继，由继父母为之完婚；第三种是，伯叔父母年老膝下无子，最后族中议定，由某子侄承继，有时亡后才议定，这叫“顶门儿”。有的家庭弟兄数人，只有一子，此子兼祧各家之香烟，俗称“一支开几门”。

过继依血缘近远，先近后远，先同宗后外戚，先父系后母系，即先在亲兄弟的子侄辈内挑选，次及堂兄弟，依次为嫡堂（同一祖父）、二堂（同一曾祖父）、三堂（同一高祖父）……外戚先在姑表内侄中选，再及舅表、姨表的外甥中选，属母系。外戚子弟入继后须改从继父之姓。入继后，继子无论上门（入住）与否，皆被视为家庭正式成员，有承继家财（俗称“承继家当”）的权利，也有赡养送终过节祭祀的义务。继父母对继子则有抚育的义务。

过继仪式极为隆重，须得在宗祠或家堂前祭祖，由族长将过继者名字添入各支各房名下并备宴，广而告之。

（九）关于分家析产

1. 对分家的看法

大多数受访者认为，由于老人的吃饭、睡觉、干活等生活习惯和年轻人不同，分开家更有利于老人和年轻人生活质量的提高，另一方面，分开家能够让年轻人早日学会经营家庭、避免家庭矛盾，使老人少操心，过得更轻松一些。认为分家是老人不理智、儿孙不孝顺的不到一成。

由此看来，分家是人们的一种理性选择，这种选择是出于生活的具体实际。从分家的功能来看，它不仅减少了家庭摩擦，调动了每个家庭成员从事经济活动的积极性，还有利于个性的独立和对姻亲关系这一社会资源的充分利用。事实上，人们对分家的看法体现了代际之间的和谐，考虑的是有利于父母的生活清闲和子女的发展，能够按照父母和子女的轻松生活安排分家的时间和方式。人们对分家的看法绝大多数是积极的、肯定的。

2. 分家的时间

调查结果显示：32% 的家庭刚结婚就分家；37% 的家庭在儿子、儿媳第一个孩子出生，并由父母出资过完满月后进行；26% 的家庭在婚后一段时间进行。从时间长短来看，超过一半的家庭从子女结婚到分家的时间大约为半年，媳妇没过门就谈好分家的情况也开始出现。

从儿子结婚到分家的时间越来越短，人们对分家的评价也趋中性化，过早分家不再被认为是老人治家无方或者儿子不孝的标志。

3. 分家时到场的人员

传统社会的分家具有严肃性，一般要请儿子的舅舅到场做监督人和仲裁人，还要有家族中的长者做证人，大户人家的分家还要签订契约和举行正式的仪式。调查结果显示，现在分家时参加的人员越来越少，除个别伴随剧烈冲突的分家会邀请有关长者或村委会、居委会领导参加外，大部分分家既不举行仪式也不邀请证人参加。受访者普遍认为，分家是私事，没有必要大张旗鼓，很多情况下邻居还不知道便宣告“锅”已分开。值得注意的是，协商分家、媳妇做主分家的形式已经出现，媳妇不被看作是外人而是作为一个家庭主人的身份在分家过程中逐渐凸显。

4. 分家后老人的赡养

“少年夫妻老来伴”，在其生活尚能自理时，老年夫妇之间的相互照顾超过了子女所提供的照顾，在其生活不能自理而强烈需要晚年护理时，他们的养老会被重新安排，在有多个儿子的情况下，赡养方式主要表现为“轮养”和“分养”两种方式。或者将他们永久性地“并入”某一个儿子的家庭；或者他们被“轮流着”周期性地“并入”不同儿子的家庭：此月在这个儿子家庭用餐和获得照顾，彼月却要到另外一个儿子家庭去——他们能够获得的经济来源、生活照料和感情慰藉等，将主要取决于儿子而不是自己的意愿。

“轮养”是最常见也最常规的赡养方式。轮养主要包括两个方面的内容，一是“轮吃”；二是“轮住”。在实际中，可以分为两个阶段：第一阶段——轮吃；第二阶段——轮吃、轮住。其实，在老人身体硬朗的时候，儿子、儿媳内心更欢迎老人住在自己家里〔1〕，只有在老人需要照顾时，儿子、儿媳才不情愿老人在自己家里住。〔2〕“分养”是赡养老人的另一种方式。在调查中发现，有三种情况下会导致对老人的分养。一是一个家庭中几个儿

---

〔1〕 实际上，当父母还身体健康、生活自理的情况下，他们往往独立起灶，“但有三分奈何，谁愿意到儿子家轮吃、轮住，遭人家不待见，遭罪呢”。儿子、儿媳的态度则恰恰相反，因为老人可以在很多方面帮助儿子一家，比如老人可以帮忙带孩子、做饭、干其他家务。“张婆婆早年丧夫，含辛茹苦把四个儿子拉扯成人，一天只知道干活，不舍得休息。她每到一个儿子家就负责给儿子一家做饭，而她的儿媳妇们从来不帮她，要不就是出去串门，要不就是到别人家里打麻将，到吃饭时才回来。吃完饭，放下碗筷就走人，也不晓得给老人打个帮手，洗洗碗。张婆婆几次跟儿子们商量自己分灶吃饭，因为她一人从早忙到黑太累了，不如自己过清闲一些，但儿子们，实际上是媳妇们坚决不同意，他们都想的是吃‘现成饭’。这不，前些日子，老人突发脑溢血，儿子们个个都不想管了，老人不能说话，也不能自理，屎尿也没人愿意管，真是遭罪了。”

〔2〕 在晋中地区，流传着《墙头记》的故事：善良的张木匠辛勤劳动，将两个儿子拉扯成人，由于妻子早亡，他对他们很溺爱，长子大乖从小学做生意，后来发了财。他为人自私、贪婪，很会算计。他的妻子李氏刁泼狠毒，对张木匠冷酷无情。次子二乖粗通文墨，为人虚伪、狡猾。其妻赵氏从娘家带来一份丰厚家产，他们吃喝不尽，对此十分得意。但二乖也不愿奉养父亲，常常怨恨“老爹爹今年八十五，何不死在圣贤年”。张木匠年老体衰，已失去劳动能力，不得不依靠儿子为生。可这两个儿子都嫌弃他，但又毫无办法，只好立下字据，以半月为期，轮流养父。由于月份有大小，兄弟为此常发生争执。一天，大乖“照章”送爹到二乖门口，二乖夫妇恼于大乖又占了便宜，便装聋作哑，任凭大乖叫骂，就是不开门。大乖无奈，又不肯把爹爹再领回家，于是逼着老爹骑在二乖家的院墙上，并对爹说：“你要掉往墙里掉，掉到墙外可没人管饭。”遂拔腿躲走。张木匠年轻时的好朋友王银匠，为人机智、诙谐，又富于正义感。这天，他挑着银匠挑子走街串巷，忽见张木匠昏倒在墙上，就将他救了下来。王银匠对张木匠的遭遇十分同情，他计上心头，要利用大乖和二乖爱财如命的本性，让他们养活老父，同时也趁机整他们一下。于是，王银匠从怀里掏出一个苞米面饼给张木匠，让他找个地方晒太阳，等着儿子来找他。王银匠先到大乖家，接着又到二乖家，都以要账为名，诉说当年张木匠怎样在他的炉子上化了许多银子，暗藏防老。大乖、二乖夫妇听后又惊又喜，各自都想先把爹弄到自己手里。于是，一场“争爹战”开始了。最后，还是张木匠提出的仍“照章”办事，以半月为期轮流养老，这场“争爹战”方告结束。不知不觉两年过去了，这两年中，大乖和二乖争相对爹大献殷勤，都希望爹能把藏银给自己。张木匠表面上生活是好多了，但内心痛苦却加重了，因为他没有银子，不愿在欺骗中生活，不久抑郁而死。张木匠死后，大乖和二乖想到他临终前说的一句话：“看见那堵墙，想起王银匠。”认为这里一定有文章，于是他们又争着去找王银匠。王银匠得知老友病故，十分难过。大乖、二乖争相表白自己为爹的后事准备齐全，王银匠听后也就放心了，哀悼一番准备回去。谁知，他们夫妻四人却苦苦缠住不放，一定让王银匠说出老爹藏银的地方。王银匠决心再一次戏弄他们，便让他们去刨墙。他们拼命地刨，结果墙倒被压在墙下，受到了惩罚。

子不是同一个母亲所生；二是一个家庭中正好有两个儿子，其中一个儿子（实际上主要是媳妇）和父母中的某一位关系不好，这样的家庭分家的时候儿子就可能提出两个儿子分别赡养一个老人；三是两个老人身体有病，一个儿子负担太重，所以分别赡养，以少些负担。[1]

在调查中深切感到：当今农村，"养儿防老"在某种程度上更像是人们的一种愿望。为什么呢？目前农村家庭的状况是，越来越多的青壮年外出务工，与"留守父母"的联系日益松散。大多数老人既要承担农田的劳动，又要照顾自己的生活。除此之外，不少老人还要继续给子女提供帮助，替子女看家，照顾"留守儿童"。对于那些丧偶或失去劳动能力的老人，情况较好的是由几个儿子"轮养"或"分养"。"轮养"实际上就是轮流吃饭。"分养"就是父母两位老人分开养，被迫分居。而且为了不让比较哪家吃的更好，有时候就强制性地不让二老见面。村里住得最破、穿得最旧的大多是老年人。他们终生劳动所得，主要用于给儿子们盖房子、娶媳妇。养老费几乎完全转化成了儿子们的结婚费。

（十）关于继承人的范围

表 1　继承人的范围

继承人类型	占全部受访者的百分比（%）
配偶	100
父母	43
儿子	100
女儿	30
兄弟姐妹	87
祖父母	71
外祖父母	37

〔1〕周老汉夫妻年近八旬，身体欠佳，老头坐轮椅，老婆柱拐棍，生活不能自理，常年不离保姆。二老膝下有 3 儿 1 女，谁也不愿长期赡养老人，相互推诿，各怀戒心，怕麻烦、怕累人、怕负担。本来说好每人每月给二老 300 元，但谁也不出钱。无奈之下，在居委会的主持下子女们达成协议，由老大和女儿负责父亲的养老，老二和老三负责母亲的养老。

续表

继承人类型	占全部受访者的百分比（%）
孙子女	83
外孙子女	43
侄子	79
侄女	60
外甥	67
外甥女	32
堂侄子	21
堂侄女	18
尽了赡养义务的丧偶儿媳或女婿	11

表 2　女儿不继承父母遗产的原因

女儿不继承父母遗产的原因	占全部受访者的百分比（%）
女儿出嫁后不赡养父母	33
女儿出嫁时已经拿了嫁妆	30
女儿出嫁后就是外人了，不应当继承家产	68
女儿在婆家可以分得家产	34
当地的习惯就是这样	65
怕人笑话	12
说不清楚原因	6

表 3　女儿对父母提供帮助的种类

父母获得女儿帮助的种类	占全部女性受访者的百分比（%）
买吃喝和衣服	96
经常回来帮着做家务和其他活计	92
生病时照料	84
给一些零花钱	76
负担医药费	32

与现行《继承法》所确定的继承人相比，晋中地区关于继承人范围的

习惯显示出四个方面的特质：

第一，《继承法》规定丧偶儿媳对公、婆，丧偶女婿对岳父、岳母，尽了主要赡养义务的，作为第一顺序继承人。但是在生活中，丧偶的儿媳、女婿一般都难以参与到遗产的实际分配之中来，即便其尽了主要赡养义务，也只能以代位继承人（被继承人的孙子女、外孙子女）的法定代表人的身份来管理这些财产，并不拥有死者遗产。原因在于这两类人有可能再婚，如果出现这样的情形，则会导致遗产的外流，不符合财产尽可能留在本家族内的原则。

第二，当被继承人没有继承人时，一般都会将其财产留给侄子女或者是外甥子女。原因主要有三：其一，照顾民间有侄子继承的习惯；其二，防止财产的外流；其三，在我国，由于社会供养机制尚未完全建立，现实生活中无子女的姑、伯、叔、舅、姨，往往是由其侄子女、外甥子女给予精神上的慰藉，经济上的供给，生活上的帮助。

在调查中我们还发现，在没有亲侄子的情况下，人们更倾向于选择外甥或外孙。因为这样的关系比堂侄或再从侄要亲密得多，相互间的关系也更加融洽。没有子嗣的人为养老，自然也更愿意选择外甥或外孙，但子嗣的选择仅限于宗亲，妻家的血亲是不在候选人之列的。

第三，死者的父母一般也不参与继承。正如我们所知，自人类进入阶级社会以来，财产继承制度之目的就是尽量保证死者的遗产能够留给死者的近亲属。在死者的近亲属中直系卑血亲尤其是未成年子女往往是最需要遗产扶养的人。而死者的父母如属于年老无劳动能力的人或无经济来源不能独立生活的人，死者的子女作为孙辈有义务对祖辈进行扶养，并且现行的社会保障制度也会对其予以一定的物质上的扶助。所以，死者的父母一般不参与分配。

第四，当地习惯认为“儿承家，女吃饭”“女儿不养老”[1]，故父母去世

〔1〕 女儿对父母的赡养义务主要是以劳务赡养和精神赡养为主。

后，女性不参加继承[1]，结婚后，其继承地位与男性平等。[2]

（十一）关于遗产的范围

约八成的被调查者认为，可以列入遗产范围的对象包括“别人欠死者的钱”“死者的房屋”“死者的物品”和其他“能够看得见和摸得着的东西”，而对于“死者欠别人的钱”大部分人认为应该予以偿还，但不应该纳入遗产的范围。

持此种观点的被调查者认为，遗产应该是一种利益，是能够给继承人带来财产增益的如钱、物等东西。而“死者欠别人的钱”是一种负担，不应该纳入遗产的范围。

（十二）关于债务的清偿

1. 还债与分割财产的顺序

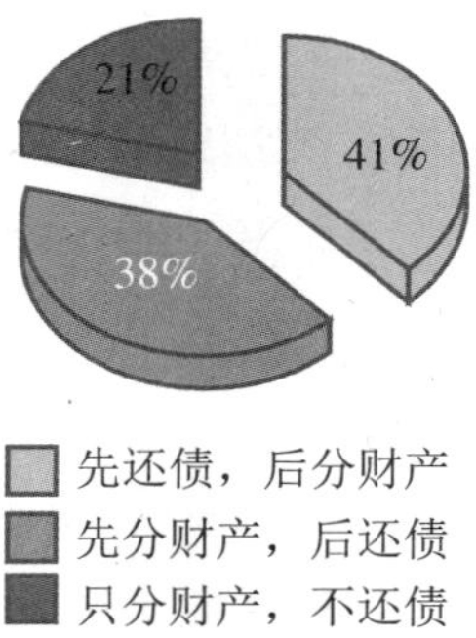

图 1

约四成的被调查者认为，应该“先还债，后分财产”。在他们看来，这样做可以避免分割财产后出现的麻烦，同时也是对债权人的一种交代。同样，约四成的被调查者认为，应该“先分财产，后还债”。他们认为，谁是债权人不一定在短时间内搞得清楚，先分财产，可以“趁热打铁”，既有利于遗产的分配，也有利于继承人权益的保护。况且，在分割财产后，由分得财产的人各自偿还，也不会损害债权人的利益。约两成的被调查者选择

〔1〕 女性不参加继承，作为补偿，在其出嫁时，娘家会陪嫁相当的嫁妆。

〔2〕 但寡妇若要改嫁或招上门夫的话，则会被“剥夺”继承权。

了“只分财产，不还债”。问及原因，大部分人回答“不清楚”。

2. 生前所欠债务的清偿

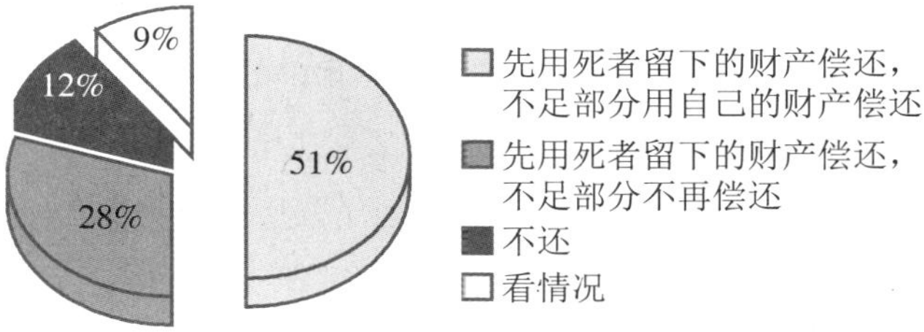

图 2

约五成的被调查者认为，应该“先用死者留下来的财产偿还，不足部分用自己的财产偿还”，或者应该“用自己的钱偿还全部”。持此观点的被调查者中，大部分人认为：如果父债子女不还，在很多情况下，子女的信用将会受到极大的影响（尽管这样并不合理）。还有部分被调查者认为：以父母名义借的债，实际上受益的是全家，当然应该全部偿还。约三成的被调查者认为，应该“先用死者留下来的财产偿还，不足部分不再偿还”。持此观点的被调查者中，大部分人认为：父母和儿女是独立的个体，父母欠的债，应当由他们自己偿还，“父债子偿”是旧观念，儿女没有义务以自己的财产偿还父母生前的债务。约一成的被调查者选择了不还。持此观点的被调查者认为，“人死债烂”，只能怪借钱的人运气不好。还有约一成的被调查者认为，偿还与否要看情况。

需要注意的是，在调查中，当我们问到如果你是债主，你觉得“人死债烂”能否接受？几乎所有的被调查者都表示不能接受，认为应该由死者的子女负担。被调查者的理由有二：第一，借钱后，债务人到底将钱用于何处，他们并不清楚。此外，债务人死后到底留下了多少遗产，他们无从知晓，不能光凭死者的家属说了算。第二，无论如何，损失不能由他们自己承担，否则，显得不公平。

限定继承制度确立的目的在于消除旧社会“父债子偿”的不合理现象，但是，“在这三种法律（即政治法、民法、刑法）之外，还要加上一个第四种，而且是一切之中最重要的一种；这种法律既不是铭刻在大理石上，也不是铭刻在铜表上，而是铭刻在公民们的内心里；它形成了国家的真正宪法；它每天都在获得新的力量；当其他的法律衰老或消亡的时候，它可以复活那些法律或代替那些法律，它可以保持一个民族的创制精神，而且可以不知不觉地以习惯的力量代替权威的力量。我说的就是风尚、习俗，而尤其是舆论”。[1]因此，在一般情况下，只要父债在子女的能力承受范围之内，子女一般都会予以清偿，尽管清偿额已超过了其所继承的遗产。

（十三）关于债权人的通知

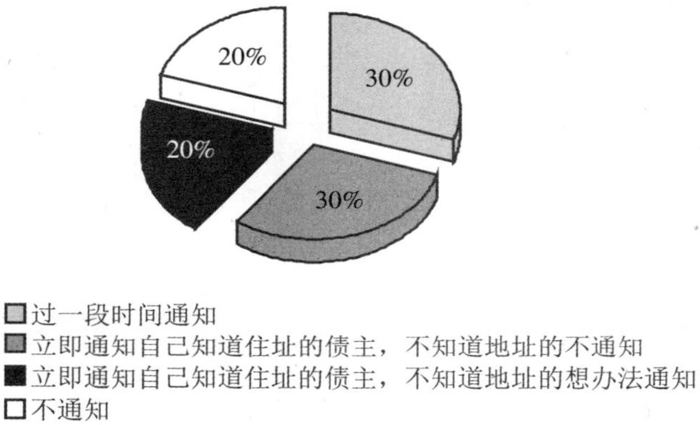

图 3

约两成的被调查者认为，应该“立即通知自己知道住址的债主，对于自己不知道住址的债主会想办法通知”。他们认为，尽快通知债权人，有利于债权债务关系的了结，同时也是为人诚信的要求。约三成的被调查者认为，应该“立即通知自己知道住址的债主，对于自己不知道住址的债主不通知”。约三成的被调查者认为，应该“过一段时间通知债主”。同时，也有近两成的被调查者持“不通知债主”的观点。

趋利避害是人的本能，关于遗产债务相关问题的选择也证明了这一点。一方面，人们认为债务应该得到清偿，另一方面人们又将遗产的范围限定为权利。此外，尽管约五成的被调查者认为，对于被继承人留下的债务，

〔1〕［法］卢梭：《社会契约论》，何兆武译，商务印书馆 1980 年版，第 73 页。

应该“先用死者留下来的财产偿还，不足部分用自己的财产偿还”，或者应该“用自己的钱偿还全部”。但在被继承人死后，只有约两成的被调查者认为，应该“立即通知自己知道住址的债主，对于自己不知道住址的债主会想办法通知”。

（十四）关于丧葬费用的负担

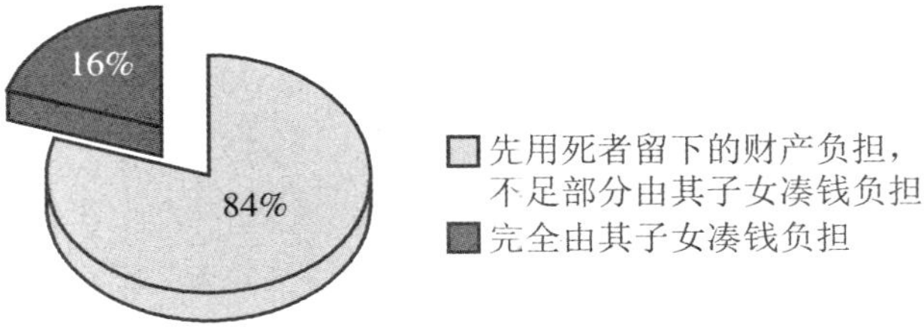

图 4

约两成的被调查者认为，“先用死者留下来的财产负担，不足部分由其子女凑钱负担”；此外，其他的被调查者认为，丧葬死者是为人子女应尽的义务，所以，这部分费用“应完全由其子女凑钱负担”。

当地有俗语：“马莲子负草鞋，一代负一代。”就是说为父母送葬是作为儿子的义务。在当地人看来，对父母的“生养死葬”是做儿子天经地义的责任。[1]

（十五）关于死亡消息的发布

约三成的被调查者认为“没有必要让别人知道”。持此种观点的人认为，一个人的死亡，纯粹属于个人私事，没有必要让他人知晓。约七成的被调查者认为“有必要让别人知道”，在他们看来，人不可能脱离社会，将死亡的消息告知他人，有助于了结与死者相关的事务，减少日后不必要的麻烦。同时认为贴告示是既有效又省钱的方式。

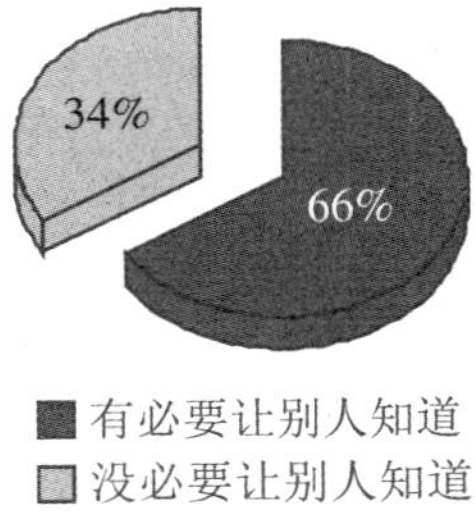

图 5

〔1〕 在当地，“厚葬”现象比比皆是。但我们更想知道的是，死者生前是不是被“厚养”？理想和现实之间往往会存在很大的距离，孝与不孝的故事都不绝于耳。

（十六）关于遗产的管理

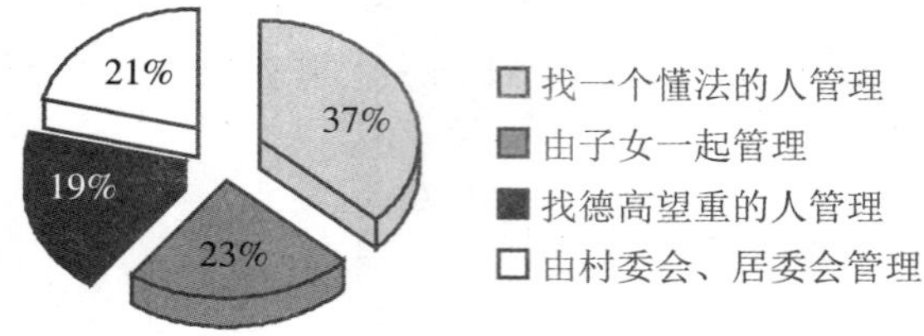

图 6

选择“应该由其子女一起管理”与选择“应该找一个德高望重的人管理”或“应该由村委会或居委会管理”的被调查者的人数大体相当，各占两成。约四成的被调查者认为，“应该找一个懂法律的人来管理”，这样更有利于问题的解决，避免日后矛盾的产生。

对于法律没有规定的，如遗产的管理问题、债务关系的公示催告问题，老百姓有一套行之有效的做法。

但调查中，很多人提到同一个问题，即“遗产管理是笔糊涂账”，在他们看来，现代社会诚信的不足，导致人们信任的缺失，对于债务人死后所遗留的财产的价值，大部分人不相信其家属所作出的认定，但债权人自己也无法查明。

（十七）关于酌分遗产人

1. 依靠被继承人扶养的人

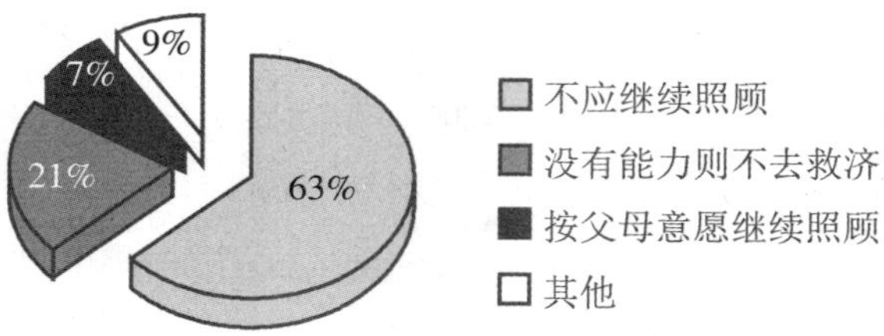

图 7

约一成的被调查者认为“不管被照顾的人有没有能力，都应该按照父母的意愿继续照顾”。他们觉得有必要尊重父母生前的意愿，这是为人子女应有的孝道。约二成的被调查者认为，“如果被照顾的人没有能力，那么，应拿出一部分遗产继续救济”。持此种观点的人认为，可以拿出一部分遗产予以救济，但也只是在一定限度之内，主要是出于道义的考虑。约六成的被调查者认为，“不管被照顾的人有没有能力，都不应该继续照顾”。在他们看来，自己没有责任和义务照顾这些人，应由政府、社会来承担责任。

2. 对被继承人照顾较多的人

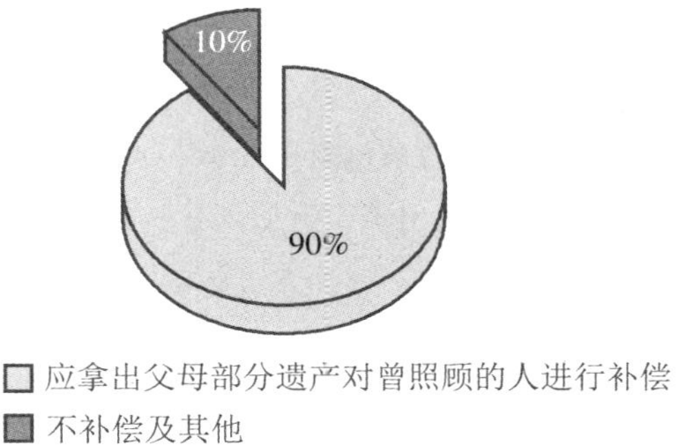

图 8

约九成的被调查者认为“应拿出父母的部分遗产对曾经照顾过他们的人进行补偿”。

法律对酌分遗产问题有明确的规定，对继承人以外的依靠被继承人扶养的缺乏劳动能力又没有生活来源的人，或者继承人以外的对被继承人扶养较多的人，可以分给他们适当的遗产。调查结果显示，在“对继承人以外的依靠被继承人扶养的缺乏劳动能力又没有生活来源的人”的问题上，人们的看法与法律的规定不统一，实施的阻力会较大。

（十八）关于遗嘱形式

对该问题的回答，所有被调查者都选择了没有。在当地，民间继承习惯存在忌讳“交代后事”即立遗嘱的现象，所以一般遗嘱形式运用较少或仅是在临近死亡时的口头阐述。

上述数据及其解读，一定程度上证明了晋中地区家事习惯既有与《婚姻法》《继承法》等法律的内容、精神相一致的一面[1]，又有诸多与之相冲突、矛盾的一面[2]，但无论如何，民间继承习惯总体上运行良好，在维持社会秩序、促进当地经济发展方面发挥着重要作用。

二、晋中地区家事习惯实录

在调研期间，笔者参加了当地的婚礼、“开锁”和葬礼及相关的人情往来，现就其内容记录如下：

（一）亲属制度

在晋中地区，人们谈论到关系远近的时候，会经常说某某和某某还没有出“五服”，某某和某某早就出了“五服”了，在当地民众的心中，“五服之内皆为亲”。

解放后，很多古代的东西被废弃，宗族社会也已经瓦解。在丧事上更是提倡移风易俗，于是真正意义上的“五服”[3]也就随之淡出了人们的生活，

---

〔1〕 如对弱者的照顾，酌情分给与自己共同生活的人一定财产等。

〔2〕 如身份继承色彩、重男轻女思想等。

〔3〕 五服制度始于久远的殷商时代，到了西汉已经发展成一套十分严格而烦琐的礼法。到了晋朝，在《晋律》中，第一次将五服作为定罪量刑的原则，并从此确立了以后的法定亲属等级制度。这种以丧服的等级来确立亲属亲疏的方法在世界上是独有的。五服的具体内容：第一等是斩衰，是五服中最重要的一种。“衰同缞”是指丧服中披于胸前的上衣，下衣则叫作裳。斩缞上衣下裳都用最粗的生麻布制成的，左右衣旁和下边不缝，使断处外露像斧斩断的一样，以表示未经修饰，所以叫作斩缞。“缞”就是指不缝缉的意思。凡诸侯为天子，臣为君，男子及未嫁女为父母，媳对公婆，重孙对祖父母，妻对夫，都要穿斩缞，需服丧三年。第二等次重孝服叫作“齐衰”，是用本色粗生麻布制成的。自此制以下的孝衣，凡剪断处均可以收边。根据所服对象，服期分为杖期（所谓杖，就是哭丧棒。期，即一年）、不杖期、五月、三月不等。例如子女为已与父亲离婚的母亲服杖期，孙子、孙女为其祖父、祖母服杖期，重子、重女为其曾祖父、曾祖母服五个月，玄孙为高祖父、高祖母服三个月，其所穿孝服均遵“齐缞”的礼制。第三等大功（功同工，指做工，大功即做工粗），是轻于“齐缞”的丧服，是用熟麻布制作的，质料比“齐缞”用料稍细。妻子为丈夫的祖父母，公婆为儿媳，父母为未嫁之女，堂兄弟之间，以及已嫁女为母亲、伯叔父、兄弟服丧都要穿这种“大功”丧服，服期为九个月。第四等是小功（做工细），是轻于“大功”的丧服。是用稍粗的熟麻布制作的。这种丧服是指为伯叔祖父母、堂伯叔父母，以及为未嫁祖姑、堂姑、已嫁堂姐妹、兄弟之妻、从堂兄弟、未嫁从堂姐妹和为外祖父母、母舅、母姨等服丧而穿的，服期为六个月。第五等最轻的孝服

尽管如此，古老的“五服”制度和“五服”观念本身的影响还是依然存在的，尤其是民间。只要亲情在，那么亲人去世穿孝服的老礼估计一时半会儿还改不了，关于亲属的相关做法也将一直流传。

1. 亲属的范围

在晋中地区，贯彻宗族为本的原则，把亲属分为宗亲和外亲。宗亲又称内亲，即男系亲或父系亲，指同一祖先的男系血亲，以及嫁入的妇女，包括祖母、母、妻、子媳、孙媳等。外亲，即女系亲，指其血缘由女系相联系的亲属，包括嫁到本宗的女子家中的亲属及本宗女子嫁出后其夫家的亲属，前者如母族，即外祖父母、母的兄弟姊妹及其子女等，后者如姑表兄弟姊妹、外孙等。此外，外亲还包括妻亲，专指夫的妻方亲属，包括岳父母、妻的兄弟姊妹等。

2. 亲属的称谓

亲属之间，晋中有一套称谓的习俗，这种习俗，以父系家族为中心形式，这种称谓的方法，有“自己家”“本家”和“亲戚”之分。“自己家”就是自家人。“本家”就是在一族之内的互相称谓。而亲戚，则是在本家之外的亲族。亲戚间的称谓，大致如下：

（1）对妻子的称谓。晋中方言中，对“妻子”的称谓主要有以下几种：老婆、婆姨、婆娘、女人、媳妇、女妗、家里、家里人。按照其形成原因，可大致分为三类：直接称呼、指代称呼、转义称呼。

①直接称呼的有：老婆、老婆们、婆姨、婆娘、媳妇，其中以“婆”为核心的“老婆”、“婆（bo）姨”等称谓最为常见，几乎每个地区都可以见到。这些称谓多为背称，如这是张三的婆姨。一般不用于面称。

是“缌麻”，是用较细的熟布做成的。凡丈夫为妻子的父母，妻子为丈夫的曾祖、高祖父母，为同一高祖所出的族伯父母、族兄弟姐妹、未嫁族姐妹，以及为外姓中的表兄弟穿孝就都是用这个档次了。其服丧期为三个月。“缌麻”是第五服，如果亲属关系已经疏远到在丧事上连“缌麻”服也没有了，那就是真正意义上的出了“五服”了。以上就是我们所说的实际意义上的五服。五服之外，古代还有一种更轻的服丧方式，叫袒免。在史籍中记载：朋友之间，如果亲自前去奔丧，在灵堂或殡葬时也要披麻。如果在他乡，那袒免就可以了。所谓袒，是袒露左肩；所谓免，是指不戴冠，而用布带缚髻。

②指代称呼的有：家舍的、居舍的、家里的、屋里[1]、屋儿，以身份和在家中的地位来指代。这些称谓也多用于背称。如这是张三居舍的。此外，还有一种称呼则常用“某某地的”。如果这个媳妇是娶自太谷董村，则呼她为“董村的”。如果太谷人娶了平遥媳妇，则太谷人呼她为“平遥家”。这些称谓多用于老年妇女之间或老年人称年轻的媳妇。

③转义称呼的有：女人、家里人，原来泛指一类人或专指大孩子，现在用来特指妻子。

（2）对丈夫的称谓。晋中方言中对“丈夫”的叫法有：老汉儿、男人、汉、汉子、老汉、掌柜的、当家人、当家子、当家的、他爸、他爹。

晋中地区对“丈夫”的称谓中，“男人”“老汉”“汉子”“汉”“老汉儿”等是只带有性别色彩的词语。“当家人”“掌柜咧”“掌柜的”“当家的”等，这些词语相比“老汉”“男人”等词语缺少一定的性别色彩，但更多地表现了丈夫在家庭关系和社会生活中的支配地位。

（3）对母族的称谓。母亲的父亲，口头称为“姥爷”，书面则称之为“外祖父”“外公”；母亲的母亲，口头称为“姥姥”“姥娘”，书面称为“外婆”“外祖母”。外祖父的父亲，称之为“老姥爷”，外祖母的母亲，称之为“老姥娘”。母亲的兄弟，叫作舅舅，叫“大舅”“二舅”等。舅舅的妻子，被叫作“舅母”，在太谷和祁县，被称作“妗子”。外祖母的兄弟，称之为“老舅”，而“老舅”的配偶，则被称作“老舅母”。外祖母的姐妹，被称作“姨姥娘”“姨奶”，而祖母的姐、妹，也都被称作为“姨奶”，姨奶的配偶，则被称为“老姨夫”。舅舅的子女，叫“表兄”“表妹”“表姐”“表弟”，当面称为“兄”“弟”“姐”“妹”，对外人称为“姑舅兄弟”“姑舅姊妹”。姨姨

---

〔1〕山西南部和东南区，习惯将妻子称“屋里的”，而北区相对较少。这是由于历史原因使得山西南北之间有着比较明显的文化差异。

历史上，晋北地区曾经先后被鲜卑、契丹等北方游牧民族占据，这些游牧民族并没有土木建成的房屋，思想中没有“屋子”的概念，也就不会把妻子称为“屋里的”了。而晋南则一直存在砖木的房屋或窑洞，这是把妻子称为“屋里的”的客观条件。而且晋南主要是农耕文化，强调男耕女织，女人织布做饭等劳动主要在屋里进行，“男主外，女主内”，所以可以用“屋里的”来指代妻子。

的子女，叫“表兄”“表妹”“表姐”“表弟”，当面称为“兄、弟、姐、妹”，对外人称为“姨表兄弟”“姨表姊妹”或“两姨兄弟”“两姨姊妹”。女儿的子女，称为“外孙”“外孙女”“外孙闺女”。舅父母，叫舅父姊妹之女为“外甥”“外甥女”“外甥闺女”。姨姨与姨夫，称姨姊妹的儿子女儿为“外甥”“外甥闺女”。

（4）对父族的称谓。父亲的姊妹，称为“姑母”“姑姑”或按长幼称其为“大姑”“二姑”“三姑”等。姑母的配偶，被称为“姑父”“姑夫”。姑母、姑夫的子女，称为“表兄”“表弟”“表姐”“表妹”，当面即以“兄、弟、姐、妹”相称，对人则以“姑舅兄弟”“姑舅姊妹”相称。

（5）对妻族的称谓。妻子兄弟之子女称为“侄女”“侄儿”，叫“内侄女”或“内侄儿”。妻子的父亲，当面称为“爸爸”“爹爹”“外父”“岳父”，书面则称为“岳父”“岳丈”。对外人则称“丈人”“老丈人”“泰山”。妻子之母亲，当面口头称之为“妈妈”“岳母”“外母”。书面则称之为“岳母”“丈母”。妻子的兄弟，当面叫“哥哥”“弟弟”或直呼其名。书面称之为“内兄”“内弟”，对外人称妻兄为“大舅子”，称妻弟为“小舅子”，对“内兄”“内弟”之妻对外人称之为“内兄媳妇”“内弟媳妇”。妻子的姊妹，当面称之为“姐”或“妹”。对人称为“大姨子”“小姨子”，妻子姊妹之夫，当面称之为“姐夫”或“妹夫”，对外人则叫“连襟”。

兄弟姊妹称其姊妹之夫叫“姐夫”“妹夫”。父母对其女儿的丈夫，当面直叫名字，对外人则称之为“女婿”“姑爷”。夫妻双方的父母相称，叫“亲家”“亲家公”“亲家母”等。

3. 亲属间的交往

晋中地区非常重视亲戚往来，亲戚交往，成为一种习惯存在于城乡之中。亲戚往来，俗称“走亲戚”“串门儿”“串亲戚”。亲戚交往，较为繁杂，如喜事庆贺、丧事吊祭、逢年过节、日常生活等，都是亲戚往来的好理由。具体可分为：贺有喜，慰有疾，吊有丧，平时往来，节日互访，特殊聚会。[1]

---

〔1〕 在晋中地区，人们见面不是像大多数的中国人一样问“吃了吗？”而是问“喝了

（1）贺有喜。贺婚礼。亲戚中遇婚姻大事，根据关系之亲疏，分别送不同礼物，有送衣服的，有送喜联的、喜幛的，有送其他物品的，最多的是送礼钱，名为“人情”“喜礼”。送东西多用红包袱，或其他颜色的包袱上贴红“喜”字。送钱也有时用红纸包。送礼、送钱需双数，忌用单数。给出嫁的女子送礼叫“添箱”，给结婚的男子送礼叫“贺喜”。结婚之日，男方、女方或口头邀请，或用红柬请亲戚参加婚礼，大摆宴席，名曰“吃喜酒”，或“吃喜面”“吃喜糕”。〔1〕

贺生育生男育女，喜事一宗，至亲好友，必相庆贺。娘舅家最为关心，备鸡蛋、米、面、新生儿之被褥衣裤等既探望又祝贺，其他亲戚也在三日内携带面糖等物登门祝贺，叫“浇汤”。

祝寿。亲戚中有花甲、古稀、八十、耄耋老人过寿，多近亲相聚，欢庆寿诞。大户人家也有高搭寿棚，大宴宾客的习俗。亲戚送寿桃、寿酒、寿幛、手杖等祝贺，主人以礼相待。

此外，主家建房造屋，上梁吉日，亲戚以被面、彩布、毡毯等挂梁，俗称“挂红”，并向主人致贺。主人设宴款待亲戚，谓“贺房”。乔迁新居，亲属备鱼、肉、烟、酒、包子等物贺喜，俗称“燎锅底”或“温居”。行商

吗？”这一习惯的产生源于所处的地理位置。晋中绝大部分地区长年干旱多风，百姓日出而作，日落而息，赤身露体，进行“面朝黄土背朝天”“汗珠子摔八瓣”的辛勤劳作，绝少有饮水啜茗的条件，全靠吃饭时的汤水一并补充；且晋中人过去吃饭少有蔬菜，全凭盐、醋相佐，口味明显偏重，从生理上需要大量水分，形成了喜汤食的习俗。在晋中居民的日常食谱中，汤饭的种类最多，吃法也最为讲究。低档的可满足人的口腹之欲，中档的可款待普通宾客，高档的则为高级筵席中的佳汤美羹。如晋中一带的三合面流尖、三合面抿蝌蚪、什锦空心拌汤等，都是比较讲究的汤饭。晋中民间还有这样的说法：“吃饭先喝汤，一辈子不受伤。”吃干饭前先喝点汤饭，是许多居民家的“饮食规范”。这从卫生角度讲，也是很有道理的。吃馍、饼之类的干食，大多要熬些米汤，或做点汤面，有条件的家庭还要熬些油茶之类的汤食。吃干面条后喝点面汤则是山西居民最为突出的饮食习惯。“喝原锅汤，化原锅食”据说是传统饮食古训。许多农家代代相传，至今仍保持这种习俗。如果你有机会来晋中作客，酒足饭饱之后，家庭主妇定会给你盛来一碗面汤，请你也来用“原汤化原食”。这并非陋习，倒是很有点科学道理。

〔1〕婚礼时，晋中一带都要行“拜礼”，届时收取拜钱，而且是当众宣布所赠款额，甚为隆重。一般婚礼时，都有乐队吹奏，使贺礼者一入大门，乐声奏起，表示欢迎，亲戚离去，给送礼者随带回赠物品，乐声奏起，表示欢送。

之家开业，亲戚以屏联、钟表、瓶镜瓷器等为贺，名“贺号”。其他喜事，如晋升，继嗣，远行，工作调转，子女上大学，近年买彩票中大奖等，亲戚都要前往祝贺。

（2）慰有疾。亲戚中有疾病，必予慰问。慰问病人时，携带糖果、糕点、面食之类，并要择日而行。民间传说，某日不宜出行，或对本人，或对他人有妨碍，所以看病人尤宜择吉日出行。此外，对有屋坏、遭劫、受别人欺侮等灾难，也要前往探视。对需要周济者，也要解囊相助。

（3）吊有丧。有丧事，主人必报亲戚。亲戚理应吊祭。祭奠时用香烛纸钱，献饼，献酒，献茶，有时献牲礼、挽幛、挽联。主人给亲戚散孝布、孝帽。“七日一哭祭，七七日止，至百日又祭。……七七之中，必卜一日家祭。先期讣告亲友，远近往奠，赙赠、馈食，名称情之薄厚，葬亦如之。自初葬以及窆棺，皆用乐，具酒食款宾客。富家备为豪侈，往往刍灵塞巷，僧道诵经，踵事增华，无所底止。”五服之内亲戚，既要参加丧礼，又要穿白戴孝，还要献各种礼物。旧时，有的地方娘舅家在殡葬日给已嫁之女送钱，名为“束发”或“收头钱”，并在丧服上搭以黑布、蓝布，以示让孝妇节哀振作，并祛凶求祥。亲戚在殡葬之后的复三、尽七、百日、周年（俗称期年）等也来焚香烧纸，对丧者致哀。

现在丧礼日趋简单，但亲戚参加吊祭殡葬必不可少。即使实行火葬，亲戚也有向遗体告别，到火葬场和参加追悼会等礼仪。[1]

（4）逢年过节。家族与亲族逢年过节的往来，更为频繁，自正月初一始，开始走亲戚。按规矩，通常正月初一拜宗族。正月初二看姑姑。正月初三回娘家，新婚夫妇备“四色礼”到岳父母家拜年，同时拜望姨亲姑舅等。正月十三，娘家必送新婚女儿返回婆家，说是忌看娘家灯，称为“躲灯”。若同胞兄弟姐妹成家后，于正月里互相宴请聚会，呼“会年茶”。待“填仓节”，娘家要为新亲家送面食“添仓”。此外，亲戚之间，二月二送糕饼，三月三备礼接闺女，清明节前赠寒食，端午节互送鸡蛋角粽，七月

〔1〕 晋中民间习俗，奔丧时，要等送葬完毕才回家吃一顿丧饭，一般也是宴请亲朋。

十五赠包子，中秋节互赠月饼瓜果，重阳节馈糕，腊八赠粥米等，都属民间家族与亲族往来之惯俗。

（5）日常往来。日常生活中，亲戚间的相互往来更加随意。夏闲“挂锄”，冬闲“猫冬”，是亲戚往来的活跃期。春播、夏锄、秋收等季节，亲戚间相互助忙，平日互赠粮米果蔬，遇事互助，探视病人，慰问老者，女儿隔三差五回娘家，侄子侄女看姑姑，外甥外甥女儿到姨家小住等，都被民间视为常礼。赶上集市庙会，到亲戚家坐坐，哪怕只抽一袋烟，就说几句贴心话，以联络亲情，感受温暖。礼物不计多少，或轻或重，表达的是一片情谊，所谓“瓜子儿不饱是仁（人）心”“礼轻义重”。

4. 认干亲

认干亲，是晋中地区流行的一种民间习惯。认干亲之后的交往，大都比较频繁，而且都仿照亲情的交往方式，形成比较固定的亲戚关系。

认干亲，没有固定的程式，大致都是认干爹、干妈、干哥、干姐之类的干亲。认干亲的原因，大致是这样，两家是朋友，交往甚好，为把这种交往相对固定，就采用让下一辈认干亲的办法使交往加深，诸如认义父、义母之类。有些是因为一方对另一方家中有大恩大德，一方图报对方的恩情，就以认干亲、当义子的办法，以相对固定的程式形成长期交往关系，以达到知恩图报的目的。还有的是由于孩子娇贵，怕中途夭亡，便采用认干亲的办法，让干爹、干哥、干姐保住孩子，使其能避免不幸，长大成人。也有些人家，是为了攀高结贵，让孩子认有钱人为干爹，或能将来从中得到好处。也有的，孩子从小送到奶妈家喂奶，从而使孩子与奶妈形成了一种新的关系，乡间称之为奶妈、奶爸、奶哥，实际上，这也是一种干亲的关系。认干亲原因种种，但是，这种干亲的出现，使两家的关系自然地进入一种亲戚交往的序列之中。

一旦认干亲，凡事都须按乡间交往的一般程序进行，凡认干爹干妈之后的孩子，过年、过节、寿诞、生日，都要按乡间礼俗程序去做。做干儿子的，平时要照料上了年岁的干爹、干妈，尽做干儿子的义务，从经济上也要给予一定的支持。而干爹干妈，对于干儿子的娶妻、生子、盖房等重大活动都要过问，而且给予必要的支持与资助。

认干亲是一种社会上存在着的特殊亲戚关系，成为社会关系网络中的一个侧面。

（二）婚姻礼仪

婚姻是指在一定的物质条件下，通过一定的嫁娶仪式而缔结男女两性婚育关系及男女两家姻亲关系，以满足人们生活、生理需要和种族绵延需要的社会行为过程。婚姻是人生仪礼中的大礼，历来受到个人、家庭和社会的高度重视。在传统社会中，婚姻并不是婚姻双方个体之间的事情，还关系着族类的生存、发展以及社会变迁，同时也影响着各种习惯的传承。在长期的社会生产实践中，晋中地区形成了具有一定地方特色的，丰富多彩的约定俗成的婚姻礼仪。

1. 议婚

议婚，又称“议亲”，是商议男女婚姻之事的最初阶段，主要包括“提亲”和“相亲”等两道程序。[1]在这一过程中，往往是由男女双方父母根据对方的家境及品貌等条件决定婚事成否，男女当事人是没有多大发言权的。

（1）提亲。议婚初始，由男方家长委托媒人或托靠亲友、邻里前往女

〔1〕 旧时包括“求婚”“合婚”“过帖”“相亲”等几道程序，到准备定婚为止。求婚相当于“六礼”中的“纳彩”，如果女方家长答允考虑结亲，男方便再次托人或由媒人到女家询问女方名字和出生日期，以便“开八字”，请阴阳先生“合婚”，审看男女双方的命相是否相合。具体做法就是，把男女双方的生年、月、日、时“四柱”干支写在绢帛或麻纸上，然后请人卜算，看双方相互间命相有无克异。民间一般认为，男女生肖犯“对冲”的不宜婚配。所谓犯“对冲”，是指子、午相冲，丑、未相冲，寅、申相冲，巳、亥相冲，辰、戌相冲，卯、酉相冲，共“六冲”。各地历来都有“兔龙相逢一旦休，自古白马怕青牛，老虎见蛇如刀刮，羊鼠相逢不到头，猪见猴儿泪常流，狗遇金鸡一辈子愁”之类的俗语。这些说法纯属无稽之谈，现在大部分地方都不再讲究了。这一程序相当于“六礼”中的“问名”。

男女双方“八字”相合后，两家即择吉日传换庚帖，晋北一带叫“送契”，重新写明男女各方的生年、月、日、时等事项。至此，亲事算初步定下。按照老百姓的观点，是女方“有主了”。在晋中一带，则说女方“问出去了”。这一程序相当于“六礼”中“纳吉”的前一部分内容。由于现在不再时兴合婚，“过帖”这道手续自然而然也就免了。

方家中求婚。[1]

（2）相亲。又叫“相门户”“看屋里”。即男女两家约定时间，女家到男家“踩门”[2]，最后议定婚事成否。

“相亲”目的有二：其一，通过到对方家里实地考察，以获取第一手资料，了解对方家庭的实际情况[3]，同时认“亲家”；其二，由介绍人或媒人引见，男女双方见面，在这一过程中，两人对面而坐，互相窥视对方的形貌举止，正所谓“对像”是也。

（3）合八字。当地民众颇相信“运程命理”“生辰八字”。提亲获女家同意后，双方互换庚帖，根据双方出生年、月、日、时和属相推算，查其是否相生相克，谓之合八字。合八字就是看“大相”合不合。如果“大相”不合，就是婚姻的大忌，其他条件再好，男女也不能婚配。所谓“大相”合与不合，就是按十二生肖，看男女的属相是否相冲相克。[4]

---

〔1〕“无媒不成婚”，在晋中地区，即便男女双方系自由恋爱，也须经由第三人出面提亲，以示慎重和郑重。没有媒妁之言的婚姻常被旁人议论，被看作是失礼之事。

〔2〕相亲是女方对男方的一个“实地考察”。男方因为是迎娶女方到自己家的，所以没有资格去女方家相亲，只能通过其他渠道来了解女方家的情况。对于“男到女家落户”的“入赘”女婿而言，大部分是因为家贫才“嫁”到女方家，因而也没有资格去女方家相亲。

〔3〕即便是在今天，自由恋爱的男女双方，对对方的家庭情况也不是很了解，更不用说由他人或媒婆牵线的婚姻。因此在结婚之前，双方尤其是女方家长更希望对对方有个真真切切的了解，希望女儿嫁一个好人家。实际上，男女双方的结合，被认为不仅仅是男女两个人之间情感的归宿和一个新的家庭的建立，更是两个家庭之间关系的开始。因此，必须做到实地考察，心中有数。也正是基于此，不少女方父母，会在已约定好的相亲日子之前，单独前往男方家所在地，向其左邻右舍打听其情况。

〔4〕当地流传着一首《大相歌》：鼠羊一旦休，白马犯青牛，虎蛇如刀绞，龙兔泪长流，金鸡怕玉犬，猴猪不到头。认为只有“大相”相合相宜，才有合婚的基础。怎样算相宜相合，有首民谣说：青兔黄狗古来有，红马黄羊寿命长，黑鼠黄牛两头旺，龙鸡相配更久长，婚配难得蛇盘兔，家中必定年年富。

有的时候男女很相爱，可是属相又相克。这时男方就会戴红竹石，女士就会戴蓝绒晶来化解属相带来的凶煞。与鼠相克的属相为羊、马、兔、鸡，遇龙、猴、牛大吉，其他属相次吉。与牛相克的属相为龙、马、羊、狗、兔，遇鼠、蛇、鸡大吉，其他属相次吉。与虎相克的属相为蛇、猴，遇马、狗大吉，其他属相次吉。与兔相克的属相为鼠、牛、龙、鸡、马，遇羊、狗、猪大吉，其他属相次吉。与龙相克的属相为狗、牛、龙、兔，遇鼠、猴、鸡大吉，其他属相次吉。与蛇相克的属相为虎、猴、猪，遇牛、鸡大吉，其他属相次吉。与马相克的属相

2. 订婚

经过议婚阶段，男女两家对婚事都持肯定意见，便可正式定婚，即“许亲”“定亲”了。

男女双方订婚，一般选择夏历三、六、九等吉日，双方家长要在选定的这一天分别设筵款待亲友，名为“定亲饭”。[1] 主食一般是饺子，表示男女两家已经“相交”成为情深谊长的儿女亲家。

定亲这天，男女双方还要互送“四色（式）礼”。[2] 男方送给女方“定亲衣”、戒指、耳环、手镯等物[3]，女方回送男方衣服、鞋、袜、裤带一类。其中裤带尤不可少，隐喻“从今以后我把你拴住了”，或者“我将为你侍奉巾栉，脱衣解带”。[4]

在定婚时，还讲究互换“龙凤帖”，即一种印有龙、凤的大红纸贴。男方给女方的“龙帖”上写有“求吉”字样，又叫“恳帖”，大致书写内容为：“愧乏玉田，仰祈舍诺。某某某鞠躬”。女方给男方的“凤帖”上写有“允吉”字样，又叫“允帖”，大致书写内容为：“德愧比凤，愿切乘龙。姻愚弟（兄）鞠躬”。“龙凤帖”一般以大红销金全柬制成，一般情况下要叠成九折，以表示婚姻天长地久（九）。[5]

3. 择期

定婚以后，如果男女双方都已到当地认可的结婚年龄，男方家长便设

为鼠、牛、兔、马，遇虎、羊、狗大吉，其他属相次吉。与羊相克的属相为鼠、牛、狗，遇兔、马、猪大吉，其他属相次吉。与猴相克的属相为虎、蛇、猪，遇鼠、龙大吉，其他属相次吉。与鸡相克的属相为兔、鸡、狗，遇牛、龙、蛇大吉，其他属相次吉。与狗相克的属相为牛、龙、羊、鸡，遇虎、兔、马大吉，其他属相次吉。与猪相克的属相为蛇、猪、猴，遇羊、兔大吉，其他属相次吉。

〔1〕在太谷则是女方由亲戚陪同到男家。

〔2〕意喻“四季平安”，同时象征人生历练的“酸甜苦辣”。

〔3〕除“四色（式）礼”外，男方父母还要给女方见面钱，多少视家境贫富而定，但均需遵循“四平八稳”的原则。

〔4〕在祁县，男女双方除互送“四色（式）礼”外，还有花馍。男女双方把花馍切成薄片，分送亲友乡邻，称为“散喜馍”。

〔5〕也有的为对折式，男女的生年、月、日、时“八字”写在中缝左右，折起来正好合在一起。

筵邀请女方家长和媒人，一块选定迎娶的日子，这一程序称之为“择期”。[1]

迎娶的日子[2]最后选定以后，男方要正式写帖通知女方，称之为“送好日”“下知帖”。[3]同时，正式送彩礼给女方。[4]

4. 出嫁

（1）催妆。迎娶当天早上，男方要打发人往女方家送钗钏首饰、衣装、酒肉等礼物，这一仪式叫作“催妆”，意为催促女方做好出嫁准备，也被称为“饷飧”。[5]

（2）陪嫁。[6]在迎娶当天，男方派人到女方家里，女方同时也派人前往男方家，将陪送女儿的妆奁送往男家，称为“送嫁妆”。[7]

（3）“上头”“开脸”。出嫁当天早上，女家还要给女儿“上头”和“开脸”。“上头”，即改变头发式样，把辫子盘成发髻。“开脸”又叫“开面”，其实是新娘进行美容修面，并以此表示少女时代的结束。[8]

---

〔1〕 早先一般要事先请阴阳先生看黄道吉日。由于民间认为迎娶之期关系到男女双方的一生，所以非常慎重，双方家长往来磋商，往往从定亲到成婚要迁延一年以上，甚至更长时间。

〔2〕 结婚嫁娶虽是喜庆之事，但“她缔结的过程也会受到各种有形无形甚至神秘力量的干扰，故而在这一过程中需要恪守一系列的禁忌”。（参见鸿宇编著：《中国民俗文化》，中国社会出版社2004年版，第49页。）“忌年”：对结婚大礼安排在哪一年办理很有讲究。一般放在人们认为无特殊情形的正常年份内办喜事。忌“黑年”即无春之年嫁娶，认为该年内嫁娶无喜气、不吉利，会影响到以后家庭的幸福。同时，又有“屈尊亲丧不娶”的禁忌，即祖父母等去世后，晚辈在一定年限内不可以结婚，以表示对逝者的尊重，寄托晚辈的哀思，是一种孝道的表达。“忌月”：嫁娶月份多与属相联系在一起，如鸡兔正七月，蛇猪三九月，马鼠六腊月，牛羊五十一月，狗龙四十月，虎候二八月等。迎亲如在腊月，则过了二十三（民间这一天为“灶王爷”上天的日子），任何一天都可结婚。

〔3〕 这一程序相当于“六礼”中的“请期”。

〔4〕 定婚行聘，为“小送”；现在临娶“纳币”，为“大送”。

〔5〕 在催嫁环节，男方送的酒叫作“离娘酒”，肉叫作“离娘肉”。

〔6〕 至于为何叫作“陪嫁”，笔者在“嫁妆”一章有详述，故在此不赘。

〔7〕 关于“陪嫁”的相关论述，请详见本书“嫁妆”一章。

〔8〕 “上头”“开脸”，一般是请一个“全福人”，即公婆、父母和丈夫俱在，儿女双全的年长妇女，由她用细丝线绞去姑娘脸上的汗毛，并修细眉毛，剪齐鬓角。这是类推和暗寓法，寓祈子之意。“上头”“开脸”之后，女方要宴请本族尊长和邻里乡亲，同时款待即将出嫁的女儿。民间认为，女儿一上头，就是人家的人了，娘家须以客相待，所以筵席非常丰盛，女儿也被安顿在筵席的首位。尊长、邻里除对待嫁的姑娘表示祝贺外，还要嘱咐她一些尊敬公婆，侍候丈夫以及处理好妯娌、姑嫂关系的道理。

（4）坐炕。女儿吃完饺子后，要由女方的姐姐或长辈洗脚，并坐在闺床上母亲缝制的新褥子上，不再下床，直至新郎来迎娶女儿出嫁离家，山西各地都有不带娘家土的习俗。〔1〕

5. 迎娶

迎娶，又叫“迎亲”“娶媳妇”，等于“六礼”中的“亲迎”。通常是由新郎亲自到女家迎娶新娘。

（1）上门。迎亲队伍中，都要有陪伴新郎的人。〔2〕迎娶的队伍到来后，女方的家门往往由新娘的妹妹或女友们紧闭、关锁，一方面显示女方家族的尊严，另一方面是故意捉弄迎亲者。迎亲者怕误了时辰，只有付“开门钱”了事。〔3〕

（2）合欢饼。迎娶队伍进门后，女方设筵盛情款待，招待女婿时，除一应酒菜外，还有一样主食——薄饼。当新女婿的一定要“偷”十几张饼、几双筷子和一些酒器，当地人称为“得富贵”。

（3）哭嫁。女儿在出娘家门时，要“哭嫁”，人称“媳妇哭，娘家富”。新娘的母亲、女友与家族中的女眷，一般都要陪哭。〔4〕

（4）哥背妹。女儿出嫁离家时，要在炕上换上新鞋，然后由哥哥〔5〕背

---

〔1〕 原因同后面的仪式“哥背妹”。

〔2〕 对陪伴新郎的人，太谷一带称为“伴客”；对女方陪伴新娘的人，则称为“送客”。“送客”之外，女方再去人，便是“吃客”了。迎亲、送亲是婚礼中非常隆重的仪式。讲究“姑不迎人、姨不送人，寡妇、孕妇、产妇、再婚之人，也不迎送人”。此外，男方迎亲人数为单数，取“去单迎双”之意，女方的人数也为单数，以求“好事成双”而图吉利、喜庆，叫“双双对对，白头偕老”。

〔3〕 在晋中一带，新郎到岳父家迎接新娘时，一定要“偷”一个茶杯，所谓“偷”，就是女方看见也不能说。茶杯是一定要让新郎带上的，且必须完整带回，不得破损，否则对于新郎新娘的婚姻有某种不祥的预兆。这里似乎是说日后待新娘要像对待这个杯子一样，小心爱护，好好照顾，珍惜珍爱。

〔4〕 据民俗学专家研究，这一习俗的起源与远古时代的“抢婚”有关，后来女子被掠夺时的哭诉才逐渐演化为婚俗中的“哭嫁”。这不是乐极而悲，往往有其真实的内容。一般是感叹无忧无虑少女生活的结束，感谢父母的养育之恩，眷念兄嫂弟妹及与女友的友好相处之情，同时对为人妻、媳的人生转折甚感惶惑不安。如果对婚事不太满意，感到委屈，更要借机发挥，大哭而特哭一场。

〔5〕 “哥哥背妹妹，好活一辈辈”，表达了娘家人对出嫁女的祝福。

上或抱上轿。[1]在上轿之前，新娘家人要给新娘捧上一盅红糖水，让新娘喝，这叫回门糖水。[2]

（5）不走回头路。迎娶路线一般讲究走“大回环”，回时不走来时路。[3]

迎娶这一天，新郎、新娘的妆束因时因地而异。晋中地区，新娘着装

---

〔1〕 山西各地都有不带娘家土的习俗。民间认为“土能生万物，地可产黄金”，怕带走了土会带走娘家种庄稼的好运气。这自然是农业社会根深蒂固的传统观念。女儿出嫁时，或者坐在椅子上，由人抬上轿，有的地方是以红毡或红布铺地，女儿脱去脚上的旧鞋，进了轿再换新鞋。不管怎样出门，反正是脚不沾地。

〔2〕 回门糖水：新娘在出嫁以前喝一口回门糖水，一方面表达闺女对家人的恋恋不舍，另一方面也寄托家人对闺女以后生活甜蜜幸福的期望。

〔3〕 晋中祁县一带依据村落位置，有玄武（北）入，朱雀（南）出，或白虎（西）入，青龙（东）出的说法。迎娶队伍要随带红毡或红布，除了供新娘上下轿踩踏外，路经寺庙、井台或石碾、石磨时，还要用来遮掩轿窗和新娘，意在防止白虎星等鬼祟邪怪相扰。路遇别人家的嫁娶队伍时，双方要互换“针线”，即新娘的女红消灾。现在迎亲队伍相遇时互赠手帕，即此遗风。

比较特殊，要盖红盖头，[1]套红棉袄，穿青布鞋。[2]

---

〔1〕晋中很多地方，接新娘时，新郎往往要送一副墨镜给女方戴上。盖头与墨镜的作用都是避免与鬼神等不祥之物直接面向。婚礼队伍也怕中途遇上如狗群打架，疯人病人等，怕冲了“花套”与喜庆，是不吉利的征兆。碰上了是要倒霉的，以后不是妻死便是夫亡，要不就是多灾多难。这是任何一个结婚人家所不愿意看到的。结婚这一天也忌讳谈论什么与死、病有关的事情，也忌天气时阴时晴，人们总是由这些事情联想到婚姻的命运。

新娘子出嫁那天，头上还要蒙上块大红布。这是何故？在当地流传着这样一个故事。

商朝君主纣王，有一个皇叔叫文重，此人勇冠三军，纣王的江山千斤重，他横担八百还有零，满朝文武，各路诸侯没有一个不敬重他的才能，唯有一点使群臣们不太佩服的，就是他太怕老婆了。这一年文重征战凯旋归来，满朝文武，就连纣王也到十里长亭迎接。酒席宴前，欢庆祝贺之余，也不知哪位大臣无意中与老太师开了个玩笑：“老太师征战北海，平定反寇凯旋归来，真是劳苦功高，今日万岁都来为你庆贺，真乃十分荣耀。只怕回到府内，见了夫人就……”老太师脸微微一红。赶巧，这一情景被纣王看见了：“嘿！难道皇叔真惧内吗？不行，孤王倒要看个明白。”回到宫院，纣王改装打扮往太师府而去。

他刚到皇叔门口，正好见皇叔半跪在婶娘面前请安。纣王那个气呀，把脚一跺转回来。来到金殿上，立即传下一道圣旨，命满朝文武大小官员，各带夫人随旨上殿。不多时，大小官员都带着夫人来到金殿，参拜完毕，刚想落座，只听纣王大喝一声：“把我婶娘拿下！”“啊，万岁你……”“呔！大胆的贼婆，我皇叔南征北战，为国家立下了汗马功劳，别说满朝文武，就是孤王我，也十分敬重于他。你竟敢这样在家屈辱他，你大模大样地坐在上面，让我皇叔半跪着给你请安！往日群臣议论，孤不信，今日亲眼得见，你还有何话可讲？斩！”

“咔嚓”一声，人头早已落了下来！武士们即刻拿过三尺白绫往脖子上一堵，一时染了个通红。“好！”纣王大声地说：“就以这红绫为戒！不得虐待丈夫。今后女孩出嫁那天，头上还要蒙块大红布！记着这一教训，好好地侍奉丈夫。”人随王法草随风，圣旨一下，各路诸侯就慢慢地传开了，就这样一代代地传了下来。

〔2〕晋中这一带，闺女出嫁都兴穿红袄绿裤青布鞋，延续了多少辈子，这个习惯和流传在民间的一个故事有关。早先，传说有个混帐县官，坏透啦！凡是出嫁的俊闺女，头一晚上必须送到县衙，若敢不听，全家杀头。为这，不知有多少美貌的姑娘毁容上吊，老百姓恨得牙根疼，可又没办法。

八里庄有老夫妻俩，一辈子积善修德，到了四十多，盼星星盼月亮，总算盼来了个老闺女，取名娇娇。娇娇一年年长大了，出落得比天仙还美。县官早就听说娇娇貌美，不准她毁容，否则老爹老娘脑袋搬家。娇娇熬到二十大几，不得不出嫁了。就在出嫁的头一天晚上，一家人抱在一起哭得死去活来。哭到半夜，屋门“吱扭”一声开了，进来一个大姑娘。这姑娘身穿红袄绿裤青布鞋，进门就问：“大爹大娘你们这是哭嘛？能不能讲给我听听？”老太太抹了把泪，抽抽嗒嗒地说出了哭的原因。红衣姑娘坐在炕上，拉着泪人儿似的娇娇说：“大妹妹，别哭了，我倒有个办法搭救你。”一家人听了，真是千恩万谢。

第二天，娇娇由红衣姑娘陪着上了轿，到了晚上，狗县官差衙役来抬新娘子。到了县衙，狗官撩轿帘一看，顿时骨头全酥了，忙吩咐摆酒宴入洞房。

第二天醒来，狗县官见身边横着半截木头墩子，哪里还有天仙似的娇娇。狗县官可气坏

6. 下轿

迎娶队伍回到男家以后，鼓乐大作，鞭炮连声，男方亲友邻里一拥而出，迎接新娘。新娘索取“下轿钱”后，由“二位”[1]相搀，踩着红毡进门。[2]

了，恶狠狠地说：“跑了和尚跑不了庙！”这天夜里，他又让衙役去抬娇娇，娇娇被抬来了。到了第二天早晨，狗官一看，脑袋顿时“嗡”地一声，原来睡在床上的是自己的闺女！闺女羞辱满面，一脸泪水，跑到外边投了井。

狗县官急得四处喊人打捞闺女，忙乱了一阵，真是蝎子蜇了屁股——说不得道不得，恨得他咬牙切齿，定要找娇娇报仇。他拿起笔，正要写呈子加罪，只见桌上放着一张三寸纸条，上面写着十五个字：“我本是狐仙上门送，再敢胡闹要你命！”狗县官一看顿时吓傻了。几日后，只觉得一阵阵肚子疼，原来肚子上长了个小疮子，嘟嘟地往外冒水，不几天就死了。

这红衣姑娘原来是狐仙姐，两回都是她变成娇娇的模样被抬进衙门的。狐仙姐给百姓们报了仇，一道风没了影子。人们为了怀念她，一来二去，出嫁穿红袄绿裤青布鞋就成了这一带的乡俗。

〔1〕 两名属相相生之“全福”妇女。(俗称“二位”)

〔2〕 新娘下轿后，要过红毡。这是为什么呢？还得从一个小故事说起：很久很久以前，有一大户人家娶媳妇，从人挑起轿帘，轿子里走出两个新娘，她俩不但穿戴一样，而且身材也一模一样，甚至连容貌也一样，谁也无法识别真假。新郎官心中暗想：上轿时还是一个新娘，怎么下轿却变出两个新娘子呢？这可怎么办？他越想心里越急，连忙把手中的红绸递过去，两个新娘同时接住了红绸，你争我夺，新郎急得满脸是汗，连连摆手。忽然，他想起了岳父、岳母，便派人去请。岳父、岳母刚到，两个新娘同时扑到了老太太怀里叫着：“妈妈，妈妈。”两个人的举动，声音一模一样。老太太左看右看，也辨不出哪个是真，哪个是假。这时，老太太想起曾给过女儿一块玉佩。便问：“女儿，把我给你的玉佩拿来。”左边的新娘从身上摸出玉佩交给老太太，老太太正看着，右边的新娘也从身上摸出了一模一样的玉佩。老太太用惊奇的目光望着两块一模一样的玉佩，毫无办法，只是呆望着两个新娘，不知道哪个是自己的女儿。

正在骑虎难下的时候，人群中走出一位白发老者，他望了望大家，道：“听说咱们的县太爷足智多谋，特别是他的夫人，更是上知天文，下通地理，什么难题都难不住他夫妻二人，何不请县太爷来给断一下，分出哪位是真，哪一位是假。”新郎听了便派人去报知县官和他的夫人。

新郎领着两个新娘子到了县衙门。可是，县官升堂听了此事，也无主意，于是退到后堂问夫人：“你看怎么办？”夫人道：“铺一条红毡，让两位新娘从上面走过。”县官说：“让她俩在红毡上过，也不能分辨真假呀！”夫人接着道：“天机不可泄露，那时要见机行事。”说完，县官和夫人升堂。县官摇着扇子，看了看众人说：“给本官拿一条红毡来，铺在堂前。”县官指了指两位新娘，接着道：“你俩从上面走过去，过去的就是真的，过不去的就是假的。”两位新娘听了县官的话，便争先恐后地要过红毡，两位新娘同时走过了红毡，众人见两位新娘都过了红毡，便望着县官，看他如何判断。县官见两位新娘都过了红毡，也没有办法了，只好回头问他夫人：“你看哪位是真，哪位是假？”县官夫人不慌不忙地走到了红毡前，弯下腰婆婆随后用笤帚在轿内象征性地扫三下，并取土一把，拿回家放在新房炕角席子下。[1]

新娘出轿后，要把谷草秆、麸皮、瓜子、花生、核桃、栗子等物大把大把地往新娘身上撒，同时念诵赞辞。[2]

7. 拜堂

新郎、新娘进门后，接着就要“拜堂”，又称“拜天地”。[3]拜堂的地

仔细一看，指着一位新娘子道：“你是假的。”大家听了此言，都是丈二和尚摸不着头脑。假新娘听了县官夫人的话，非常不服气，便问：“你凭什么说我是假的？”县官看见夫人仔细看红毡，也跟着一瞧，顿时恍然大悟道；“哈哈，你是哪里来的妖怪，来此作怪？你如果不是假的，为什么过了红毡，却没有留下脚印？”众人听了弯下腰一看红毡，果然上面只有一串脚印，于是，众人七嘴八舌地问：“对，为什么没有你的脚印？”假新娘听了县官和众人的话，吓得化为一缕青烟，慌慌张张地逃跑了。

从此以后，人们在娶媳妇时为了避邪，便流传下过红毡的习俗。

〔1〕这叫“扫轿土”，大约是和“不带娘家土”的习俗针锋相对，你怕带来娘家的土，影响娘家种庄稼，我偏要想方设法扫一些，以有利于自家的农事。

〔2〕这一习俗叫“撒草”或“撒喜果”，起源甚为古老，相传早在汉代即已流行。早先叫做“撒谷豆”，意在压避青羊、乌鸡、青牛三煞神。后来逐渐演化，从赶煞神转为求吉利。“一撒麸，二撒料，三撒新媳妇下了轿；新媳妇，好脚手，走路好像风摆柳；今年娶，明年抓，生下个娃娃叫大大。”

〔3〕关于“拜天地”，在当地流传着这样一个传说：相传女娲造人的时候，开始只造了一个俊俏的后生，这后生虽说有吃有穿，逍遥自在，但孤单的一人，总觉得很闷，所以常唉声叹气。

一天晚上月亮圆圆，小伙子触景生情，更感寂寞，就对月亮说：“月老月老你细听，给我找个知心人，我世世代代领你情。”刚说完，月亮一忽闪，一个白眉，长须的老人托着一根龙头拐杖来到小伙子面前，说：“后生不要愁，我给你找个小帮手。”说完后，一阵清风吹过，长须老人不见了。小伙子感到很纳闷。过了一个时辰，就见长须老人领着一位姑娘飘悠悠地落在小伙子面前，对小伙子说：“我到女娲那里，让她又造了一个女人，给你领来了，你们先认识一下，一会儿我给你们办喜事。”一忽闪，老人又不见了。

小伙子见姑娘脸色绯红像月季花一般，小伙子结结巴巴地问：“你愿意和我一块生活吗？”姑娘听了说；“愿意。”正在这时传来一阵笑声，长须老人领着两个白发长须的老人站在小伙子和姑娘面前，指着两个老人说：“这是天公和土地，你们以后生活都离不开他俩，现在我们给你们办喜事。首先给养育你们的天公、土地拜三拜。”“一拜，二拜，三拜。”随着月下老人的喊话声，小伙子和姑娘对天、土拜了三拜，然后两人又对月下老人拜了三拜，刚拜完，三位老人全不见了。从此以后，两人恩恩爱爱过着幸福的日子。为了感谢天、地养育之恩，为了感谢月下老人牵线搭线的情意，从此以后在结婚时必须一拜天地，二拜月下老人，三拜父母，便形成了结婚拜天地的习俗。

方一般在洞房门前，设一张供桌，上面供有天地君亲师的牌位，供桌后方悬挂祖宗神幔。新郎、新娘就位后，由两位男宾唱导，行三跪九叩礼，参拜天地、祖宗和父母。然后女东男西，行夫妻对拜礼。

8. 入洞房

拜堂之后，新郎、新娘手挽绾有“同心结”的彩带共入洞房，象征一对新人自此以后结为一体，同心相爱，白头偕老。

入洞房后，新郎、新娘并肩坐在炕沿上，由“全福人”招呼，把新娘的衣角压在新郎袍襟之上。新郎用秤杆挑去新娘头上的“盖头红”，然后退出。新娘的嫂嫂即动手脱去新娘脚上的新鞋，为她另换一双。所谓“换新鞋，就新范”，意思是新娘以后行事要按男家规矩，受婆家约束。

“换新鞋”完毕后，由“二位”把小馒头、李子、花生、核桃、石榴[1]等东西撒往床上，或者提前将这些东西放在暗送的被褥内，届时撒给来客。

9. 交杯酒[2]

晋中地区青年的婚礼上，交杯酒是必不可少的，但其形式比古代要简单得多。男女各自倒酒之后两臂相勾，双目对视，在一片温情和欢乐的笑声中一饮而尽。

---

〔1〕 枣子、花生、核桃、石榴等物都具有早生，多生等寓意。正如俗语所说：“一把栗子一把枣，明年生个大胖小。”

〔2〕 交杯酒，古称之为“合卺”。“合卺”就是指新婚夫妻在洞房之内共饮合欢酒。卺是瓢之意，把一个匏瓜剖成两个瓢，新郎新娘各拿一个，用以饮酒，就叫合卺。合卺始于周代，后代相卺用匏，而匏是苦不可食之物，用来盛酒必是苦酒。所以，夫妻共饮合卺酒，不但象征夫妻合二为一，自此已结永好，而且也含有让新娘新郎同甘共苦的深意。正如《礼记》所载：“所以合体，同尊卑，以亲之也。”宋代以后，合卺之礼演变为新婚夫妻共饮交杯酒。《东京梦华录·娶妇》记载：新人“用两盏以彩结连之，互饮一盏，谓之交杯。饮讫，掷盏并花冠子干床下，盏一仰一合，谷云大吉，则众喜贺，然后掩帐讫。”这个仪式的象征意义是意味深长的。用彩绸或彩纸把两个酒杯联接起来，男女相互换名，各饮一杯，象征此后夫妻便连成一体，合体为一。当然很多情况下，“惟新妇羞涩，不肯染指一尝”。(民国:《解县志》)饮过之后把杯子掷于床下，以卜合谐与否，如果酒杯恰好一仰一合，它象征男俯女仰，美满交欢，天覆地载，这阴阳合谐之事，显然是大吉大利的了。民国时期，山西民间结婚，拜天地之后，“导入洞房，婿先进，上床踏四角，新娘继入，坐床后隅，饮交杯酒，是曰‘合卺’，合卺之后，尚有谒祖日见舅姑等礼，大抵于结婚之翌日行之”。(民国:《浮山县志》)

10. 撒喜物

新娘入洞房后，新郎立即将门闩住，轻轻揭去新娘的红绸纱巾，摘下新娘头上的喜花，然后，互相交换礼品，新郎送给新娘一个装着几元钱的红包，新娘送给新郎一个用红布缝的香包。不过新娘要把香包藏在贴身而又不易发现的地方，由新郎摸出来，表示将来“生儿育女”。再把被褥下早已备好的红枣、核桃、糖果等，各取一些装进衣服口袋。

新郎新娘在洞房内交换礼物的情景，全被窗外闹洞房的人们将窗户纸舔破看得一清二楚。他们一见新郎找到藏在新娘身上的香包，马上欢呼鼓掌，迫不争待地想要冲进新房。据说，想生女孩的人向新娘要喜花，想生男孩的人则向新郎要香包。于是，新郎刚一开门，人们一下蜂拥而入，抢喜花，夺香包，要核桃、枣子、喜糖，新郎新娘端起盘子，将喜枣、喜糖撒向围上来的人群，男女老幼个个争先抢拾满地的“喜物”。

11. 喜宴

婚宴场所一般设在新郎的家中，为了欢宴亲友、宾客，男方往往要在院子里搭起“喜棚”。亲友云集，邻里毕至，一派欢声笑语。[1]

（1）牵客。婚宴上设一“牵客”，负责引导来宾按规定座次就座。主桌

---

〔1〕 在晋中地区，参加婚礼的男女老幼三天内不分大小，在喜宴中，“戏公公、婆婆”“戏大伯子”是当前最流行的节目。其意义在于“多年的媳妇熬成婆”，让公婆回味当媳妇的不易，能够与媳妇和平共处。

在太谷，儿子结婚时，要给父母抹红和抹黑。一般抹红或抹黑时，都由同辈人去完成，而不是由下辈、晚辈去抹。同辈人抹时，男子给男子的同辈抹，女子给女子的同辈抹。这种红的或者是黑的颜色，一般都比较随意。比如黑色，常常是用手在黑烟熏成的黑锅底上抹一把，为了避免被抹者马上洗掉，还常常要在手上沾些油，在黑锅底抹一把，再往同辈的脸上抹上去。这种抹，常常是趁对方不太防备的时候进行的。比方说，张大爷的儿子结婚，李大叔前来贺喜，李大叔对张大爷说：“大哥，添喜了，你们家添人进口，喜事喜事。”就在说话中间，李大叔已经伸出带着黑的掺了油污的手，给张大爷抹了上去，趁张大爷不防备时已经完成了任务。在这里，不仅要给男方父母抹黑抹红，并且要让父亲装扮成女人的模样，而母亲装扮成男人的模样。这种化妆也颇为有趣简单，母亲系个白头巾，就很像个男人了，父亲则带上红纱巾，描了眉，涂红了嘴，把红辣椒串成串，戴在耳朵脖子上，就是耳环和项链了。无论是抹红和抹黑，都有着开玩笑、添彩、增加喜庆的意味。这种民情风俗，也具有明显的地方特色。

为新郎新娘、新娘的父母、介绍人和主宾，二桌为新娘的同辈亲戚和一般宾客，其他客人则安排在另外的桌子上，一般是同一性别、年纪相仿、互相熟悉的人安排在一桌。

（2）茶礼。宾客就座之后，先要行“茶礼”。新娘在小姑的陪同下，给客人们倒“喜茶”（红糖水），称为倒花，实际是认亲之意。小姑的任务是给新娘介绍客人，新娘倒完喜茶后，客人站起来喝完，将准备好的红包放在茶杯中。新娘收起红包，再给下一位客人倒喜茶。茶礼结束后，筵席正式开始。

（3）上菜。一般用长方形木制托盘上菜，也可以先把菜摆好，用盖子盖上。待客人都已就座之后，由正客（女方的宾客）把盖子一一揭开，大家才开始动筷。婚宴菜品可以为八道菜、十道菜或十二道菜，不能随便增减。〔1〕

12. 闹洞房〔2〕

晋中和全国各地一样，都有“闹新房”的习俗，洞房之夜，热闹非凡。俗语说：“不闹不发，越闹越发。”民间还有“新婚三日无大小”〔3〕的习惯，

---

〔1〕 席上的菜分吃菜、看菜与分菜三种：吃菜是供大家吃的；看菜是炸鱼或腌腊的鱼，鱼尾贴着红纸条，是看菜的标志；分菜一般是炸丸子等便于携带的食品，筵席结束后分装，发给客人们带回去。婚宴上的菜谱要尽量挑选些字面有喜庆含义的菜或汤。例如四喜丸子、四喜团圆、四喜元宝、龙跃新禧、鸳鸯喜蛋、富贵芙蓉、吉庆有余、龙凤呈祥、双喜鱼饼、金银满堂以及子孙饺子汤、喜庆双蔬汤、龙凤汤等。

〔2〕“闹洞房”亦称“逗媳妇”，是以开玩笑、戏谑等方法，捉弄婚姻当事者以及婚姻相关者为主要特点的庆祝婚姻的一种形式。闹房之俗，相传始于晋代，但推其渊源则在西晋之前。汉时，新婚之夜，亲人在洞房外窃听洞房内新婚夫妇的言语动静，俗语称“听房”。《汉书》载：“新婚之夕，于窗外窃听新夫妇言语及其动止，以为笑乐。”闹房之俗至唐代，愈加泛滥，不但男亲家属，贺客亲朋都有戏谑新娘的权利，连不相干的陌生人也可以中途拦阻，评头论足，抚摸取笑，需索刁难。宋代，吴郡娶妇之俗不同于中原，但也有戏弄新妇之风。明代以后也有一些闹房习俗的记录：“明朝时民间有闹房的习惯，叫谑亲，又叫弄新妇。”清代，这一习俗仍兴盛不衰。“民间风俗中有看新妇的习惯，举行婚礼的时候，亲戚、朋友、族人和邻居不分老幼，一连数日都来观看。”（鲍宗豪：《婚俗与中国传统文化》，广西师范大学出版社 2006 年版，第 34~42 页。）

〔3〕 公公、大伯子除外。闹洞房时，平辈、晚辈、亲戚朋友，同学同事纷纷拥入新房，嬉笑逗乐，尤其是新郎的朋友，他们极尽所能，想出种种方式，让新娘当众表演，以逗乐取笑。

婚后三天，宾客、乡邻、亲友不分辈分高低，男女老幼都可以汇聚新房参与逗闹新郎、新娘。[1]

闹洞房的传统习俗是把红绿纸撕成小块贴在新娘脸上，让新郎用嘴和舌头一块一块地舔下来，名曰吃揪片。掏鸽子是让新郎把手帕从新娘的裤腰带上贴身塞进去，通过新娘的敏感处再从裤筒里掏出来。这种闹洞房并非低俗。在封建社会，男女隔着很大距离，尤其少男少女更不可接近，就是见面都感到羞涩，如果不通过闹洞房诱导他们，就会造成同屋不同床。谈何早得贵子？在闹洞房的同时，那些事先安排的生儿女最多的同辈嫂子们把同房的窗户纸全都捅破，一边捅一边说："小子、妮子、小子、妮子……"好像捅得越多，儿女生得越多。

闹洞房完毕，新人睡觉时由小姑（丈夫的妹妹）提来尿盆，新娘要付小姑提盆钱。这叫"小姑儿提盆盆，侄儿男女一群群。"

13. 看喜日

婚后第一天，新娘早起掏锅底，表示要做勤俭媳妇，婆婆用红纸包钱预先放进灶膛里，以便让新娘掏灰时开门见钱，意寓有好日子过。这一天左邻右舍来男家看望，与新媳妇认识，叫"看喜日"。

这期间，人们之间随随便便的关系是礼俗所允许的，很多禁忌都被解除了，颇似西方文化中的狂欢节。因此，无论如何戏闹，如何难以接受，新娘是万万不能反目生气的，如若气走了闹洞房的人，将被视为是新娘的任性，人缘不好，日后的光景就不会好过。

〔1〕"闹洞房"习俗的产生和延续的主要原因在于它背后所具有的隐喻功能。所谓隐喻，是将本来的意义隐藏在某种事项后面，或者经过某种比喻曲折地反映事物的功能或作用。正因为隐喻的力量使得人类存在了一种区别于动物的根本性的意指功能，并赋予了闹洞房习俗顽强的生命力。（李垚：《闹洞房习俗中的隐喻功能探析》，载《法制与社会》2009 年第 6 期。人们认为，闹洞房不仅能增添新婚的喜庆气氛，还能驱邪避恶，保佑新郎、新娘婚后吉祥如意，兴旺发达。（一）密切新人的关系，促进新娘妇女角色的转换。"闹洞房"习俗的存在对于婚前缺乏交往的传统婚姻是十分必要的，在"闹"的过程中，在众人的强制下，新郎、新娘的关系迅速密切，同时用近乎强迫的手段促使新娘迅速完成从少女到妇人的角色转换，以便适应新的生活状态和环境。（二）传统中国人认为众人聚在一起可以祛避凶邪，吓退鬼怪，人们希望用"闹"的方式来驱除"邪气"（各种危险因素），祈求家族兴旺发达。（三）闹房中的种种充满性意向的"节目"，成了性教育的一种手段，使得新婚夫妇获得了性生活方面的知识，对即将到来的夫妻生活有一个心理准备。

14. 上喜坟

婚后第二天新郎新娘上坟祭祖，为“上喜坟”。意寓家族人丁兴旺，并希望得到祖先的庇荫。

15. “回门”[1]、“会亲”

婚后第三天女婿要带上礼物同媳妇一块去女家，称为“谢婚”。[2]

“会亲”，即新郎会见女方亲族的仪式，在新婚夫妇回门时举行。通过这一会见，不仅两亲家加深了了解，联络了感情，就是双方亲友也初步结识，为今后的往来打下了基础。

16. “唤四六天”

新娘的近亲有唤“四六天”之俗。早饭后，由新娘的亲戚接去，午饭后日落前必须返回。[3]

至此，热热闹闹、红红火火的人生大礼才算落下了帷幕。

纵观晋中地区婚姻礼仪，主要表现为以下三个特征：一个是讲究红火热闹，营造喜庆气氛成为整个过程的主题。迎娶之日，男女双方都要将门户装饰一新，院门、房门贴喜联，窗户上贴大红双喜字和“喜鹊登枝”“鸳鸯戏水”等吉祥剪纸，大门口悬挂红布彩绸，张贴大红双喜。为了欢宴亲友、宾客，男方往往要在院子里搭起“喜棚”。新郎、新娘和主持婚礼的人要身披红绸，胸佩红花。大到车、轿，小到花烛、装饰，颜色均以红色为主。鼓乐喧天，鞭炮连声，亲友云集，邻里毕至，一派欢声笑语。二是祈求吉祥如意。首先在订婚时男女双方互赠的礼物必须是双数而忌单数，以求“双双对对、好事成双”。在议婚过程中特别讲究婚龄、犯月、生肖等禁忌，唯恐“大婚不合”。拜堂之后，新郎、新娘手挽绾有“同心结”的彩带共入洞房，象征一对新人自此以后结为一体，同心相爱，白头偕老。第三是希望

〔1〕 民间把新娘从娘家嫁到婆家称为“进门”，所以才把新娘从婆家回娘家省亲称为“回门”。

〔2〕 对女婿方面来说，有感谢岳父、岳母恩德，拜会、结识女方亲友等意义。

〔3〕 “唤四六天”，也叫“暖女”，表达了父母的舐女之情，生怕女儿初到婆家拘谨，吃不饱饭饿着。新娘忌在娘家居住，认为这样会使娘家家道衰落。

新婚夫妇多子多福，表达对幸福美满婚姻的追求。

（三）生育习惯

“不孝有三，无后为大。”生育是中国传统社会的一件大事，无论是对家庭而言，还是对宗族乃至社会都是如此。但在医药卫生不发达的情况下，又令人多有担心。围绕生子之俗，一为贺，二为忌，三为寿。所以有贺的仪礼、忌的陋俗，以及求祝长命百岁的举动。虽然时代不同了，但习惯一直延续至今。

1. 得喜

“得喜”，是山西乡间妇女怀孕的别称。[1]家中大小知道得喜的消息后，自然欢喜异常，无论怀孕妇女的父母，还是公婆、丈夫以及其他人。怀孕所以称之为喜，是与中国民间的传统观念有关。中国人历来都认为“无后为大”，既然有身孕，那就意味着后世有人，可以传宗接代。同时也说明，娶来的媳妇是有生育能力的，这就为家族的人口繁衍报了喜。

2. 催生

催生，指孕妇娘家将婴儿出世后需用的东西送过来，或送他物寄托，有希望女儿快生、顺产之意。在传统习惯中，妇女婚后生头一胎是极其重要的事，临产前娘家要专门派人去催生，一般皆由女眷出面。[2]婆家一切事情也以怀孕媳妇为重心，孕妇凡事均受到特殊照顾。[3]

---

〔1〕 晋中称妇女怀孕为“有喜”“得喜”“有了”。怀孕后的妇女，有各种反应，在医学上叫妊娠反应，在民间叫法则不同。晋中乡下，有的称之为“害娃娃”，有的叫作“害口”，还有的叫作“害喜”。婴儿出生为“添喜”，男孩为“大喜”，女孩为“小喜”。

〔2〕 在晋中地区，催生时要带上几样礼物：小孩衣服、红糖、草纸、苹果、梨以及100个带馅儿的小馒头。前三样是实用物品。苹果和梨则是借用谐音祈祝母婴平安离身。100个带馅儿的小馒头中一半包菜馅，一半包豆馅。另包两个小馒头，1个豆馅，1个菜馅，从窗户的“猫儿帘”（炕上窗户中不装玻璃不糊纸的一格，用一布帘遮盖，可从中传递碗碟）递给待产孕妇吃。迷信的说法是：先吃到豆馅的，就会生男孩，先吃到菜馅的则是女孩。吃馒头时还要边吃边用笤帚扫炕，寓意生产时顺利快当。婆家收下的100个馒头除自家人吃些外，其余都要送给左邻右舍，每家1对，并要在当天送出去，相信这样做产妇在生产时不隔夜，少受煎熬。

〔3〕 在怀孕期间，对孕妇的饮食还特别讲究，如“酸儿辣女”，吃了兔子肉或见到兔子生下的孩子就会是豁嘴，吃了葡萄会生下怪胎等荒诞无稽的讲究和禁忌。从“不怕一万，就

3. 忌门

“忌门”就是防止生人进入产妇房间，一防生人冲克孩子，二是产房的血气对来客不利。孩子出生后，要在窗户台上压红纸[1]，以示此院房内有婴儿降生，生人须回避，以避免孩子受到惊吓。[2]

4. 开奶

在产妇奶水未下来时，要让婴儿吃别人的奶水，一般男孩吃生女孩妇女的奶水，女婴吃生男婴妇女的奶水，称为“开奶”。

5. 三朝

“三朝”是指婴儿诞生第三天举行的礼仪，在这一天要给孩子洗浴，因而又叫“洗三”。其含义是表示新生儿完全脱离了胎儿期，从此正式踏上了人生的旅途。

依礼俗，这一天给新生儿第一次洗澡，有许多讲究——洗澡盆、洗澡水、洗澡的主持人。洗澡盆——富贵之家用描金的五彩盆，普通人家用铜盆。洗澡水——又称长寿汤，旧时多在水里放些物品，如放置艾草、槐枝、花椒等中草药，据说可以杀菌，使孩子以后健健康康，有的放葱、钱币，据说可以使孩子聪明、富贵发财。主持人——多由当地中年妇女担任，一般是儿女双全、德高望重的“全福人”，一边洗一边要念诵祝辞，如“长流水，水流长，聪明伶俐好儿郎”，洗完后用红布将婴儿身上擦干，并用姜片、艾草团涂关节处。[3]

怕万一”的心态出发，人们一直遵循着这些民俗。晋中各地还有孕妇不能回娘家生孩子的民俗，说孕妇在娘家生孩子身体都会不好。另外还有一种说法是怕以女婴换掉所生的男婴，因为男孩降生表示家业有所继承。

〔1〕 也有人家在门窗上挂一条红布。祁县等地还要在产房门帘上用红布条交叉成十字，中间缝一“嘉庆通宝”的铜钱。

〔2〕 虽然有此忌讳，但来人总不可避免，所以有“踩生”之说。第一个来到产妇家的人，叫踩生。生男孩最好女的踩生，生女孩要男的踩生，以此为吉利。

〔3〕 程序：全福人抱孩子入水，其他亲友则在旁以尊长先后顺序“添盆”——向水里添扔金银、钱币、桂圆、花生、枣子等。全福人一边搅水，给孩子洗澡，嘴里不停地念着祝词，称“搅盆”——“先洗头，做王侯；后洗腰，一辈倒比一辈高；洗洗蛋，做知县；洗洗沟，做知州”。完毕，酒宴招待。其中面条——长寿面是必不可少的。

6. 命名

姓名本是一种称谓符号[1]，姓名与本人本无必然联系，但由于它是人的代号，人与姓名也就有了联系。因此，孩子名字的好坏，关系重大。习惯认为，名字与人的命运有很大关系。按照晋中地区的习惯，人的名字有小名和大名两类。

在晋中地区，孩子的大名一般由祖父来取，小名则由父母决定。在取大名时，经常会在名字中用一个字表示辈分，而用另一个字表示取名所标示的含义。也有的在名字中用相同的偏旁来表示同一辈分。取小名时，为确保孩儿的平安，不受鬼神的注意，父母多禁忌给自己的新生儿取一些“响亮”的乳名，诸如“寿”“福”“强”“大”之类，而更多是以“自贬”[2]处理。

7. 报喜

孩子出生三天后，女婿要到岳丈家去报喜，娘家要委托女婿带些小米回来，叫“流奶米”。[3]

8. 离窝儿

男孩满28天，女孩满40天后，母子要去娘家住，俗称离窝儿、挪窝

---

〔1〕 人之所以要命名，据东汉著名学者许慎的《说文解字》说：名，自命也，从口从夕。夕者，冥冥不相见，故以口自命。

〔2〕 自贬型的乳名体有以下几种形式：第一，丑化。诸如大丑、二丑、小赖儿、二赖儿、臭臭、傻蛋、赖渣、粪堆儿、狗屎等。第二，物化。如砖头、榔头、牛、马、树林、铁头、斗儿、板头、狗、驴、鳖、狐狸、山、鸦、羊、虎子之类的乳名。第三，愚拙化。例如鲁鲁、傻傻、憨子、混子、闷儿、冤子、愁儿等。第四，男人女名。之所以把男人名字女性化，是因为女人在古代社会低贱而受到歧视的缘故。

〔3〕 在晋中地区，妇女坐月子，讲究多喝稀饭，一来“下火”，二来有利于“下奶”。随后，产妇的母亲或亲戚带些营养品去探望。听到女儿生下孩子的消息，娘家人一般都要派人来探视，大都是由母亲亲自探视，并给女儿带来鸡蛋、挂面、红糖、奶粉、小米、红枣之类的滋补食物。孕妇的姐妹、兄弟，得到婴儿降生的消息，也要携带补养品前去探望。山西人的习俗，姐姐或妹妹可亲自去探视，而兄弟，则由他们的妻子代表前去探望。而生下婴儿的消息，一般都由女婿向娘家人报告，这便是报喜。至于娘家人给女儿所携带食品，也不尽相同，各地区情况不同，各有所好。晋中一带，娘家人常会给带去宰杀好的老母鸡让女儿熬鸡汤补身体。晋南一带，除去送鸡蛋和其他补品，也有送礼馍的习俗。所谓礼馍，也就是做成各种吉庆形状的花馍，上面嵌上各种枣儿、红豆之类的食物，取吉祥的意思。

儿。[1]临走时婴儿眉心点红、脸蛋抹锅黑，谓之辟邪，并从婆家带些米面，回娘家后头几天吃，以防孩子水土不服。在住娘家期间要给小孩剃头，在耳朵上方靠后脑处留一小撮，有几个舅舅留几小撮毛，谓之留舅舅毛，别人一看，就知道孩子有几个舅舅。

9. 坐月子

产妇生下孩子后，便开始了为期一月的，民间称谓的"坐月子"。当地群众普遍认为，产妇坐月子是人生中的一道关口，绝不能掉以轻心。民间讲究很多，目的只有一个，为了婴儿及其母亲的健康与平安。

坐月子，晋中民间传统的做法是：三日之内不准下床，一月以内不许出房门，也不准上街，而只准在室内吃、住。[2]坐月子期内一般由产妇的婆婆或生母照顾，现在，大多是由生母照顾的。[3]

10. 做满月

孩子长到满月，要做满月（有的过百天），得子人家会摆宴招待亲朋，以示喜庆。满月酒一般由孩子的祖父母操办。[4]

做满月时，来祝贺的亲友要携带各种衣物、食物。在这一天祖父母还要举行拜祭活动，供上五个莲花大供和圐圙，给孩子戴上长命锁。"长命

---

〔1〕偶数月走，偶数月回。走时点一炷香，孩子怀中抱一本书，从房门口起沿途用炭块压小块方形纸，太谷、祁县一带男孩用白纸或黄纸，女孩用红纸，一路直到外婆家。

〔2〕坐月子期内，民间是比较讲究的，主要是要照顾好产妇与婴儿的身体，怕闹出月子病来。坐月子期间，产妇要比平时多加衣服，前额要用帕子遮住，怕受风。坐月子期内，吃食要有节制，尤其是不能食太饱，饱了会伤脾胃，弄成终生不愈的症状。在山西农村，大多给产妇吃小米粥、鸡蛋、挂面、面条，大米与其他食物都很少食用。坐月子期内，禁止产妇多说话，说多了怕弄成舌疾；禁止产妇干活，怕干多了弄成劳疾；禁止产妇用冷水洗手，怕弄坏关节。同时，禁止生人进入产妇房中，生人进房怕"踩生"，造成婴儿生病。产妇房中，连自己家里人一般也不许进入。只许产妇的母亲、婆婆、丈夫等照料产妇的人入内，连产妇的父亲、公公，都得到产妇足月之后才好见面。

〔3〕生母照顾，产妇少生气，而婆媳关系，一般都很难处理得十分融洽。如果产妇生母与婆婆由于种种原因不能照顾，则由产妇的姐姐或妹妹从娘家前来照顾，侍候产妇一个月满后方才离去。

〔4〕待客食物颇有讲究。祁县一带讲究主食吃面条和油糕，面条取其形状长，望孩子能健康成长、长寿之意。糕取其谐音"高"，望孩子芝麻开花节节高。也可吃馒头，意取蒸口气，即"争口气"。这一天忌吃"包子"，怕孩子长大后窝窝囊囊，像草包一样。

锁”[1]一般是银锁，系红绳，在满月的那天用红布裹包红绳，之后一岁裹一层，至十二岁开锁。

11. 周岁

孩子一周岁时，父母除请客外，还常举行“抓周”仪式。[2]孩子居住

---

〔1〕 古式锁状，一般正面雕刻着“长命富贵”“长命百岁”等字样，背面为麒麟或龙虎等图样，希望孩子根基永固，吉祥长命，龙腾虎跃。以后每年一个，一般是年三十戴上，过完十五就取下来，挂在堂屋的墙上，当然也有的孩子常年都挂在脖子上的。

〔2〕 抓周，又称拭儿、试晬、拈周、试周，英文为Draw lots。这种习俗，在民间流传已久，它是小孩周岁时举行的一种预测前途和性情的仪式，是第一个生日纪念日的庆祝方式。它与产儿报喜、三朝洗儿、满月礼、百日礼等一样，同属于传统的诞生礼仪，其核心是对生命延续、顺利和兴旺的祝愿，反映了父母对子女的舐犊深情，具有家庭游戏性质，是一种具有人伦味、以育儿为追求的信仰风俗，也在客观上检验了母亲是如何带领和进行启蒙教育的。现在，随着生活水平的提高，抓周这种习惯，越来越多地被许多家庭所重视，许多地方也有组织地举行集体抓周活动，以此来庆祝宝宝的生日。

文献上有关抓周的记载，可上溯到南北朝时期。北齐颜之推《颜氏家训·风操》中就明确记载：“江南风俗，儿生一期（即满一周岁），为制新衣，盥浴装饰，男则用弓、矢、纸、笔，女则用刀、尺、针、缕，并加饮食之物及珍宝服玩，置之儿前，观其发意所取，以验贪廉愚智，名之为拭儿。”不少著述在论及抓周习俗的历史时，都称此俗至少在南北朝时已普遍流行于江南地区，至隋唐时逐渐普及全国。抓周为何肇始于江南？相传，三国时吴主孙权称帝未久，太子孙登得病而亡，孙权只能在其他儿子中选太子。有个叫景养的西湖布衣求见孙权，进言立嗣传位乃千秋万代的大业，不仅要看皇子是否贤德，而且要看皇孙的天赋，并称他有识别皇孙贤愚的办法。孙权遂命景养择一吉日，是日诸皇子各自将儿子抱进宫来，只见景养端出一个满置珠贝、象牙、犀角等物的盘子，让小皇孙们任意抓取。众小儿或抓翡翠，或取犀角，唯有孙和之子孙皓，一手抓过简册，一手抓过绶带。孙权大喜，遂册立孙和为太子。然而，其他皇子不服，各自交结大臣，明争暗斗，迫使孙权废黜孙和，另立孙亮为嗣。孙权死后，孙亮仅在位七年，便被政变推翻，改由孙休为帝。孙休死后，大臣们均希望推戴一位年纪稍长的皇子为帝，恰好选中年过二十的孙皓。这时一些老臣回想起先前景养采用的选嗣方式，不由啧啧称奇。其后，许多人也用类似的方法来考校儿孙的未来。

到了唐宋时期，这一风俗已从江南传遍了神州大地，在全国各地逐渐盛行开来，谓之“试晬”或“周晬”。宋代孟元老《东京梦华录·育子》中记载说：民间生子后，“至来岁生日，罗列盘盏于地，盛大果木、饮食、官诰、笔砚、算秤等经卷针线应用之物，观其所先拈者，以为征兆，谓之‘试晬’，此小儿之盛礼也。”元代和明代，此习俗更加盛行，被称之为“期扬”，到了清代才有“抓周”“试周”之称。《儿女英雄传》第十九回就详细记载了一则抓周趣事：“这年正是你的周岁，我去给你父母道喜。那日你家父母在炕上摆了许多的针线刀尺、脂粉钗环、笔墨书籍、戥子算盘，以至金银钱物之类，又在庙上买了许多要货，邀我进去，一同看你抓周儿。”清末民初，北京民间仍然盛行这种小儿“抓周儿”礼。虽然，小儿周岁并不搭棚办酒

的屋里炕上还常贴一张“贵子图”，图上画小孩抱胆瓶，表示平平安安，有胆识，胆瓶内插一支戟，下面吊如意，表示吉祥如意。孩子拿一笛子，此两层意思，一是“得子”，二是笛子上有七孔是七窍贯通之意，这都是人们美好的祝愿。

晋中一带，孩子过一周岁时，本家和姥姥家都要蒸九石榴一佛手，表示庆贺。孩子服饰也有特点，一般男孩是麒麟、老虎、狮子等兽形，女孩则用鱼、莲花、八宝等。各家孩子还要在周岁穿虎头鞋。这种虎头鞋用黄布缝制，鞋尖上绣一虎头，虎的额头上绣一“王”字。送鞋讲究不少于三双，多的五双、七双，均是奇数，孩子穿兽形鞋直到四岁。[1]

表 4　抓周的物品及其意义

物品	意义
书	会读书，适合做学者、专家
笔	会写文章，成为作家或画家
小汽车	有权势，会做大官
算盘 / 计算器	会当商人、会计师，适合从商
钱币	将来会很富有
鸡腿	有福气，表示一生将不愁吃穿
尺	表示将来可成为设计师、建筑师
葱	代表聪明
蒜	代表善于计算

席，也不下帖请客，但近亲们都不约而同地循例往贺，聚会一番。一般不送大礼（如贺幛、金银首饰），仅是给小孩买些糕点食物或玩具。另外，在习惯上，凡与小孩初见的长辈们，都用一挂白线，拴上钱币，给小儿套在脖子上，谓之“挂线”（此礼平时也适用）。

今天，不少地方当孩子满周岁时，仍有“抓周”习俗，但已没有了迷信内容，纯粹是一种取乐逗趣的游戏，以助孩子周岁欢乐之兴。而这，也可说是我国古老民俗文化的一种“遗风”。

〔1〕 过完一周岁后，过生日的地点和场合就随便了。可在奶奶家，也可在姥姥家，照例是要吃一顿饭的。当地习惯，一般早上喝红稀粥。红稀粥，是用小米、黄米、豇豆、莲豆上碱熬制而成，是为纪念母亲生育时的“红”。中午，一般人家都吃油糕。

续表

物品	意义
芹菜	代表勤劳
稻草	适合农事工作
刀剑	能当军官、警察
听筒	适合医护工作
麻将牌	爱玩，性子硬
布娃娃	代表将来人丁兴旺

12. 抚养

其一是“讨百家”习俗。也就是奶奶要背着孙子走街串巷，到各家讨取少量米面和小布块。回家后用米面给孩子做饭吃，称“百家饭”；把布块拼凑成小儿衣服，称“百家衣”，百家衣上的小布块剪成龟背形状，象征长命百岁。

其二是戴“长命锁”。

其三是“认义”习俗。孩子如果体弱多病或是独子，都要认干爹干妈。“认义”的对象一般为多子女人家或长寿老人，以求人丁兴旺或寿命长久。

其四是起奶名。传说“歪名好养活”，如“臭臭”“狗蛋”等，或有符咒作用的如“拴住”“引弟”等，表达对孩子命运的关注和对男孩的企盼，更多的是寄托人们美好祝愿的，如“来福”“成龙”等。

13. 送“面羊”

在太谷，每逢阴历七月十五，做舅舅的都要送外甥一只“面羊”〔1〕，一

〔1〕 为什么要送“面羊”呢？在当地流传着一段传说。从前，南山脚下有一农家妇女，生下一子，爱若掌上明珠。这孩子自小任性使气，不服管教，直到十六岁，还是顽劣异常，无法无天。家里人为这事好生着急。一天，孩子的舅舅来到家中，与孩子的母亲谈起孩子的教育问题。孩子的母亲说：“你外甥一天天长大了，可是既不爱干活，又不爱读书，全不懂孝敬长辈，这样下去，可怎么得了！”孩子的舅舅说：“你把他交给我吧！”孩子的舅舅是个牧羊人。他给了外甥一条鞭子，让他跟他一块儿去放羊。过了一段时间，这孩子对放羊有了些兴趣。时值夏令，午后便赶了羊在树荫下乘凉。一天，孩子抬头看见大树叉上住着一窝乌鸦，老乌鸦往来奔忙，衔来活食一口口喂那幼鸦。他低头又见羊羔吃奶总是跪着衔住母羊的乳头。孩子便问他舅舅：“这是怎么回事？”舅舅意味深长地说：“现在是老乌鸦不辞劳苦喂小乌鸦，

直到外甥18岁。[1]

14. 成人

孩子过12岁生日，晋中一带叫“成人”，又叫“开锁”，希望孩子从此开窍，聪明成熟起来。

“开锁”仪式极为烦琐隆重，其最具特色的是晋中祁县一带。家人在神前设供，并请孩子“认义”下的人来主持。开锁这天孩子要身缠三丈红布，跪在地上拆下历年的铜钱，放入簸箕内。主持人一边口中念念有词，一边把簸箕里的铜钱往地上抛撒。凡字面朝上的铜钱都由孩子拾起来，以此来占卜一生的福禄，其余的交给主持人。然后，主持人一手拿笤箒，一手扯布头，让孩子原地旋转，红布脱落。在旋转中，主持人也要边念边用笤箒扫孩子的身体，希望能扫除孩子身上的一切晦气、疾病，从此发奋读书。最后把蒙有十二层红布的项圈取下，摘下锁，把项圈挂在家中枣树最高处[2]，再由父母把圐圙抬起，孩子从下向上一顶，把圐圙顶破，整个开锁仪式结束，宾客开饭。

15. 生辰

生辰，即出生的日子。晋中地区50岁以下为“做生日”，仪式简略，甚至不过。老人到50岁，即“知命之年”，或60岁，即“耳顺之年”，山西各地都讲究为老人缝制“寿衣”，即老人去世后所穿的衣服，有些地方又叫“送老衣”。除选择衣料有讲究外，剪裁的日子也要细加选定。寿衣做成

等小乌鸦长大了，老乌鸦飞不动了，小乌鸦也是一口口衔食来喂老乌鸦。小羊跪着吃奶是对母亲的孝敬。瞧瞧它们多么懂事！”外甥听了此话，真有些后悔。父母将自己养大，何等辛苦！父母教育自己是为自己将来有出息。于是，他对舅舅说：“今后一定好好听妈妈的话，做个有出息的人。”舅舅见他有悔改之意，便让他回去，还送他一只羊，这天正是七月十五日。从此以后，每年阴历七月十五，舅舅都给他送一只羊去，以提醒他好好长进。可是，年年送一只活羊，也没这个必要，后来，就改为送“面羊”。面羊是用白面做成的蒸熟的“羊”。街坊、邻舍看见这个教育外甥的办法好，纷纷效仿。一传十，十传百，一代传一代，成了太谷民间的风俗。

〔1〕其间，如果舅舅去世，则由舅母继续承担，如果无舅父、舅母，则由母亲承担。

〔2〕悬挂时越高越好。这种高高挂起，意味着孩子将来前程远大，有出息。这实际是一种望子成龙的表现。

后，每逢节令或喜庆日子，还要让老人穿戴起来。[1]庆贺60诞辰，是晋中各地的寿诞风俗之一。每逢60寿辰，一些地方还有给老人做“寿材”，即棺材的习俗。一般讲究在有闰月的年份做，而且最好是在闰月里做，所谓“闰年闰月一百岁”。在立帮安底的那天，儿孙还要烧香献祭，鸣放鞭炮。同时把一段红布系在棺帮上，让一个不满十岁的小孩从棺木框内钻过去，以此祝福老人长寿百岁，称为“合龙口”。

人活到80岁，便被誉为老寿星。80岁做生日为大庆，称为“过大寿”，又叫“庆八十”，其仪式比“六十花甲”自然更为隆重。除了各种带“寿”字的礼品外，人们还常用“富贵耄耋图”作为贺礼。图中下方画一株盛开的牡丹，几只飞蝶于花上盘旋，几只猫匍伏花下，做欲扑蝶之状。古代70岁称“耄”、80岁称“耋”，猫蝶谐音耄耋，民间又称牡丹是富贵花，三者组成的画面，即表达了“富贵耄耋”之意。

晋中生育民俗扎根于民族文化深处，它和广大汉民族地区的民俗有着千丝万缕的联系，具体表现在以下几方面：

其一，宗教信仰意识及迷信思想影响着人们的一些日常行为。已婚未育的妇女常到寺庙叩拜，希望观音显灵赐她子女。孩子出生后又要遵从各种礼仪。这主要是由于当时人们的生活、思想水平所致。

其二，人们对动物的崇拜。这主要表现在对小儿服饰鞋帽及各种民俗活动的供品上，甚至孩子的名字都与动物有关。家长希望孩子能有虎、狮等猛兽的勇猛，也希望孩子像猫狗一样好养活。

其三，注重礼仪，礼节烦琐。我国素有“礼仪之邦”之称号，晋中人也不例外，如逢孩子生日、满月，主人都要举办酒席宴请宾客，亲朋邻里互相以礼物相赠，增进邻里关系。

（四）丧葬礼仪

中国历来重视丧葬礼仪，特别是长辈的丧葬礼仪。在“送死重于奉生”

---

〔1〕民间认为活着时穿什么衣服，死后才能穿什么衣服。

观念[1]的支配下，早在春秋时期，丧礼已经形成一整套礼仪。从初终到大殓、殡葬、葬后，约有40余项。以后历代传承，虽有简化衍变，但主要程序却一直相沿未改。[2]晋中地区也大体遵循着这一套程序。

1. 初终

（1）“送老衣”。亡人气绝后，趁其身体未僵硬时[3]，以最快的速度为死

〔1〕《论语·学而》中有这样一句话：“慎终追远，民德归厚矣。”其中“慎终”，即指对父母的丧事要办得谨慎合理。孟子对此作了进一步的发挥，他认为：“养生者不足以当大事，惟送死可以当大事。”

〔2〕 丧葬礼仪，既是人生最后一项“通过礼仪”，也是最后一项“脱离仪式”，它表示一个人完成了他一生的全部行程，最终脱离了社会。但是，由于传统观念和迷信思想的影响，长期以来，民间普遍认为人死而灵魂不灭，死亡不过是灵魂和肉体的分离，人死后，灵魂不仅仍然和人保持着密切联系，而且还可以投胎转世。基于这种认识，丧葬礼仪在一系列人生礼仪中，既显得庄严、隆重，又带有相当程度的神秘色彩。

〔3〕 还有些地方是在绝气之前就提前换好了。这是因为死者身体僵硬后，替换衣服会更为困难。

者换上预先特制的“寿衣”[1]，即“送老衣”。[2]

（2）“咬牙饼子”。在给死者穿好寿衣后，还要理发、洗涤，进行整容。在死者左手放一串与死者岁数相等的小面饼，名为“咬牙饼子”，再在死者右手放一条鞭子或拂尘。把死者咽气后烧化的锡箔用纸包好，放入死者怀中，最后再给死者搂上一条麻披拧成的带子。[3]

---

〔1〕 晋中地区民间一般以为，“人活六一已够本”，这个年龄已儿孙满堂，不算枉活一世。凡是60岁以后老死或病终的，一般来说都算是“寿终正寝”了，女性则称为“寿终内寝”。中国古俗忌讳死于偏房寝室，正厅、正寝是一家最神圣的地方，死于正寝是正常的，在这里咽气也是幸福的。

到了年龄正常死亡，大家都会觉得这是“老喜事”，尽管亲人们非常悲痛，但也为老人不再受年老之苦，反而可去清静之地感到欣慰，所以整个丧葬之礼与婚嫁之礼一样，同称作喜事，如丧礼宴会“宾客来吊者，均以酒肉款待，厚薄略同婚礼”。（民国:《芮城县志》）只是色调不同，一红一白而已。

正是基于这种看法和认识，当老人到了五六十岁身体尚好的时候，子女们和老人自己就开始坦然地为老人准备死后所需要的东西了。儿子要请匠人做棺材，有些地方称之为“做活”，有的则叫“全木头”，女儿与媳妇则要为老人做死后所需要的衣服，俗称“纳老衣”。棺木的选择一般是柏木、松木，以下是桐木、柳木、杨木等，在洪洞有句谚语叫“桐邦英底棺木盖”。棺材形状为长三米、宽一米，上粗下细如楔子形状，外表多漆为枣红色或者黑色，有的地方则略小一些，标准的棺材是要描上五颜六色图案的。棺材做好之后放在闲房之内，有些地方棺内另放一木板叫“七星板”，有的则在棺内放置一些松柏树枝充填。

为老人将来死时所准备的衣服由女儿、媳妇购买制作，颜色一般有黑色、蓝色、白色几种，料子多为绸和缎，或者类似布料，主要是外衣，还有棉衣，过去是马褂，均为中式式样且不配纽扣。做枕头时，不完全缝合，前面需要留一小口，取没有终结之意。

如果老人还能自己活动，子女们有时要让他亲自去挑选棺木与衣服的材料，而且上了年纪的老人对此并不忌讳，由他们亲自挑选自己死后的棺木和衣服，对他们来说也是一件高兴的事情。衣服做好后一般由老人自己保管。

这种做法反映了人们对死亡的态度，为生者准备死后用的棺材和衣服，不是催促老人快死，恰恰相反，是希图老人延年益寿。重要的是不能妨生送死，只能死事如生事。这不仅是一种达观，也是一种幽默。所以，人们把棺材不叫“终材”而称“寿材”，衣服则称“寿衣”。

寿材与寿衣服料的好坏，做工是否讲究，除了反映经济条件之外，更重要的是衡量儿女是否孝顺老人的一个标志。有些地方做寿衣、寿材的时间也有讲究，如吕梁地区在闰月准备。总之，若在死亡前便做好一切安葬的准备，这个人是被视作非常幸福的。

〔2〕 寿衣”包括单衣、夹衣、棉衣、棉袍或棉大衣，其件数用单数不用偶数，忌用兽皮、毛料及灰色布料。替换下的衣服，待安葬时烧掉或任其日晒雨淋，不再处理，以祛除不祥。

〔3〕 民间迷信的说法，认为人死后魂归地府，纸钱、锡箔作为盘缠，去地府要经过恶狗村，有面球、面饼和鞭子就能够抵御恶狗的扑咬。沁县一带把装在死者袖子里的小面饼，就称为“打狗饼”。

（3）“口含钱”。死者绝气后，口中还要放入一枚古铜钱，叫作“口含钱”。[1]

（4）安放。给死者装束好以后，家人即将其从床榻上移置到一块木板上。沁县一带还讲究“男正女侧”，即男性死者仰卧，女性死者侧卧，这叫做“停丧”或“停尸”。安置之后，要有一块布盖在死者脸上，闻喜一带用白布，曲沃等地则用红布。雁北五寨等地覆盖死者面部用的是一张麻纸，俗称“打善面纸”。[2]

（5）嚎丧。在给死者穿好寿衣，安放停当后，全家男女老少这才大放悲声，号啕痛哭[3]，并烧化纸钱。[4]在烧化纸钱的过程中，长子[5]要不停叨念“好回首”。[6]

---

〔1〕这一习俗由古代“含玉”的丧礼衍变而来。死者的亲属不忍死者空口而去，在其口中放入玉石一类物品和谷物。后来一些地方直接把饭放在死者口中，则名为“含饭”。这些做法都是认为死者口中含钱、含饭入殓，这样到阴间才不会挨饿。

〔2〕蒙面布也好，蒙面纸也罢，古代都称为“面衣”，据说春秋时的吴王夫差是开创者。东汉应劭的《风俗通义》说，夫差不听伍子胥的劝谏，以至国破身降。临死时觉得不好意思在阴间再见到先死去的伍子胥，让人给他脸上蒙了一块绢帛才咽了气。人们沿用这一习俗，却不是因为死者生前做了什么亏心事，而羞于在阴间见到先死的人。有的说，是家人不忍见死者之面，有的说，是由于死者咽气后面容不太好看，解释不同。其实都是表示对死者的尊重，让死者安息。以上这些程序，大体相当于传统丧礼中的“小殓”。

〔3〕在为死者穿寿衣时，山西各地讲究不能哭。认为死者正在绝气之际，哭迷了路，死者的灵魂就无所归宿，或者认为泪水落在死者身上，会出现走尸、僵尸等不祥事故。

〔4〕俗称“烧倒身纸”“下炕纸”，祁县一带则称为“奠魂纸”。太谷等地至死者去世的傍晚才烧纸，称为“烧黄昏纸”。平遥一带则在死者弥留之际烧纸，叫作“烧回头纸”，其意在于以金钱贿赂阎王，买通小鬼，放死者灵魂附体，重回人世。烧过纸钱以后，久久不见死者复生，家人才再也忍不住，放声大哭起来，俗称“嚎丧”。

〔5〕如长子过世或因故无法参加，则由长孙承担。

〔6〕在晋中地区俗传一种“回首”之说，所谓回首，当是死意。如果人死得很顺利，一口咽气，即被说是得了“好回首”，如果死人在大病小病之后才得咽气，甚至让死亡过程拖很长时间，就称作“没得好回首”。据说“回首”的说法是与死者的前世有关的，村民们都认为，一个人如果有好德行，生前行善积德，幸福的好人会得到“好回首”，如果命不好，或者生前做恶多端的坏人则一般不得“好回首”，这大概就是平时骂人“不得好死”的颇具报应色彩的诠释。人死村中议，见面要问的第一句话大概就是怎么死的，“好回首”可以得到整个村中人的传颂。

2. 报丧

（1）讣告。死者的家门口要贴白纸黑字的讣告，又叫“门状”，写明死者生卒年、月、日与殡葬安排等事项。晋中地区一带要在街门上糊白纸，死者为一户之长，而且年龄已进入古稀之年，街门满糊以白纸。如不足 60 岁，或夫妇有一方健在者，只能糊半边街门，一般是男左女右。死者如系小辈，双亲尚在，则只能在门额垂贴一张白纸。

（2）亲告。人死之后，丧家要派人向亲友家报丧，告知死亡原因、何时下葬等相关事宜。在晋中地区，当报丧人出门后，得知死讯的亲戚要到门外哭诉，以表达自己的悲切之情。如因各种原因不能够或不宜哭诉时，人们往往泼一碗水来代替。

3. 入殓

“入殓”，又叫“入棺”“入木”“落材”等，古称“大殓”。何时入殓，各地时间不一，有 3 天、7 天入殓的，有死后当天入殓的。

（1）棺木的选择。入殓用的棺材，以木棺为主。木材以木质坚硬的柏、樟为上等，油松、楸、槐等次之，以柳木的为最一般。晋中祁县、太谷一带讲究不论何种木质，在棺前挡板上必用柏木，至少也须镶嵌一条。板材时兴厚大，最厚者六寸，拗五（五寸五分）以上均为上等，依次等而下之，底、盖、侧均为整块者称为“独幅”，若干块拼合的则以其所拼块数称为“某块头”。整个棺形为长方形，前高后低，前宽后窄。棺木外涂油漆，有黑、紫、红、黄几种颜色。五寨一带，不到 50 岁的死者，棺木涂以朱漆，称为“红棺”，50 岁以上的多涂金黄色，称为“金棺”。棺木外面一般有彩绘图案，上等木材更以木质本色为底，作素色推光漆画，显得金碧辉煌。图案一般为百寿图、四季图、二十四孝图或“万字不断头”。棺木前头正面绘云纹莲台，书写“某某之灵柩”。小头绘香鼎、燃香，有的地方则画白菜，有的棺木前头正面还写有“福如东海”“音容宛在”等吉祥语句。棺木内涂以松香或用黄麦纸裱糊，取的是“黄金入柜”“遗泽子孙”之意。棺木内还要贴上用金银纸剪成的太阳、月亮、北斗图案。祁县、太谷等地，在棺木内底部另附一块凿有七个孔的衬板，叫作“七星隔板”，表示死者“驾鹤仙去，身入西天”。棺底，晋中祁县一带铺以石灰、五色绸、线、五谷，再放上七枚铜钱、七块生铁，铺上金箔纸剪成的钱状物七张，然后铺上褥子。不管放什么物品，谷草都是少不了的，取的是“落地而生，坐草而归”之意。

（2）放棺。入殓时，要由死者的儿子抱尸入棺。同时要将死者心爱之物放入棺材，比如男人有烟锅、烟袋、小收音机等，女性则有剪子、梳子、首饰等。儿女再把自己“孝敬”老人的东西放入棺内。一般是鞋和衣物，现在还有放录音机、收音机的，总之是放的东西越多越好，以备死人在阴间之用。这一切充满了儿孙们临终告别的深情厚意，也体现了他们的孝心和灵魂不死的观念，人们总希望死者在另一个世界里能有钱花，生活得好一点。

（3）设灵。尸体入棺之后要在正屋设一个简易灵堂，桌上放几样供品，并写一牌位，桌上左右放两盏油灯，桌前放一瓦盆，儿女们守灵三天〔1〕，用一种艺术化的哭声表示自己的哀悼之心。

（4）盖棺。又称“合棺”，指家人、亲友齐集，揭去死者脸上的蒙面布或纸，向死者告别。死者如系女性，还要请其外甥或娘家人检视穿戴、铺盖，看有无异议。然后正式盖棺揳钉，家人、亲友跪拜告别。合棺前要把死者身上盖的红布由脚部往下拉，露出颜面，然后顺势把红布撕下一条，迅速合盖落木锁（即棺盖与棺身之间的榫卯）。钉棺一侧用钉七枚，每颗钉子上把撕下的红布条各垫一小块。钉棺时，全家回避不发哭声，只有死者的儿子须立在棺旁口喊“躲钉”。参加钉棺的邻里、朋友都要身系红布条，并要给钉棺的人赏封，称为“喜钱”。盖棺以后，死者的子女还要手拍棺木数次，俗称“叫醒”。

（5）送魂。在入殓第二天半夜，置备纸马素车、香炉锡箔和纸人，由死者的子女哭送到将来出殡必经的十字路口烧化，为死者送行，俗称“送魂”。

---

〔1〕丧期以天记，几天叫作“排几”，一般为单数，如“排七”“排九”等，但超过了13天的并不多。丧期的长短反映了死者的地位，丧期越长，就表明丧事越隆重，治丧者越有钱，门庭也就越是显赫。

4. 请阴阳

在民间，人之死被认为是到阴曹地府去了，是天数到了，而一般常人又不懂阴间的规矩，因此，人死了之后如何安排便只好求助于“走无常”的人，即所谓的阴阳先生。〔1〕

请阴阳先生时，要把死者的生辰八字、年岁属相，死亡的准确时间及家中详情告知阴阳先生，由他来根据花甲干支神算一番，得一“批殃纸”纸上列一表柱，按大小、远近、亲疏等批好死者儿孙、子侄等门庭情况，最后还要写上对死者所克的属相，然后用细麻绳贴在大门墙壁上。在大门高处，还挂有阴阳先生根据死者年龄用麻纸做成的“春帖纸”，这是一种用麻纸剪成的纸絮，视死者的年龄，多少岁用多少张纸，然后再加天、地各一张，用麻绳捆扎一端，成“拂尘”之状，随风摆动。〔2〕

在很多地方，阴阳先生还要为死者开列出许多阴间所带之物，并为子孙们做好避邪避凶的东西，如“镇物”“符”之类。“镇物”有“五色石”，即在一块石头上涂五种颜色，还有用细竹做成的箭，新砖、新瓦、五谷、木头及三个面鸡，这些东西都放在棺木之上或屋顶两瓦双合之内。至于“符”一般有两种，头符和门符，前者放在死者至亲的孝帽之中，后者贴在门槛上边，都是为了避邪的。凡丧事所涉家庭必须挂符，孝帽中有符的人如果到别人家，必须把孝帽摘掉放在院外，否则对该家不利，不能进入家中。

5. 备丧

即准备孝帽及丧棒之类。一般而言，死者的晚辈亲属、儿孙等不管是否敬孝，均称之为孝子、孝女、孝孙，全部着孝服。孝服有许多讲究。依死者的亲疏远近分为不同的种类和式样。

孝帽用白布折叠而成，长短不一，长子为最，有九尺、六尺的，次子

〔1〕在太谷和祁县，阴阳先生又被称之为“看日子的”。

〔2〕这似乎具有某种脱离红尘之意。关于“春帖纸”民间还有很多说法，如果是七八十岁的老人，则表示某种寿长命大之意，所以村中那些孩子身体不太好的家长常常撇下一块充填于孩子的衣服之内，据说这种孩子就“好存活”了。

与女儿、儿媳、侄子均不得长于长子。长白布掩在头上，做帽子状，帽子的一端又被死者的性别按男左、女右的原则“梳腿”，即用白布折成几折从帽子内伸出来，有些地方的孝帽还挂一小棉球之类的东西，叫作“打泪弹”。帽子无檐，只有盖布，一边长一边短，长的可达膝盖，盖布背背后谓之有披，像是清朝的大辫子。

孝鞋也是颇有讲究的，一船穿布鞋，用白布包住用针缝好，叫作“满鞋”，死者儿女辈的鞋后跟留一寸的口子，孙子辈的要露出三四寸的口子，如果死者的配偶仍健在，则按男左女右的原则把口子留在配偶一边。

丧棒，即治丧时所用的柳木细棒，或高粱秆棒，长约尺把，上面缠上白纸条，供孝子使用，先放于棺前，出殡时，像拐杖一样，托在手里，边走边用，用后插在坟堆之上。

6. 挖墓

挖墓几乎贯穿于丧礼的全过程。人死后当天，家人一般就请人挖墓，之前要请阴阳先生看风水，看坟址，定方位，定时间。习俗中有“左青龙，右白虎”之说，水向左流就是青龙，靠右流便为白虎，就左避右，以此来定坟地位置。位置定了还要选择墓地方向，正南正北是子午向，偏西南一些为壬山丙向，东北到西南是癸山丁向。这些方向要根据不同的情况加以运用。靠山面水是一般原则，有些地方讲究坟墓的方向必须让死者头靠一座山，脚蹬一座山，至于蹬靠哪一座山全凭风水先生定夺，有的地方则讲究死者的头要朝向村子方向。

如果自家有祖坟，便不必再请阴阳先生定位了。根据汉民族习俗，死者入葬一般采取棺木土葬，解放后尽管推行火葬，但在农村仍以土葬为主。

在晋中地区习俗中，筑墓“富者用砖圈，贫者则土穴耳”。[1]还有的地方如太谷，“葬求深固，穿地往往深至数丈，近年间有棺式葬者，四周为砖壁，上覆以石，富者或为石椁。”[2]

---

〔1〕 光绪《榆社县志》。

〔2〕 民国《太谷县志》。

墓地的排列是有严格规定的，其基本原则是长辈在上，晚辈在下，男左女右，长左、幼右。男性为正方，女性稍偏一些，有一个以上妻子的，续娶者均不得入家坟。[1]

7. 吊丧

吊唁死者的日子，一般都在出殡前一天，俗称“开悼”或“开吊”。开悼时架设灵棚，将棺木移置灵棚之中，名为“移灵”。隆重的丧事在灵棚前还要高搭牌坊。灵棚内悬挂幔帐或竹帘，后面停棺，前面为堂，灵堂中摆有供桌，桌上供灵花，陈列牌位和祭器、祭品，悬挂死者遗像。两侧摆放各式纸扎和陪葬品，诸如童男童女、金银二斗、金银二山、摇钱树、聚宝盆、引路菩萨、打道鬼、方相以及挽联、挽幛、花圈等。开吊后，亲友陆续前来吊丧，不论辈分大小，统统按照“死者为大”的规矩，上香跪拜。死者的子孙披麻戴孝，手拄哭丧棍，跪在灵堂供桌西侧的谷草或草垫上，称之为“跪灵”。

在吊丧时，如果是出嫁到本村的女儿，从婆家到娘家一路都要哭。嫁在外村的女儿，要出婆家门一直哭到村口，再从村口一直哭到自己家门口。其他亲戚则从死者门口哭到灵堂，在灵桌前还要跪叩、哭悼，一直到有人劝慰为止。这时孝子要迎接、陪同。

8. 出殡

（1）确定时间。入殓以后，紧跟着就要定出殡的时间。晋中各地办丧事，一般不“热死热埋”，否则便会被认为对死者不孝不敬。至于什么时候出殡，往往要根据准备情况、时令、至亲到否，以及墓穴是否完备等因素来定。时间可长可短，大抵最短的为三日，依次为五、七、九日，长者可达百余日，均须为单数。旧时还讲究由阴阳先生择吉日，定坟“空”，即所

[1] 这种墓地形式是我国历史上持续最长，影响最大的家族墓地。这种墓地按男性世系排列墓次，相同辈分的死者坟墓排成一列，后代同辈按秩序依次排列。与标准的家谱有异曲同工之妙。整个墓地墓向统一，墓式一致，进入墓地之后，一眼便可明了墓主们彼此之间的关系，死后的排列顺序与生前的名分秩序是完全一致的，人死后如同活时一样，有着金字塔式的等级结构，这正是我国传统家族制度的缩影。

谓坟地上什么时候能进得去。

（2）送孝。出殡时间确定以后，便要通告亲友，称之为“送孝”。去时要带去孝布一块，依关系远近亲疏，大者一身孝衣，小者一方孝巾。出殡这天，门前要悬挂用白麻纸剪成图案的幡状物。纸与纸的衔接不用浆糊粘连，而是用铁器或石器把纸折叠后捣在一起，名为“砸岁纸”。这类似于前面提到的“岁数纸”，只是悬挂时间不同罢了。死者达到耄耋高龄的“岁纸”，当地人时兴从中撕下一条给孩子佩戴，据说可以延年益寿。撕回家糊在面瓮上，不生虫子。旧时有些地方还要在大门外立起“避忌牌”，男左女右，不仅写明生卒年月、出殡日期，还要列出避忌事项。

（3）群祭。出殡这一天，亲友、邻里汇集丧家，祭送奠仪，以示哀悼。奠仪一般包括祭席、馒首、挽幛、纸扎。至亲送祭席，俗称“祭”，以肴馔为主，每一付都要插大小不等的纸花，其次则为馒首，即一种用碗扣住上笼蒸熟的面食。亲朋好友大多送挽幛、挽联，以后衍化为一块布料。普通街坊则送四色纸礼，含蜡烛、香、锡箔、纸四样，或仅纸一道。

（4）出灵。吊祭者公奠之后，死者的长子跪拜致礼，即身背棺木大头，在众人的协助下把棺木移出灵棚，俗称“出灵”。山西各地都有在出灵时于棺木后头打碎死者生前用过的一个饭碗的习俗，五寨一带称之为“斩殃”，取的是斩殃杀祟，祛灾除祸之意。有些地方还要磕碎死者生前用过的药罐，表示今后家中不再有人生病，再也用不着熬药了。起灵前，死者的儿子们还要进行一种“摁食压钵”的仪式。他们在一个瓷罐中搛入各种菜肴、食品，然后轮番摁捺，一直到满为止，最上面放一个馒头盖住，用一双筷子竖立穿孔，上面再盘一些染红的粉丝。此罐食品连同“下气馒首”“长明灯”等，在出殡时都将随棺下葬。

（5）摔盆、起轿。棺木抬出灵堂后，便放到预先绑好的架子上，有豆腐架、二龙杠、独龙杠等数种形式。[1]厚重的棺木，加上庞大的棺罩，人

---

〔1〕 就山西省晋中平川一带出殡仪式来说，讲排场的有独龙杠、二龙杠。独龙杠是家中第一个老人辞世时用的，二龙杠则是第二个老人去世时用的。抬者由1 6人或32人组成，都穿着民族服装，吹鼓手跟在后面，一路吹吹打打，走走停停。

手少了就比较吃力。于是，抬者由 8 人增至 16 人、24 人，甚至 32 人，俗称 16 杠、24 杠、32 杠。棺木出门后，要一路不歇气（路祭除外），送到坟地。抬棺人手众多，既便于做到这一点，又前呼后拥，显得气派。

棺木抬起之前，死者的长子双膝跪倒，手捧烧纸钱的瓦盆，痛哭失声，然后把瓦盆在地上摔破，忻州、定襄一带称之为“摔丧子盆”。民间认为，摔破丧盆，死者就可以把所有烧化的纸钱带到阴间去用了。

（6）插放“路旗”。出殡队伍最前面有开路的，沿途插放“路旗”——用五色纸或白纸糊成的小三角旗，指引死者亡魂。沿路还要抛撒引路纸钱，以示买通沿路鬼魂。次为仪仗，各种纸扎（兴县一带称为“纸文”），粗、细乐班，由外甥或孙子扛着的引魂幡和条凳，然后即为牵缆持丧棍的孝子，孝子之后是棺木，棺木后跟着的是坐着车轿的女眷和步行的亲友。

送殡队伍至人多处或大路口，还要停灵路祭，鼓乐也要停下来演奏。古代一般由亲友、邻里设祭，后来大多为丧家自己设祭，其意不过是显示丧事办得排场、隆重罢了。

出殡时，女孝子一般坐车。[1]男孝子受的罪就大了，拄一根哭丧棒，弯着腰要一直走到村外，如果觉得累了想直一下腰，就得落个不孝的骂名。

（7）谢孝。来到村外后，送葬的亲朋止步，由死者的儿子“谢孝”。然后除去棺罩、停下仪仗，只有家人与至亲携纸扎及祭品随棺前往坟地。

（8）下葬。时辰一到，即刻下葬。棺木入墓后，阴阳先生要摆下罗盘仪定方位，左挪右移，直到他认为可以为止。大体上方位为东南—西北向（乾—巽位），当地有“头顶紫金山，足蹬雁门关”的说法。死者的儿子入墓检视，然后家人往墓内扔“富贵钱”“富贵馍”。浮山一带，墓内要放由阴阳先生贴了画符的新砖、新瓦，民间认为这是阴间的锁和钥匙。在掩埋棺木时，要求“人停锹不停”。家人则要呼喊死者“躲土”。坟丘堆成后，死者儿孙所持的哭杖和引魂幡要插在坟头（引魂幡也有放置于棺顶的），接

〔1〕 在女人们送葬时，谁坐第几辆车是所有的女宾都看重的事情，它涉及名分的轻重，因此也是最容易产生矛盾的地方。一般情况下，亲缘关系越近，所坐车的位置就越靠前。

着烧化所有纸扎（“童男童女”已经被把头或脚扭向后，置于棺木一侧），大家再祭奠一番，痛哭尽哀，然后悄然退去，让死者永远安息于此。

9. 复三

在死者安葬后第三天，到新坟添土、奠纸，称为“复三”，又叫“圆坟”“暖墓”，一般是死者的长子带领全家去，祭奠后食毕而归。

10. 过七

从人死后算起，每七天必祭奠一次，称为“做七”或“过七”。其中一七称“头七”，三七又称“散七”，五七、七七又称“满七”“断七”或“尽七”，较为重要。

“一七”，丧家设灵座，供牌位，举行隆重仪式，受唁开吊。“三七”，死者的子女要拿着香火，到三叉路口呼唤死者，或上坟焚香接引亡灵回家。“五七”，民间认为这一天死者亡灵回家“省亲”，丧家举行祭奠，面蒸供品中，男亡多蒸一份“莲花”，女亡多蒸一份“如意”，并按亡者岁数扎制纸花、剪纸旗，另外再糊一口“升”，纸旗以谷草杆穿扎，沿路一直从家门口插到坟地。“七七”，丧家举行隆重祭奠，亲友都来烧纸，或到坟前祭拜。

人死后或安葬 100 天后，即“百日”，也是一个隆重的祭供日，又称“百日祭”。纸扎要糊“斗”，俗话称为“五七升，百日斗”。

晋中地区，丧葬礼仪一直延续至今。通过丧葬礼仪的举行，寄托对死者的哀悼和怀念，表达希望死者的灵魂得以安息和超度的虔诚心意。同时，丧葬礼仪反映人们对死亡的理解和态度，既不可避免地具有迷信的一面，又包含着朴素的唯物主义因素。正如论者所说：“丧葬礼仪是人生礼仪中一种独特的方式。”尽管生者对死者的去世深感悲痛，但在民间观念中，死与生一样，是一种应时必至的现象，它对于死者来说，未必不是一种颇为有益的解脱。所以民间一贯把婚事和丧礼并称为“红白喜事”，在举办丧事的指导思想上，越热闹越好。这种看法对于红红火火办丧事的民俗现象，可以说是提供了较为合理的解释。

第三章　晋中地区家事习惯之解析

任何一项习惯的存在都有其产生的民情基础和应运价值，晋中地区家事习惯“直接构成对社会现实的法律写照，是一种活生生的传统，另一方面又表现出对丰富的生活的善适应性”。[1]

一、“婚姻礼仪”之解读

婚姻礼仪制度又称婚姻仪注，它是人类婚姻形态发展到一定阶段的产物，是反映一定婚姻意识的积久成习的婚姻行为，不仅体现一定时代的社会生活面貌，而且随着结婚制度的发展而变化。

（一）源起：婚姻依礼而行

在原始人群时期，男女交媾只遵守一项规则：时间性的性禁忌。在母系氏族时期男女交媾也只遵守一项规则：禁止族内交媾。此外，这两个时期的性关系没有任何限制，没有任何人去干涉。在一夫一妻制确定后，两性的界限是婚与非婚。结婚才允许男女有性的交往，不结婚则不允许有性的交往。所以就需要一定的形式，把婚与非婚加以严格区别。这种形式就是结婚礼仪。

婚姻依礼而行，婚姻礼仪被作为“礼仪之本”“人伦之始”。所谓：“有天地，然后有万物；有万物，然后有男女；有男女，然后有夫妇；有夫妇，

〔1〕［意］朱塞佩·格罗索：《罗马法史》，黄风译，中国政法大学出版社 1994 年版，第 100 页。

然后有父子；有父子，然后有君臣；有君臣，然后有上下；有上下，然后礼仪有所错。”（《易经·序卦传》）只有正婚姻夫妇秩序，才能正其他社会秩序，才有社会的礼治。所以礼出于婚，婚出于礼，男女结合必须依礼而行聘娶，达到“序人伦”“别夫妇”的目的。“六礼备，谓之聘；六礼不备，谓之奔”，没有婚礼的结合将遭到世人的指责，甚至被世人贬为“私诱”或“淫荡”，其夫妻关系也不为社会所承认。

（二）婚姻礼仪形式的历史表现

历史上出现的婚姻礼仪形式，主要有以下几种：

1. 礼仪婚

即结婚必须举行婚礼，婚姻关系才算成立，才为社会承认。仪礼婚姻以我国古代的婚礼形式为代表。远在战国至汉初儒家礼制的典籍《仪礼》和《礼记》的有关篇章中，业已规定了缔结婚姻的六道程序：纳采、问名、纳吉、纳征、请期和亲迎，亦即“六礼”。六礼主要用于贵族士大夫，对庶民要求稍宽，如《宋史 · 礼志》所载，“士庶人婚礼。并问名于纳采，并请期于纳成。其无雁奠者，三舍生（太学生）听用羊，庶人听以雉及鸡鹜（鸭）代”，云云。尽管如此，在崇雅抑俗文化传统和以隆重为福的趋吉民俗心理作用下，中国传统婚俗的发展变异轨迹，始终未脱离六礼的影响。也就是说，或繁或简；或有变异，其仍不失六礼的基本规范。

2. 宗教婚

西方婚礼形式是以宗教婚为起始的。西方中古时期基督教势力极盛，按照基督教的教义，结婚被认为是一种宣誓圣礼。当事人应将结婚之事在本地教会中预先公告，结婚须举行一定的宗教仪式：婚礼由神父主持，当事人要在神职人员面前宣誓并接受其祝福，在教区簿里登记，妻子取得丈夫的姓，婚姻始告成立。随着欧洲中世纪的结束，封建的宗教婚日趋没落，但其影响却十分深远，现仍有少数国家采取宗教婚的形式，如西班牙、希腊、葡萄牙等。[1]

---

〔1〕下面是一份完整的，从 11 世纪起就流行于英国的婚礼仪式书，从中我们可以较为

3. 法律婚

16 世纪的宗教改革，开始“婚姻还俗”，荷兰率先出现了选择民事婚制度，即允许当事人选择宗教或法律婚的做法，后被法国采用。1804 年《法国民法典》第 146 条规定：“未经合意不得成立婚姻”，宗教被认为不应过问婚姻，宗教婚逐渐被法律婚所代替。法律婚是指男女双方结婚，必须经过法律规定的程序。这种程序大致分为四个步骤：（1）当事人双方到有关

全面地了解基督教会婚姻仪式的整个过程：新郎和新娘被领到教堂门口或教堂前面，由上帝、教士和围观的人群作证。新郎站在新娘的右手边，因为女人是由亚当身上左边的肋骨制成的。教士开始向众人询问结婚预告：“我的兄弟们，现在我们聚集在这里，在上帝和他的天使及所有的圣徒面前，在教会面前，使两个身体结合在一起，从今以后，他们将可能成为一体，他们在上帝的信仰和法律中是两个灵魂，而最终他们可能将结合一生。因此，我以圣父、圣子和圣灵的名义向你们询问，如果你们中任何一个人知道任何一种这两个人不能合法地结合在一起的原因，请现在陈述出来……”同样的询问也被问及新郎新娘，他们是否秘密地做过什么，是否发过什么誓言，是否知道他们之间有任何方式的联系。如果其中有任何一种障碍被陈述出来并被保证加以证实，那么婚姻就要被推迟直到事实被澄清。这种结婚预告一般要被张贴三次，在三个特定的神圣日子，每个日子间隔一星期。如果没有结婚障碍被提出，就举行婚礼，教士向新郎问道：“你愿意娶这位女子为妻，爱她、尊敬她、维护她、保护她，不论在健康还是生病时，都作为一个基督徒丈夫对待他的妻子那样，只要你们生活在一起？”“我愿意。”新娘也被问及同样的问题……“我愿意。”然后新娘由她的父亲或朋友牵出，如果新娘是姑娘，不用把手蒙上，如果是寡妇，则要蒙上手。新郎接受她，以上帝和他自己的忠诚，当着教士的面，用自己的右手拉着新娘的右手，以现在时向新娘发誓：“从今天起，我以你作为我的妻子，不论好、坏，不论贫、富，不论生病、健康，只有死亡才会将我们分开，让圣洁的教会作证，我发誓。”新娘也向新郎发类似的誓。接着，新郎把金或银和一枚戒指放在盘子或书上，由教士祝圣戒指。“让我们祈祷，人类的创造者和保持者，精神荣耀的给予者，永久得救的赐予者，我主上帝，赐福这枚戒指，让戴上它的人以天国防卫的力量武装起来，以有利于她的得救，阿门……”然后，教士把戒指递给新郎，新郎用右手拿着戒指，左手拉起新娘的右手，说道：“用这枚戒指我娶你为妻，我给你金、银，用我的身体尊敬你，用我世间所有的财产尊敬你。”新郎依次把戒指戴在新娘的拇指、食指和中指上，分别说道：“以圣父（圣子，圣灵）的名义。”最后让戒指停留在第二根手指上，说道：“阿门。”因为这根手指有某种静脉，通到心脏，在它们之间，内在的感情总是鲜艳明朗，真正的银制戒指象征着这一点。然后新郎新娘低头，教士向他们祝福。之后，所有的人都走入教堂，新人跪在祭坛前，接受教士和众人的祈祷，祈祷生活美好、后代昌盛、和平永久、相爱到老，祈祷上帝赐福荣耀给灵魂和肉体。然后新人被带入教堂内殿，做弥撒。之后，在教堂举行的婚礼仪式全部结束。当天晚上，在新人上床后，教士还要来祝福婚床，以保护他们不受魔鬼的侵袭，教士用圣水点洒他们，给他们散播和平，然后离开……（薄洁萍：《上帝作证——中世纪基督教文化中的婚姻》，学林出版社 2005 年版，第 88~95 页。）

官员面前申请结婚，由官方代表向社会公告；（2）经官方审查，认证婚姻合法，予以批准；（3）公开举行婚礼，婚礼要有主婚人、证婚人出席，当事人在婚礼上公开表明自己的婚姻意愿，取得社会的承认；（4）官方将当事人的姓名、年龄、结婚日期等详细登记，并由当事人、证婚人等签名。

现代大多数国家采用法律婚制，根据各国法的规定，结婚的形式要件主要有以下几种：

（1）登记制。是指不要求举行结婚仪式，只要求当事人到法定的登记机关进行登记，婚姻即告成立的结婚形式。它较简便易行，因此，现已被越来越多的国家所采用，如日本、蒙古、朝鲜、古巴、墨西哥等。

（2）仪式制。是指结婚须举行一定的仪式，取得社会的承认，婚姻始告成立的结婚形式。从世界范围看，结婚仪式又可分为三种，即宗教仪式、世俗仪式和法律仪式。宗教仪式是指结婚须在教堂中进行，由神职人员主持的结婚仪式；世俗仪式是指民间由家长主持，有证婚人参加的结婚仪式；法律仪式是指在政府身份官员前举行的结婚仪式。

（3）登记与仪式结合制。即既需要登记又要举行仪式的结婚形式。登记以政府的干预和确认夫妻身份为目的，而举行仪式则是为了向社会公告婚姻的成立。如《美国统一结婚离婚法》所规定的仪式登记制，是采用先举行仪式后登记的制度。

（4）公告制。即行政官员得到结婚申请后，在市政厅前张贴布告，写明婚姻当事人的姓名、住所以及婚姻地点。公众如知道当事人有结婚障碍的，可对双方婚事提出异议，经调查否决，即可在身份官员主持下，宣布婚姻有效，发给结婚证书。

（三）婚姻礼仪形式在我国的嬗变

1. 重礼轻爱的古代婚姻礼仪形式

在历史上，我国虽然也对婚姻作了法律规定，但法的作用是以律辅礼，不依礼而行，便以法刑之。我国从周代开始，男女之交出于礼者，必入于刑。自秦汉以来，都是依赖法律达到“明刑弼教”，制裁反礼而行者，“法”不过是推动“礼”的工具，礼才是最根本的东西，是立法的基本依据。我国古代对婚姻的法律规定远远迟于礼，是以刑辅礼，法在刑后。法律对婚姻的作用是逐渐加强的，最后才成为礼法并行，但仍然是法在礼之下，法是礼的延伸。婚姻仍然是礼婚，正如明代王稀在《七出议》中所说："礼与法非二物也。礼者防之于未然，律者禁之于已然，皆缘人情而为制，礼之所不许，即律之所不容，出于礼而入于律也。"

（1）以家族利益为核心，感情沦为附加。透过中国人的传统婚姻习俗，不难发现，传统婚姻的主体不是个人，而是家庭及宗族。婚姻是家族行为，只要婚姻合乎礼仪，是经过明媒正娶的，那么婚姻就是合理合法的。至于两人"爱"还是"不爱"，那倒是无所谓的，个人的意愿和意志须服从于家族利益。因而即使夫妻情深，只要公婆不容，就要出妻离异，而夫妻相恶，但公婆认为媳妇"善事我"，则不能离异，必须"子行夫妇礼"没身不衰。

传统婚姻重礼轻爱的另一个重要表现就是在婚姻的缔结上，只讲"父母之命，媒妁之言"，不谈个人意愿。《礼记·坊记》中记载了孔子的论述："故男女无媒不交，无币不相见，恐男女之别也。"孟子也说："丈夫生而愿为之有室，女子生而愿为之有家：父母之心，人皆有之，不待父母之命，媒妁之言，钻穴隙相窥，逾墙相从，则周人皆贱之。"周代国家还专门设置了管理男婚女嫁的职官，这就是"地官媒氏"。《周礼》中说：媒氏，掌万民之判。"判"就是"半"的意思，媒氏主合其半，让男女合起来成为夫妇。但媒氏在"仲春之月，令会男女"时，也可对"奔者不禁"，可见当时"媒氏"对婚姻的干预还是比较宽松的。但到了唐代，"媒妁之言"写入了法律条文中，《唐律·户婚》规定"为婚之法，必有行媒"。宋、元、明、清的法律也同样对媒人在婚姻中的作用作了基本相同的规定，并说明对于违律娶嫁的，也处罚媒人。媒人在婚姻缔结上具有道德与法律的双重作用。在宗法礼制发展到极致时，"媒妁"成为阻碍男女自由恋爱，制造不幸婚姻的一种手段。

（2）以传宗接代为目的，漠视妇女权益。夫妻感情在婚姻中是没有什么地位的，男女结合不是为了他们自身的幸福和感情的满足，"广家族、繁子孙"，传宗接代才是男女相交的主题。中国人这种重子嗣的思维定式，在婚姻习俗中表现得淋漓尽致。婚礼仪式中有许多内容都是祝福新婚夫妻多子多孙的，如新娘上轿前，在花轿内外遍撒谷豆，到达夫家以后，新娘下轿，亦照撒，这种撒谷豆的风俗的寓意就是祝新婚夫妇多子多福。新娘入洞房时，用食物和钱币撒向床上，称为“撒帐”，所用食物一般为石榴、粟子、红枣、长生果等，石榴多子，枣子谐“早子”，“粟子”谐“立子”，是取早生贵子之义。人们认为“不孝有三，无后为大”，如果妻子不能承担这一使命，那么丈夫可以堂而皇之地纳妾，也可以理直气壮地“休妻”。夫妻关系是要服从亲子关系的，女人在家庭中充当的是生儿育女的工具。女人如此卑微的地位，使得夫妻之间谈不上什么真正的感情，正如恩格斯所言：“古代所仅有的那一点夫妻之爱，并不是主观的爱好，而是客观的义务；不是婚姻的基础，而是婚姻的附加物。”

2. 婚姻登记制度对婚姻礼仪的取代

1930 年《闽西婚姻法》创设了婚姻登记制度。该法第 6 条规定，男女结婚须向区政府登记，从而从根本上否认了延续几千年的世俗结婚形式。新中国成立后颁布的《婚姻法》中，都规定实行婚姻登记的结婚方式。

在我国，结婚登记的目的是国家对婚姻的成立进行指导、监督和管理。只有男女双方履行了结婚登记手续，取得结婚证，即确立夫妻关系，才受到法律保护。结婚登记分为申请、审查和登记三个环节。

（1）申请。即自愿结婚的男女，必须双方亲自到一方户口所在地的婚姻登记机关申请结婚登记，填写结婚申请表。结婚申请必须双方当事人亲自到场，不能由一方单独申请，也不能委托他人代为申请，或用书面意见代替本人亲自到场。申请时须持有下列证件和证明：户口证明、居民身份证、所在单位及村民委员会或者居民委员会出具的婚姻状况证明。离过婚的当事人申请再婚或者复婚，还须持有离婚证件。在实行婚前医学检查的地方，申请结婚登记的当事人，必须到指定的医疗保障机构进行婚前医学检查，向婚姻登记机关提交婚前医学检查证明或者医学鉴定证明。

如果申请结婚的当事人受单位或他人干涉，不能获得所需证明时，经婚姻登记管理机关查明确实符合结婚条件的，应当予以登记。

必须指出，申请结婚登记的当事人，必须如实向婚姻登记管理机关提供上述有关证件和证明，不得隐瞒真实情况。婚姻登记管理机关办理结婚登记，也不得要求当事人出具法律规定以外的其他证件和证明。

（2）审查。即婚姻登记管理机关依法对当事人的结婚申请进行审核查实。婚姻登记管理员应对当事人讲明法律规定，并依法对其结婚申请从两个方面进行严格审查：一方面看当事人所持证件是否真实、完备，有无伪造、涂改或冒名顶替的行为，必要时可亲自调查核实；另一方面看当事人双方是否都符合法定的结婚条件。

（3）登记。婚姻登记管理机关对当事人的结婚申请进行审查后，应当注销其离婚证。当事人从取得结婚证时起，确立夫妻关系。

在审查中如果发现申请结婚登记的当事人有下列情形之一的，婚姻登记管理机关不予登记：未到法定结婚年龄的；非自愿的；已有配偶的；属于直系血亲或者三代以内旁系血亲的；患有法律规定禁止结婚或者暂缓结婚的疾病的。

（四）婚姻礼仪的功能

按照国家现行法律，未婚的男女双方一经在婚姻登记机关履行了结婚登记手续，便成为受法律保护的合法夫妻。然而，几乎所有进行了结婚登记后的合法夫妻，都要举行一场世俗所认可的婚礼仪式，甚至是举行婚礼以后才正式同居。似乎只有这样，才能获得社会的承认。甚至，个别为婚姻法所不允许的婚姻，为了获得世俗社会的认可，也要举行很讲究的婚礼。也就是说，在人们看来，结婚仅有法律的承认还不行，还必须通过热闹的仪式向社会公开表示婚姻的成立。

世界上许多国家也都规定结婚为官方认可后，还必须举行一定的仪式。如苏联就规定："……婚礼要在双方同意下，在民事登记处隆重举行，即使当事人可以拒绝登记仪式，但仪式是被看作极端重要的。"

1. 标识功能

结婚的男女经过一系列的婚姻仪式以后，身份、地位和角色不断变化，与成年人的各种人生历程相适应，人们继续学习和完善成为能遵守婚姻制度的人。对于强化性别角色、规范夫妻行为都有积极意义。

（1）使婚姻取得社会的承认。男女两性结合，经过一定的程序，举行婚礼，这是由婚姻的社会性决定的。

男女两性在生理上的差异和性的本能是婚姻的自然前提，婚姻则是两性结合的社会形式。男女结合，确定婚姻关系，必须有被社会承认的形式，向社会公开表示，这就是为什么人类结婚要经过一定程序和举行婚礼的原因。据日本心理学家津留宏在日本南山大学就结婚意义进行调查时，大学生们回答“结婚是作为一个自主者而得到社会承认”“是第二人生的出发点”这两项的人最多。于是他在所著《婚姻心理学》一书中写道：“结婚不仅满足了他们（指青年）爱情和独立的欲望，而且被社会承认为成年人的优越感也得到满足，并把结婚作为第二人生的出发点，要在其职业生涯中达到自我实现的目的。”

当然，任何婚姻礼仪都受当时社会性质和婚姻性质的制约，是为当时社会服务的。如我国古代的婚礼，场面大，声势大，目的在于张扬，在于告知这对男女，从此合法结合，可以成家立业，生儿育女。不举行这种仪式，男女结合就是非法的，如其生儿育女，将为社会所不齿。中国古代把这个意思称为“别男女”，即所谓“婚姻冠笄，所以别男女也”。《大戴礼记·盛德篇》对这一点说得更为具体：“凡淫乱生于男女无别，夫妇无义。昏礼享聘者，所以别男女、明夫妇之义也。”举行婚礼，还有一个意义，就是确定新娘在新郎家中的成员资格和地位。举行过婚礼，新娘才算新郎家的正式成员，她在家庭中的尊卑地位才正式明确下来。

（2）实现当事人的心理转化。婚礼的过程，就是男性和女性脱胎换骨的过程。就男子而言，从一个毛头小子愣头青转化为承担全家重担的当家人，需要的不仅是角色转换，更重要的是心理承受力的提高。就女子而言，她必须从一个无忧无虑的少女，变为一个能处理好“上有公婆，下有小姑小叔”的家庭的妇女，而婚姻礼仪则有助于在角色转换的同时实现心理转化。

（3）限制当事人选择配偶的权利。结婚礼仪是昭示世人以获得社会认可，同时也就具有了排他性。就实际情况而言，婚礼仪式目前确实还有它的作用：一方面，它可以使人们择偶慎重，当选中自己的理想伴侣，决定与之结合为夫妻时，用婚礼形式通告社会，使其为一般人知晓，以示严肃认真；另一方面，它可以约束婚姻当事人，稳定家庭。我国人民向来重视婚姻，结婚一般都希望白头偕老，通过一定的婚礼形式，向社会公开表示结婚，既取得社会的承认，也接受社会的监督，这有利于家庭的稳定，减少婚姻纠纷。

2. 体现人们对新婚夫妇的美好祝愿

在我国，如今所谓"婚礼"是指结婚典礼仪式，亦即古代六礼的"亲迎"。清末民初至近半个世纪以来，婚礼发展变化的总体趋势，主要是逐渐废除烦琐礼仪、奢华形式，日益追求隆重而简朴的婚典。但无论怎样变化，婚礼都寄托了美好心愿。我国多数人一生只结一次婚，举行一定的仪式，婚礼的热闹气氛既可丰富和活跃社会生活，又可通过他人祝贺，给婚姻当事人留下美好的回忆。

3. 社会交往功能

婚礼不仅是新郎和新娘的节日，也是参与其中的所有人的欢庆活动。一个隆重、热闹、喜庆的仪式，使得那些平日走动不多的亲戚之间有了见面、交流的机会，对"家庭、宗族和社会起到了实际的整合作用"。[1]尽管成婚步骤随着时代的进步不断减少，但是婚礼的每一个程序仍创造出使得新婚夫妇以及亲朋好友体验到亲密、融洽的氛围，有力地强化了家族团结，尤其使得新婚女子从婚礼中获得一种归属感和认同感，自觉融入新的家庭。

二、"彩礼"之解读

（一）彩礼的定义及历史演进

彩礼，是指订婚时男方向女方或女方的家庭送一定数额的货币或实

〔1〕 邓伟志、徐榕：《家庭社会学》，中国社会科学出版社 2001 年版，第 15 页。

物。[1]给付和受领彩礼的主体不限于双方当事人。就给付人而言，既可以是婚姻关系当事人本人，也可以是婚姻关系当事人一方的亲属，包括其父母兄弟；就收受彩礼方而言，既包括婚姻关系当事人本人，也包括其近亲属。[2]

彩礼与中国古代“男女无媒不交，无帛不相见”相适应，是“非受币，不交不亲”的聘娶婚制度的产物。作为历史的积淀和文化上的传承，作为一种婚姻习惯，仍普遍存在于我国民众的现实生活当中。[3]

人类历史上迄今为止保留最为完整的一部奴隶制成文法典《汉谟拉比法典》中的“聘金”是人类法律有关彩礼的最早记录。在《汉谟拉比法典》中，聘金即“新郎给新娘之父的聘礼，数额在4—60舍客勒之间的银，约等于女奴之价”。[4]《摩奴法典》中的阿修罗婚姻规定：“如果新郎自愿接受姑娘的手，按照自己财力赠与父母和姑娘礼品。”[5]

古罗马法中也有相关规定。在古罗马的帝政后期，因“无夫权婚姻”的通行，于是社会开始盛行从买卖婚姻中的价金、男子于订婚时的聘礼发展而来的婚娶赠与。婚娶赠与是丈夫赠与或其家长等对妻子的赠与，由丈夫或丈夫的家长设定，丈夫的其他亲友也可用丈夫的名义予以设定。婚娶赠与的目的在于平衡夫妻财产关系，以弥补妻子交付嫁妆，但对丈夫财产没有继承权的不公平。优帝一世明确规定，父母有为儿子设定“婚娶赠与”的义务，这种责任因为血亲关系而不能免除。[6]

---

〔1〕 中国社会科学院语言研究所词典编辑室：《现代汉语词典》，商务印书馆1990年版，第101页。

人民法院审理的彩礼纠纷案件的案由按照有关规定被定为“婚约财产纠纷”。

〔2〕 黄松有主编：《最高人民法院婚姻法司法解释（二）的理解与适用》，人民法院出版社2004年版，第103～104页。

〔3〕 刘银春：《最高人民法院关于适用〈中华人民共和国婚姻法〉若干问题的解释（二）的理论与实务问题解析》，载《法律适用》2004年第10期。

〔4〕《汉谟拉比法典》，世界著名法典汉译丛书编委会译，法律出版社2000年版，第65页。

〔5〕《摩奴法典》，世界著名法典汉译丛书编委会译，法律出版社2000年版，第73页。

〔6〕 周枏：《罗马法原论》，商务印书馆2002年版，第218页。

在我国，彩礼从西周开始即以国家法的制度形式存在[1]，至唐朝对彩礼的规定已相当完备。宋元以来，为防止日后纠纷，聘财的细目往往列入婚书。古代中国，只有以彩礼聘娶，男女两性之合才是合乎礼制秩序的。[2]在民事责任方面，古代律令规定了各种彩礼处置的情形：首先，男女一方悔婚时：（1）男家悔婚再娶时，不追彩礼。（2）女家悔婚再许他人，追还彩礼。（3）再许他人之女，应归前夫，前夫不愿，唐朝还聘财，明朝是倍追彩礼，但《大明会典》规定：如果男方是军职人员，女家悔，嫁他人，已成婚者，止倍追彩礼，女从后夫。（4）后订婚者知情时（明知女家已与他人订婚的情形）而仍与女家订婚，则彩礼入官；后订婚者不知情时，元明规定追还彩礼。其次，规定了婚约解除不追彩礼的情形：（1）元、明、清均规定，男方若五年无故不娶，在逃者为三年，而女改嫁者，须有司给据或经官告给执照，婚约解除，不还聘财或彩礼。但明又规定："夫逃亡，三年之内不告官司而擅改嫁者"，夫回告夺，"断给前夫，给还财礼"。[3]（2）《元史·刑法志》《大明令·户令》、清条例都规定男女一方死亡或生死不明者，解除婚约，不追聘财。（3）《唐律疏议》规定，违律为婚，"男家送财已讫，虽合离、正，其财不追。若女家妄冒，应离、正者，追财物，还男家"。[4]再次，订婚后发生男犯罪女犯奸时，元律规定，若男方犯罪，则女家解除

---

〔1〕 彩礼作为正式的婚姻礼仪的最早规定是西周的"六礼"，由"纳征"演化而来。"六礼"的内容包括了六个方面，实际上是婚姻成立的六个程序：一是纳采，即男方向女方送彩礼求婚；二是问名，即男方的媒人问女方的名字、生辰，然后到宗庙里占卜吉凶，结果为吉的才能进行下一步，凶的则到此为止；三是纳吉，就是占卜得到吉兆后定下婚姻；四是纳征，男方派人送聘礼到女方家；五是请期，即请女方确定结婚日期；六是亲迎，婚礼之日，男方必须亲自去女方家迎接，然后男方先回，在门外迎候。六礼的程序很复杂，一般百姓没有时间也没有财力承担，所以只有官员贵族才严格遵守。但民间风俗也以此为参考，把一些程序合并，如第一和第二可以一次完成，第三第四也可以合并，到现在民间的婚俗还可以看到西周时期六礼的影响。

〔2〕《后汉书》七十六《循吏列传·任延传》："骆越之民无嫁娶礼法，各因淫好，无适对匹，不识父子之姓，夫妇之道。延乃移书属县，各使男年二十至五十，女年十五至四十，皆以年齿相配。其贫无礼聘，令长吏以下各省奉禄以赈助之。同时相娶者二千余人。"

〔3〕 童光政：《明代民事判牍研究》，广西师范大学出版社 1999 年版，第 191 页。

〔4〕 薛梅卿点校：《宋刑统》，法律出版社 1999 年版，第 257 页。

婚约，归还聘财。若女方犯奸者，准夫家解除婚约，索还聘财；若夫家不弃，则聘财减原约之半成婚。明清略仿元制，凡男女之一方犯奸盗者，准对方追还财，解除婚约。[1]最后，成婚以后元明清均规定，卖妻、典妻者，聘财没官。明（清）律刑纵容妻妾犯奸条规定，若用财买休卖休和娶人妻者，财礼入官。[2]除了上述民事责任外，我国旧律还规定了相应的刑事责任，如坐、杖等刑罚。

中华民国时期，《中华民国民法》规定，订婚或结婚须有媒妁之婚书或收受聘财方为合法有效。中国共产党领导的根据地，收受彩礼被认为是买卖婚姻的手段，在法律上被明文予以废止。[3]中华人民共和国成立后，1950 年《婚姻法》和 1980 年《婚姻法》中均未规定相应的彩礼制度，从此，彩礼彻底被排除到国家法之外，演变为民间习惯，直到 2003 年以司法解释的形式重又从民间回到了国家正式制度当中。[4]

---

〔1〕 陈鹏:《中国婚姻史稿》，中华书局 2005 年版，第 375~376 页。

〔2〕 陈鹏:《中国婚姻史稿》，中华书局 2005 年版，第 541 页。

〔3〕 1941 年 7 月晋察冀边区行政委员会指示信《关于我们的婚姻条例》:“买卖婚姻，不单指公开的买卖，凡彩礼、聘金等变相的买卖亦包括在内。”（张希坡:《中国婚姻立法史》，人民出版社 2004 年版，第 259 页。）在此，我们需要特别说明的是，彩礼给付与“借婚姻索取财物”和“买卖婚姻”是有区别的。彩礼是一种民间习惯，其存在有利有弊，但没有为法律所明文禁止。而“借婚姻索取财物”和“买卖婚姻”是为婚姻法所禁止的。彩礼是当事人一方按照习惯主动送给另一方的，而“借婚姻索取财物”是当事人一方以对方给付一定财物为结婚条件，迫于对方的压力而为。彩礼给付与“借婚姻索取财物”的界定主要在于当事人给付财物是主动而为还是被动而为。至于“买卖婚姻”，往往是包办婚姻，是包括父母在内的第三人以索取大量财物为目的，将女性作为商品进行交易，包办强迫他人婚姻。这两种行为，通过婚姻决定的主体很容易判断。（参见何山、江启疆主编:《婚姻家庭法解析》，群众出版社 2001 年版，第 21 页。）

〔4〕《最高人民法院关于适用〈中华人民共和国婚姻法〉若干问题的解释（二）》第 10 条规定:“当事人请求返还按照习俗给付的彩礼的，如果查明属于以下情形，人民法院应当予以支持:（一）双方未办理结婚登记手续的;（二）双方办理结婚登记手续但确未共同生活的;（三）婚前给付并导致给付人生活困难的。适用前款第（二）、（三）项的规定，应当以双方离婚为条件。”

（二）彩礼性质之争论与评价

1. 彩礼性质之争论

关于彩礼的性质，学者仁智各见，主要有“从契约说”“证约定金说”和“赠与说”等观点。[1]

“从契约说”认为，彩礼是依附于婚约关系的从契约，彩礼的给付是基于婚约的约定，是婚约不可分割的组成部分。如果作为主契约的婚约不复存在，则作为从契约的彩礼也自行失去效力。基于婚约所为的彩礼给付构成不当得利之债，应当予以返还。

“证约定金说”认为，婚约是男女双方订立的民事合同，彩礼是双方当事人为保证婚约的履行而采用的一种担保方式。若给付彩礼的一方毁约，则收受彩礼的一方不予返还彩礼，若收受彩礼的一方毁约，则应按定金规则双倍返还。

通说认为是一种赠与行为，但关于该行为又分为三种观点：第一种观点是附义务的赠与说。附义务的赠与是一种受赠人负担一定义务的赠与。虽然在一般的赠与中，受赠人不承担任何义务，但附义务的赠与中所附义务并不是赠与的对价，因而其仍具有单务性和无偿性。如果受赠人没有按照合同约定履行所负义务，赠与人是不可以此为由而不履行其赠与义务，但是在赠与人履行了给付义务之后，受赠人仍不履行义务的，赠与人则可行使撤销权，要求受赠人返还所赠财物。此观点认为当事人一方赠与彩礼的行为，是以对方履行将来的结婚义务为条件，接受彩礼的一方有将来与之结婚的义务。第二种观点是附解除条件的赠与说。附解除条件的赠与，是指以将来可能发生的客观事实的成就作为赠与失效的条件。此学说认为，彩礼是一种赠与行为，彩礼赠与后就发生法律效力，但其以将来没有结婚作为解除条件。如果将来男女双方没有结婚，则解除条件成立，此时作为彩礼的赠与可以解除。第三种观点是目的赠与说。目的赠与，是赠与人为达到一定目的而为的赠与。追求某种目的和结果是目的赠与区别于其他赠

---

〔1〕 王洪：《婚姻家庭法》，法律出版社 2003 年版，第 72 页。

与的标志。此学说认为，当事人一方之所以要给予另一方彩礼，是因为他有结婚的目的，是因为将来要结婚，所以才会送给另一方彩礼。如果将来此目的不能实现，即男女双方没有结婚，赠与的目的不能实现，此时赠与彩礼的一方有权要求接受彩礼的一方返还。[1]

2. 彩礼性质争论之评价

以上关于彩礼性质之学说，均有其一定的存在理由，但对其合理性则要具体讨论。

“从契约说”认为，彩礼是依附于婚约关系的从契约。诚然，彩礼给付源于婚约制度，但是随着时间的流逝和社会的变迁，婚约和彩礼给付在形式上虽有联系，但在实质上并无主从之分。婚约由古代的官方制度变成了现在的民间习惯，已经退出了我国现行法律的视野。而彩礼给付牵扯到财产的归属问题，在现代社会中是独立存在的，不以婚约的存续为条件，因此该学说不成立。

“证约定金说”认为，婚约是男女双方订立的民事合同，彩礼是双方当事人为保证婚约的履行而采用的一种担保方式，一方一旦违约，则要适用定金罚则来处理。笔者认为，男女之间的感情是微妙多变的，现实情况是复杂的，不能用物质利益制约精神的内在自由，更何况婚约是关涉人身利益的特殊合同，不适用合同法的调整。[2]而我国现行婚姻法并不调整婚约，故将彩礼定位为证约定金是不合适的。

“附负担赠与说”认为彩礼给付是附有结婚义务的赠与行为。[3]但“将彩礼给付视为附义务的赠与，无异于允许买卖婚姻，为法律所明令禁止”。

---

〔1〕 史尚宽:《亲属法论》，中国政法大学出版社2000年版，第158页。

〔2〕《中华人民共和国合同法》第2条:“本法所称合同是平等主体的自然人、法人、其他组织之间设立、变更、终止民事权利义务关系的协议。婚姻、收养、监护等有关身份关系的协议，适用其他法律的规定。”

〔3〕 其法律依据是现行《合同法》第190条:“赠与可以附义务。赠与附义务的，受赠人应当按照约定履行义务。”第192条:“受赠人有下列情形之一的，赠与人可以撤销赠与:（一）严重侵害赠与人或者赠与人的近亲属;（二）对赠与人有扶养义务而不履行;（三）不履行赠与合同约定的义务。赠与人的撤销权，自知道或者应当知道撤销原因之日起一年内行使。”

另一方面，附条件的民事法律行为中所附条件要合法，违法的条件是无效的。将结婚作为民事行为生效的条件，违反现行婚姻法所确立的婚姻自由的基本原则，因此该学说不成立。

在笔者看来，现代彩礼，它不是传统意义上彩礼制度的回归与复制，其意义已大不相同。从国家立法来看，现代彩礼并非婚姻的必经程序，也完全不具有古代意义上的彩礼所具有的法律强制力和约束力。[1] 在归属使用方面，古代彩礼是男家送给女家的，是对女家出嫁女儿后劳动力损失的一种补偿。而现代彩礼除一部分仍归女方的父母所有外，其他则是归女方自己或归小家庭，用于购置新婚用品、旅游、举办婚姻庆典等支出，或是储存下来，用于小家庭的开销。蕴含了家庭对新婚夫妇的赠与或者对父母养育之恩的补偿的新内容。总而言之，现代彩礼是作为一种民事法律之债[2] 的面貌出现并受法律规制的。因此，笔者认为，在晋中地区彩礼并不带有买卖婚姻和借婚姻索取财物[3] 的性质，它已经成为了一种制度文化，是在结婚的过程中必需的一种习惯，它具有文化的一般属性，是既有的，用当地民众自己的话来说，“这个钱就是一个象征”，人们接受它无须问为什么，只是认为大家都如此，人们只是依此行事而已。“在今天，男女双方互相赠送彩礼，既是为了确认婚约成立并预想将来婚姻成立，又是为了双方的婚姻在将来建立亲戚关系时，使这种亲戚关系更加深厚。”因此，作为通过当事人的自律性和社会评价来实现的事实性的财产类型，彩礼是“为证明婚约的成立并以将来应成立的婚姻为前提而因亲属关系所发生的相互

---

〔1〕 也许在民间盛行的地区收受彩礼对双方当事人婚姻仍构成一定的约束，充其量只能在男女双方之间构成一种道德约束。

〔2〕 现代意义上的彩礼是存在于男女双方之间的一种债，至于其法律属性如何在理论上仁智各见：（1）是一种民事赠与关系；（2）是附有解除条件的赠与行为；（3）是附有义务的赠与；（4）是为保证婚约履行而约定的一种担保方式；（5）是赠与契约，是婚姻的从契约。

〔3〕 我国《婚姻法》第3条明确规定，禁止包办、买卖婚姻和其他干涉婚姻自由的行为。禁止借婚姻索取财物。所谓买卖婚姻是指，包括父母在内的第三者，以索取大量财物为目的，违背男女双方或一方意愿，包办强迫他人缔结婚姻的行为。其表现形式通常是父母将女儿公开出卖或以要彩礼、辛苦费、养育费等名义向男方或其亲属索要高额聘金、聘礼。而借婚姻索取财物则是指婚姻当事人一方向对方索要一定财物作为同意结婚条件的行为。

间的情谊为目的的一种赠与”。

（三）彩礼存在的意义

作为婚姻习惯的彩礼在被国家强力废止几十年后仍能存在于民间，并以不同的方式影响着人们的现实生活，作为一种文化，它赖以生存的民情基础是其延续至今的原因。

1. 从文化意义角度

美国社会学者韦伯在阐释中国的礼时认为，“礼”的意思是仪式、礼节以及诸如忠孝的道德理念的仪礼性表达。[1]很多地方的彩礼被称为“礼钱”，以“礼”作形容词，说明这里的钱并非普通意义上的“钱”，而是一定的仪式中的“钱”，它不仅表现为实物，也体现着一定的文化规则。

在这一文化中，“彩礼”的给付收受所传达的象征意义是男女双方当事人婚姻关系的确定，婚姻契约在两个家庭中开始生效，女方的权利和义务部分地从一个家庭转移到另一个家庭。彩礼作为事物的一个方面是买卖婚姻的表现，但作为事物的另一个方面则是一种文化符号，蕴含了深刻的文化意义和文化规则。[2]

2. 从社会意义角度

关于彩礼的社会意义，英国社会学者大卫·希克斯和玛格丽特·A. 圭雷指出，呈送或接受彩礼已不是一种简单意义上的习俗，它被当事人看作一种有助于提升男女双方名誉的实践活动。传统文化模式中，将女方提出聘礼要求“看成是一件经济交易是完全不正确的”，在很大程度上，彩礼的数量要受到地方规范的限制，要求什么、如何提出要求、如何支付等都有着严格的规则，所以彩礼的内容和形式都保持着长期的稳定性。而传统的通婚一般限制在通婚圈这样一个熟人社会或者半熟人社会中，家庭的信息相互之间都比较清楚，所以最终能够满足多少聘礼都是心知肚明的。在这

---

〔1〕 阎云翔：《礼物的流动：一个中国村庄中的互惠原则与社会网络》，李放春、刘瑜译，上海人民出版社 1999 年版，第 43 页。

〔2〕 张萍：《中国违法婚姻现状分析》，载《社会学研究》1993 年第 5 期。

种情况下，女方高额的彩礼要求就具有仪式性质了，反映了“我们可不能随随便便把女孩给人家”，女方故意提高要求，是一种“象征性对抗”。[1]

因此，彩礼在某种程度上体现了新娘的社会地位。若某个家庭在不收彩礼或收受很少彩礼的情况下就把女儿嫁出去了，村民们就会猜测“又不是嫁不出去，这么着急，肯定是新娘子有什么毛病或问题”。因此，彩礼也是新娘本人价值与地位的一种象征。[2]

3. 从现实意义角度

“中国传统的婚姻制度是一种‘从夫居’制度，要求女方须嫁给男方，成为男方家庭成员，所生后代亦冠以男方姓氏。在这种传统下，若一个家庭生的是女孩，在花费巨大养育成本将其养大后，就必须让她出嫁。如此一来，女方家庭嫁女时就会面临劳动力的损失和遭受与家人分离的精神痛苦。”[3]人是理性的经济动物，人的社会行为往往出于经济上的考量。女性出嫁是人力资本的转移，“彩礼对女方家庭而言，具有对女性人力资本转移的补偿意义，因而具有对女方家庭的社会保障的功能。”[4]

对于新中国成立后依然存在的彩礼，一些社会学家对斯皮罗的“婚姻偿付理论”进行了修正。我国民俗学家马丙安认为，彩礼是族外婚的遗俗，把嫁女看作成年劳动力的转移，所以索取彩礼作为补偿[5]，补偿概念是婚姻

---

〔1〕 费孝通：《江村经济——中国农民的生活》，商务印书馆 2006 年版，第 55 页。

〔2〕 譬如，在津巴布韦，多年以前就颁布了一部旨在给予妇女平等权利的法案。其中有一项规定：妇女可自主决定其未来的丈夫是否支付彩礼。但妇女们依旧沿用了呈送彩礼的做法。因为很多津巴布韦妇女认为，“在一个男性统治的社会中彩礼仍然是一种价值和尊严的象征。”（David Hicks and MargaretA.Gwynne，Cultural Anthropology，Harper Collins College Publishers，1994，p.141.）

〔3〕 孙善侠、史清华：《我国农村婚姻市场中彩礼现象的经济学分析》，载《江西农业学报》2009 年第 6 期。

〔4〕 姜旭朝、蒋贞灿：《农村婚嫁费用、女性人力资本与农村社会保障——一个基于民间金融的分析框架》，载《东岳论丛》2005 年第 5 期。

〔5〕 在社会保障制度不健全的情况下，单靠“养儿防老”是有困难的。基于对女方家庭不公平的传统和现实，社会选择并生成了另一传统对其进行补偿。彩礼给付是婚前男方向女方转移的物质财富，是对女方家庭的必要补偿。

偿付理论的核心。[1]

但我国另一部分社会学家则坚持“婚姻资助理论”，即“婚礼交易不能仅仅被视为对娶入妇女的偿付”，而是趋向于对新婚夫妇的资助。如我国社会学家李银河认为，彩礼从两个家庭之间的交易已经演变成为父辈与子辈之间的馈赠。[2]

三、“嫁妆”之解读

（一）“嫁妆”变迁之历史考量

嫁妆，又称“妆奁”“添箱”[3]，是女子出嫁时娘家为其准备的带到丈夫家去的财物。[4]通常嫁妆主要是日常生活、生产用品，随着时代的发展，部分较富裕的家庭，其准备的嫁妆还包括房契、金银首饰、现金等贵重物品。[5]

嫁妆在中国有着古老的历史，送嫁妆也是传统婚俗中的必备部分。在

---

〔1〕 阎云翔：《礼物的流动：一个中国村庄中的互惠原则与社会网络》，李放春、刘瑜译，上海人民出版社 1999 年版，第 43 页。

〔2〕 阎云翔：《礼物的流动：一个中国村庄中的互惠原则与社会网络》，李放春、刘瑜译，上海人民出版社 1999 年版，第 43 页。

〔3〕 在山西晋中地区的太谷县，嫁妆又称之为“陪嫁”。究其原因，与女子的父母有关。对出嫁女的父母来说，除了从小将她养大花费的心血钱财，女子一出嫁就像“泼出去的水”，家里立刻失去了一个劳动力，父母什么都没留下来，而且还得在她结婚时陪上一大笔嫁妆，可谓“赔了女儿又舍财”，对于娘家而言，女子出嫁完全是一种净损失。陪送之“送”则透出父母对女儿的感情。嫁妆可以决定女人在婆家的物质和精神两个层面的生活质量，比如丈夫能否帮助分担家务，自己在家中有没有一定的权威，在夫妻有不同意见时妻子能否掌握最终决定权，对家庭经济有多大程度的支配权。做父母的认为，自己的闺女在婆家是否“得日子过”和是否“能抬起头来”，衡量因素基本上就是这些。

〔4〕 一般而言，“嫁妆”是女方带到男方的所有财物的总和。不过，在“男到女家成婚”情形中，上门女婿不需要“陪嫁”，其代价是子女随妻姓。

〔5〕 嫁妆是指新娘带到婆家的钱财和物品的总和，这是由女方娘家支付的。但嫁妆究竟是送给婚后的婆家还是专为婚后的女儿准备的却因嫁妆的具体内容而异。一般而言，是专为女儿婚后准备的。嫁妆在其最终的意义上，是女性从娘家带来的，她理所当然地具有控制权。在婚姻生活期间，嫁妆是女人的绝对财产，而且将始终保持着这种权威。离婚的女人，或者丈夫死去的女人，若要离开完全可以带走嫁妆而无须担心受到社会非议。

中国的古代文学作品中，对嫁妆就有一定的记载，如《战国策·燕策二》中提到了燕太后嫁女的陪嫁品："太后嫁女诸侯，奉以千金，赍地百里，以为人之终也。"这句话是说燕太后嫁女儿给诸侯，曾陪嫁一千斤的黄金和百里土地，这大致也是个概数。又如《诗经·卫风·氓》中也提及一般人家婚礼中送嫁妆的情景："以尔车来，以我贿迁。""贿"指的就是嫁妆。这句话的意思是拉着你的车子来，把我的嫁妆往上搬。有学者考证了魏晋时期所送的嫁妆，据称那时仅指梳妆用的镜匣等物。庚信《镜赋》中这样描述嫁妆："暂设妆奁，还抽镜屜。"[1]但至唐宋以后，嫁妆逐渐奢华，内容丰富繁多。在宋朝时，嫁妆已成为婚姻中女子带到男方家的必备品，嫁妆的多少直接影响到婚姻的缔结。[2]而到了明代，婚姻中嫁妆的昂贵导致一些问题，如产生了溺女婴、人口性别比例失衡、男子成婚困难等社会问题。[3]清代年间，贫富家庭所送嫁妆的差别已经很大，"奢靡之风盛行……嫁妆已成为家庭沉重的经济负担"。[4]同时，嫁妆作为新婚妇女在婆家的私产，通过对嫁妆的处置，妇女"确立起她们在新家庭或新家族中的地位"。[5]可见，在中国婚俗的历史中，嫁妆从古代就一直延续至今，保留了久远的历史谱系图。

---

〔1〕 顾希佳:《礼仪与中国文化》，人民出版社 2001 年版，第 240 页。

〔2〕 宋东侠:《宋代厚嫁述论》，载《兰州大学学报》2003 年第 2 期。

〔3〕 常建华:《明代溺婴问题初探》，载《中国社会历史评论》2002 年第四辑。

〔4〕 毛立平:《清代的嫁妆》载《清史研究》2006 年第 1 期。

〔5〕 毛立平:《清代妇女嫁妆支配权的考察》，载《史学月刊》2006 年第 6 期。

（二）嫁妆产生的动因或功能[1]

对于嫁妆产生的原因，前文已经有所论述，国外学者亦仁智各见。第一种是继承说，杰克·古迪（Jack Goody）1973年对欧洲社会进行考察，认为嫁妆在它的一般表现形式上，是在父母死亡之前的一种财产继承形式。第二种是福利说，其主要观点是嫁妆与女儿在接受妻子集团中的生活是否幸福有关。第三种是劳动价值说，认为婚姻偿付与男女双方在生产性劳动中所创造的价值有关，而由于男女两性在同一社会中所创造的劳动价值的差异，产生了社会类型与婚姻偿付制度的对应。第四种是竞争说，认为嫁妆是女人之间的竞争，而聘礼是男人为了女人而进行的竞争。第五种是家庭意图说，Alice Schlegel 和 Rohn Eloul（1988）指出婚姻贸易经常被解释为新娘的父母与新郎之间所作的安排，这可以在好几个方面被理解——家庭可以将此作为一种手段和机制，试图保持或者增加他们的资源，比如满足劳动力需要，增加财富，保持或者提高自己的地位。第六种是财产转移说，古迪（1973）认为聘礼和嫁妆都涉及结婚时财产的转移，不论什么象征方面标志着这些转移，他们也有他们的经济功能，不是主要作为一次购买中的媒介物，而是作为财产再分配的方法。

（三）"嫁妆"的来源

调查数据表明，嫁妆的来源具有多样性：

1. 来源于男方的聘礼

根据笔者在晋中地区的调查，在20世纪80年代之前，男方赠与女方的货币和礼物的价值仅有大约三分之二被女方花费到女方的嫁妆上。80年代以后，女方赠与男方的嫁妆价值高于男方赠与女方的聘礼价值，但是相差也并不多，经过统计，前者仅高出后者28%。可见，女方用于置办嫁妆

---

〔1〕 参见：Alice Schlegel, Rohn Eloul. Marriage Transactions：Labor，Property，Status[J]. American Anthropologist. New Series. Vol. 90. 1988. No. 2：291-309.

Lionel Caplan. Bridegroom Price in Urban India：Class，Caste，and 'Dowry Evil' Among Christians in Madras[J]. Man，New Series. Vol.19. 1984. No.2：216-233.

[美]威廉·J. 古德：《家庭》，魏章玲译，社会科学文献出版社1986年版，第306页。

的资金多数还是来源于男方所赠送的聘金。

2. 来源于女子的父母

女子父母出于多种原因，比如说疼爱女儿，愿意多给她一些嫁妆，或者不想担负一个“卖女儿”的负面评价，从而在嫁妆资金的支付上超出男方所赠与的聘金。这种情形在目前来看也是较为普遍的。

3. 同族近亲以及姻亲的赠送

礼物形式多种多样，主要表现为衣料与床上用品。父母、姑妈、姨妈、姐姐还要给新娘压柜钱、压腰钱。凡是床上用品一般都给新娘带走，作为喜礼的货币全部留给父母来补充嫁资，压柜钱、压腰钱由新娘个人支配。

4. 女子的个人财产

随着时代的发展，女性的经济能力日益增强，以婚前个人财产作为嫁妆，逐渐成为一种普遍现象。

四、“婚约”之解读

（一）婚约制度概述

婚约（promise of marriage），是指男女双方以结婚为目的而作出的事先约定，也叫婚姻的预约或订婚。〔1〕

“通常在结婚之前，均存在婚约或订婚。”〔2〕公元前1700多年的《汉谟拉比法典》中就有关于婚约的规定，该法典第128条规定：“倘自由民取妻而未订契约，则此妇非其妻。”资本主义时期，资产阶级为了维护本阶级的利益，信奉“契约自由”的原则。契约当事人有决定契约内容的自由，即当事人有权订立任何种类的契约和契约的任何条款，包括用协议的方式改变法律的规定，排除某种法定义务，而法律不能随意干预。〔3〕“契约自由”的原则被尊为资本主义民法三原则之一。在经历了文艺复兴、资产阶级文

〔1〕 巫昌祯主编:《婚姻与继承法学》，中国政法大学出版社1997年版，第127页。

〔2〕 [英]P. M. Bromley and N V low，Family Law，London Buttersorths，1987，p. 19，转引自戴炎辉、戴东雄:《中国亲属法》，三民书局1988年版，第45页。

〔3〕 孙鹏:《合同法热点问题研究》，群众出版社2001年版，第13页。

化启蒙和大革命后，人与人之间的关系不再以等级身份为基础，而是以个人的意志为基础，以契约来确定，这就是“从身份到契约”的运动。因此，婚约也被纳入了契约的范畴，并且制定了相应的法律对婚约进行保护。如《秘鲁家庭法》第75条规定：婚约为“男女双方接受的婚姻诺言”。而美国、日本等国尽管未设立婚约制，但也以当事人双方订定为主要条件。[1]至于订婚的形式，各国规定不尽相同，有的国家规定须书面证明，如意大利、墨西哥、瑞士等国，有的国家须证人证明，如瑞典国，有的还规定须在教堂中于证人面前举行。但大多数国家对婚约的形式持不要式观点，“口头的要约和承诺、交换订婚戒指、举办订婚仪式或宴会、在报上刊登订婚启示等，均可成为婚约的成立形式。”[2]对于婚约的成立，考察大多数国家，其基本的成立要件为：男女双方须基于合意订立，而非家长订立；当事人须达法定的订婚年龄，未成年人订婚须经法定代理人的同意；作为婚约的婚姻须不违背法律的规定；婚约不得诉请法院强制执行。[3]外国法律普遍认为，婚约成立以后，在男女双方当事人之间就产生了一定的义务，但却必须自愿履行，婚约不具有强制性。如《德国民法典》第1297条规定：“不得基于婚约诉求结婚。”为了避免强迫履行，该法典还规定，婚约中附有违约金条款无效。《墨西哥民法典》第142条规定：“不能对婚约中不遵守约定的行为规定任何处罚措施。”再如《意大利民法典》第79条规定：“法律不要求必须订立婚约，也不要求必须执行婚约中有关不履行婚约的规定。”我国台湾地区的法律亦认为，婚约是一种身份法上的契约，与一般财产法上的契约有本质的不同。其“民法亲属编”第975条规定：“婚约不得请求强迫履行。”但婚约既然是当事人双方自愿自主订立的，对双方仍有一定的约束力，应当信守。如一方无法定的原因而任意违反婚约，法律规定他方因此而遭到损失，得请求违约的一方赔偿其损失。这种损失，包括财产上的损失，也包括非财产上的损失，受害人均可请求赔偿相当的金额，但以受害

〔1〕 李志敏：《比较家庭法》，北京大学出版社1988年版，第62页。

〔2〕 林嘉：《外国民商法》，中国人民大学出版社2000年版，第150页。

〔3〕 王丽萍：《婚姻家庭法律制度研究》，山东人民出版社2004年版，第66页。

人无过错为限。

早在西周时期，我国就有了有关婚约的相关规定，西周有“以德配天，明德慎罚”思想，讲求“出礼入刑”，其中的“六礼”就是婚姻成立的必要条件，合礼合法的婚姻必须通过“六礼”程序来完成。其中的“纳吉”就是请求缔结婚约，“纳征”应是在女方同意的情况下交付聘礼（与现代的彩礼同）。西周的“六礼”对后代婚姻的制度影响深远，“六礼”制几乎贯穿了中国千年婚姻文化的始终，成为规范婚姻制度的重要制度及风俗。如《大明律·户律》规定：“若许嫁女已报婚书，及有私约，而辄悔者，笞五十。虽无婚书，但曾受聘财者亦是，若再许他人，未成婚者杖七十，已成婚者杖八十。后定娶知情同罪，财礼入官。不知者不坐。追还财礼。女归前夫。前夫不愿者，倍追还礼给还。其女仍从后夫。男家悔者罪亦如之，不追财礼。”婚约制度深入人心，中华民族一直按婚约制度进行通婚、结亲，甚至在一定的历史条件下，还要对其给予必要的保护。如在解放前的革命根据地，就有关于婚约的规定，《晋冀鲁豫边区婚姻暂行条例》的第3条至第9条规定，“订婚须男女双方自愿，任何人不得强迫”，“男不满十七岁，女不满十五岁者，不得订婚”，“订婚时，男女双方均不得索取金钱或者其他物质报酬”，“订婚时，男女双方须在区级以上政府登记方为有效”，“订婚男女有一方不愿继续婚约或者结婚者，均得请求解除婚约”，“解除婚约时，须向区级以上政府申请备案”，“本条例施行前订立之婚约解除后，曾收受对方之财物者，应如数退还。如一次不能退还时，得订立契约分期偿还。倘确实无力偿还，而对方亦非贫困者，不在此限”。

但是，新中国成立以后的1950年《婚姻法》和1980年《婚姻法》中都没有关于婚约的规定[1]，新修订的婚姻法也没有对其作出专门的规定。婚

〔1〕新中国婚姻立法将婚约视为封建糟粕，加以剔除，仅在1950年和1953年中央人民政府法制委员会的两个文件中对婚约有认可性规定。1950年6月26日，原中央人民政府法制委员会在《有关婚姻法施行的若干问题与解答》中指出：“订婚不是结婚的必要手续。任何包办强迫的订婚，一律无效。男女自愿订婚者，听其订婚。订婚的最低年龄，男为19岁，女为17岁。一方自愿取消订婚者，得通知对方取消之。”最高人民法院1979年2月2日《关于贯彻执行民事政策法律的意见》中指出：“现役军人的婚约关系，应予保护。凡是双方经过一定

姻法不规定婚约，说明婚约在我国没有法律上的拘束力。一方要求解除婚约，径行通知对方即可，无须征得对方的同意，更无须经过调解或诉讼程序。不仅如此，就是对双方已经同居的，在《最高人民法院关于适用〈中华人民共和国婚姻法〉若干问题的解释（二）》中也作了规定，即除当事人请求解除的同居关系属于“有配偶与他人同居”的情形以外，人民法院不予受理。因为无婚姻关系的男女双方的婚约关系甚至同居关系，并不属于法律保护的社会关系。我国立法采取这样的模式，旨在充分保障结婚自由原则，克服借婚约干涉婚姻现象的发生，且对早婚早恋现象也有积极的抑制作用。因此，如果当事人要求人民法院强制解除其婚约关系、恋爱关系或同居关系，甚或要求人民法院强制执行婚约，人民法院均不应受理。

（二）我国婚约制度之立法现状

在我国，婚约虽无法律约束力，但在司法实践中，因婚约引起的财物纠纷案件却屡屡可见。我国1950年《婚姻法》、1980年《婚姻法》、2001年《婚姻法》及历次《婚姻登记办法》均无关于婚约的任何规定。虽然2003年12月26日颁布的《最高人民法院关于适用〈中华人民共和国婚姻法〉若干问题的解释（二）》第10条规定：当事人请求返还按照习俗给付的彩礼的，如果查明属于以下情形，人民法院应当予以支持：（一）双方未办理结婚登记手续的；（二）双方办理结婚登记手续但确未共同生活的；（三）婚前给付并导致给付人生活困难的。适用前款第（二）、（三）项的规定，应当以双方离婚为条件。司法解释（二）的出台，意味着法律开始关注关于婚约中的财产问题，有利于保护给付方的权利，以及维护婚姻关系的稳定。但是，由于条文较为简单且仅针对财产返还的部分情况予以规制，显然难以满足司法实践之需要。因婚约关系而生纠纷（不仅仅是财产纠纷）诉至法院时，人民法院既不能以“法无明文规定”为由不予受理，又确

时期的了解，同意建立、保持婚约关系，家庭、群众和所在部队都认为是婚约关系的，才能确认为婚约关系。婚约基础比较好，没有解除婚约的重要原因，有恢复和好前途的，应说服教育不予解除。婚约关系不巩固，没有结婚前途的，应通过军人所在组织，对军人进行说服教育工作，予以解除。”

实“无法可依”，使婚约法律问题处于大量发生却又无相应法律调整的尴尬状态。

虽然2001年修订后的《婚姻法》未规定婚约制度，使得婚约属道德问题抑或法律问题之争论看似尘埃落定，但是近几年来，众多一线法官发表大量学术论文阐述婚约问题[1]，部分地区法院也出台相关审判指导意见。[2]由此可见，婚约问题绝非仅属道德问题而不具有立法意义。“若要有一个健康的社会，文明的人类，就必须让每一个纠纷有得以解决的依据。”[3]

五、“分家析产”[4]之解读

（一）分家析产习惯基本问题概述

1. 分家析产之界定

分家析产习惯在中国由来已久。何谓“分家”，在传统中国，分家有多种说法，如分异、分火、分烟、另起炉灶、另立门户等。指的是已婚儿子从其父辈家庭中分离出去的状态与过程。作为一种存在的状态，它表现为子辈在父辈的扶助下“另起炉灶，另立门户”，建立起一个在财产方面相对独立的核心家庭的形式；作为一个过程，则包括从提出分家要求到新家庭开始相对独立的生活之间的一系列必经阶段。何谓“析产”，析产，又称财

---

〔1〕 四川省峨眉山市人民法院法官马强：《婚约解除后赠与物归属问题研究》，载《法律适用》2000年第5期；北京房山区人民法院法官刘乃毓、扈秀康：《婚约解除订婚期间赠与的财物应否返还》，载于中国法院网，2004年6月10日；广东省高级人民法院民事审判第三庭张学军：《彩礼返还制度研究》，载《中外法学》2006年第5期，以及《英美法系国家“违反婚约之诉”介评》，载《法学评论》2007年第2期；江西省横峰县人民法院法官何宜敏：《婚约、婚姻关系解除彩礼返还若干问题探析》，载中国民商法网，2007年7月27日；河南省周口市中级人民法院民一庭副庭长王红亚：《对涉及婚约彩礼纠纷案件自由裁量权的规范》，载中国民商法网，2008年3月7日。

〔2〕 典型如河南省周口市中级人民法院《关于审理涉及婚约彩礼纠纷案件的指导意见（试行）》，参见中国民商法网，2008年3月7日。

〔3〕 张根大、俞静尧：《有告必理——一项法制原则》，载《法学研究》1996年第4期。

〔4〕 通常情况下，“分家”主要解决两个问题，一是财产的分割，二是老人的赡养。析产是分家的重要内容，但分家不限于析产，因此，在笔者看来，“分家析产”的提法是不科学的，至少是不完整的。但基于习惯说法之考虑，书中仍采用了“分家析产”之提法。

产分析，特指大家庭分家时进行的财产处理，即把家庭个人财产、共有财产分割出来，属个人财产的归个人所有，属共有财产的，如为按份共有则按份额分割，如为共同共有，有约定的从约定，无约定的按照共有人对财产贡献的大小，并适当考虑照顾生产、生活的实际需要等情况进行处理。

2. 对待分家析产习惯之立法态度

纵观立法态度，从古代到近、现代，经历了一个承认—否认—再承认—再否认的反复、犹豫的抉择过程。

其形成的年代已不可考，大约在战国时期，民间已有这种习惯，其后因商鞅变法颁布“分异令”而成为一种国家制度。至唐代《唐律疏议·户婚》规定：“若祖父母、父母令别籍”，徒二年。疏议：“但云别籍，不云令其异财，令异财者，明其无罪。”意思是，祖父母、父母在世时，子孙不能擅自“别籍”和“异财”。“别籍”是指把户口独立出来；“异财”就是“析产”或分家产。但是，征得祖父母、父母同意而“异财”（“别籍”仍不准），国家是允许的。这说明，家庭财产的析分在唐代已得到国家的默许。[1]

（二）分家析产习惯之本质与功能

1. 分家习惯的本质

分家习惯千百年来一直存在，甚至连家中只有一个儿子的人家也会因儿子的结婚而分门立户。其中所涉及的不仅仅是民俗的普及与变迁，还有社会经济和人的心理发展的深层原因。

分家，从字面意义上理解，是关乎家庭成员之间财产分配之关系，实际上它是家产从上一代人向下一代人转移，包括了纵向财产关系和横向财产关系发生改变的过程。从横向的财产关系来看，是兄弟之间[2]的财产分

---

〔1〕 转引自俞江:《论分家习惯与家的整体性》，载《政法论坛》2006年第1期。

〔2〕 在多数情况下，女儿不能得到自己父母的财产。女儿出嫁后，被视为夫家家庭成员，当娘家兄弟分家时，没有人提出或想到财产也有她的一份，但在婆家分家时，她有权利为自己的小家庭争取更大的财产份额。没有出嫁的女儿的权利仅限于一份嫁妆和她在娘家举行婚礼时的费用。即便是在自己没有其他兄弟时，女儿也不一定能够得到财产，因为父母有可能招上门女婿，那样的话，这个拟制的儿子便以“后人”的身份分得财产。

配；从横向的财产关系来看，是财产控制权从上一代转移给了下一代。

在大多数的中国家庭里面，两代人的财产一直是共有的，两代人之间的财产所有权并没有明确的界限〔1〕，家产的传递实际上是家产负责人权力的一种交接。这种交接是在不经意间完成的，随着父母年龄的增长和能力的减弱，儿子在经济上的贡献越来越大，地位日益上升，发言权的最终享有带来财产控制权的直接掌握，此时父母则成为完全的受供养者，从台前转至幕后。

2. 分家习惯的功能

从一个核心家庭来看，一对配偶结婚后，三角形结构的夫妇两点已经具备，孩子出生就形成了三角形的第三点，也就完成了社会结构里的三角，"这个完成了的三角形在人类学和社会学的术语中被称为家庭"。随着子女的增加，第三点越来越强，三角结构也逐渐扩大，"在一定时间里，子方不能安定在这三角形里，他不能永远成为只和父母联系的一点，他要另外和两点结合形成新的三角形"，这样就使得原有家庭三角不再完整。"这并不是原有三角形的意外结局，而是构成这三角形的最终目的。三角形的破裂是它功能的完成。"〔2〕

（1）分家作为一种习惯现象，是人们适应外界环境的一种自愿选择，理性选择。"树大分枝，中古皆然"，"树大分枝，人大分家"，这些民间谚语说明了家庭的运行机制。分家是人类自然分群的发展必然，这是人们从自己的生活实际出发的一种理性选择，毕竟维持一个大家庭不仅需要有强大的经济实力来支撑，还必须涉及人际关系的处理、分配、消费等各种各样的矛盾，而分家则更适应于现代社会的要求。诚如被调查者所说的，分家是自然的，不是任何矛盾导致分家，反过来分家能解决一些问题。众所周知，不同代际的人由于生长的社会环境不同，知识结构的差异，经验阅历等不一致等，使他们的处事方式是不同的。大家庭内的关系是多组复杂

---

〔1〕 这在一定程度上解释了"父债子偿"的合理性。

〔2〕 费孝通:《乡土中国 生育制度》，北京大学出版社 1998 年版，第 163、215、216 页。

的对立统一关系，如父子关系、婆媳关系、姑嫂关系、兄弟关系等。家庭是由父、母、子女构成的三角关系，要维持这种三角关系中父子关系的长期稳定，人们就必须想办法来缓解父亲的绝对权威与儿子渴求家庭民主、分享权利之间的矛盾，分家使父亲的绝对权威得以继续保留，儿子获得了想要的权利。婆媳关系也是一组极为棘手的关系，我们知道，传统社会家庭中的妇女是没有什么地位的，“多年的媳妇熬成婆”后才能获得一些权利，婆婆在家中的最大权利只能在儿媳身上行使，同时也擅长此道。婆婆与儿媳的矛盾是家庭矛盾中最明显、最易激化的矛盾。为了维护家庭的和谐，防止家庭的破裂，维持社会的稳定，分家成了一种调适机制。通过分家，小家庭人际关系不像大家庭复杂，家庭人际关系简单，家庭矛盾减少，从而更有利于个人、家庭、社会的发展。另外，传统大家庭普遍强调父子关系为核心的纵向关系，忽视夫妻关系为核心的横向关系。在大家庭里，夫妇都是劳动分工中的一个环节，能用于夫妻二人感情交流的时间非常有限，劳动结束后的闲暇时间也因为居住场所的共有及家庭成员的繁多而无法独享。在分开的小家庭里，家庭成员较少，关系简单，居住不受太多干扰，使夫妻二人进行感情交流的时间增多，这对夫妻二人感情质量的提高也是有益的。而且个人独立意识的增强伴随的一个必然结果是责任意识的强化与提高，这对于人的现代化来说也是有力的助推因素。因此，分家从某种层面来说，是将父子关系为核心的纵向关系和夫妻关系为核心的横向关系并重的结果，有利于建立平等和睦的新家庭，这正是人们自愿选择的理想结果。

（2）从社会延续的角度看，分家有利于个性的独立和对亲属关系这一社会资源的充分利用。分家是家庭关系中最重要的事件之一，不仅重新分配了家庭财产，而且重新界定了家庭内部的权力结构。居住场所和社会关系的分离如果不以物质财富的划归为前提，新的家庭生活是无法开始的，甚至可以说新的家庭都是不可能诞生的。社会继替不仅包括个人的新老交替，同时也有家庭结构的不断分化、重组和替代，而家庭财产的分割及外部亲属群体的资助也就成了家庭继替的深厚的物质根源。同时，重新分配了家庭财产，小家庭有了属于自己个人财产的控制权，有利于个人的独立、自立、自主意识的发展。其一，确定了亲属关系的指向。以媳妇的家族及亲属为亲属取向，不至于发生亲属关系的混杂和不同亲属内部的矛盾。其二，强化了单个新家庭抵御风险与不测的能力。通过亲属关系的明晰化，实质上也界定了群体之间的相互帮助的责任和义务。在一定程度上，通过"分家"而实现的亲属关系的划归对现阶段人们的生产和生活都是有百利而无一害的。上升到社会继替的高度，亲属关系的明晰与稳定也是有利于社会的进步与发展的。只有这样，个人和家庭才能够不断地满足社会的功能需求，社会才能在家庭群体的不断分化与整合过程中实现进步。

（3）在市场经济条件下，分家本身是人们的一种理性选择。这种选择主要是出于人们生活的具体实际，从经济上来看，分家后的收益大于不分家时所付出的成本。分家使家庭小型化，人们可以将更多的精力投入到经济活动中，它可以刺激人们的积极性，打破传统大家庭"吃大锅饭，干好干坏一个样"的局面，从而有益于经济的发展。当然，分家的结果也并不是完全如年轻人所想象的是家庭致富的最佳途径，分家之后有的更富，也有的更穷，从总体上看，富比穷的概率更大。它使家庭资源得以有效配置，不仅有助于家庭的巩固，也符合社会发展的趋势，有利于家庭经济水平的提高、生活的改善，还为整个经济的发展做出贡献。

（三）分家析产习惯之要素

1. 分家析产的时间

"只要时机成熟了，家自然就该分了。"在日常生活中，分家一般是由在大家庭中掌握主动权的父辈家长提出，父母依据自己的经验适时地提出分家，征得各方同意后，按习惯或分家规则进行。

（1）子辈已经成家，且有必要单过时。根据笔者的调查，晋中地区分家析产的习惯不以儿子娶亲为要件。儿子未娶亲也存在分家析产的可能。一种是所有儿子都参与分家，仅需将未成婚的儿子的娶亲费用单列出来，不参与分家析产，且将该部分财产交由父母暂时管理，在儿子成婚后再将其管理权移交给儿子；另一种情形是只将已婚儿子分出去，剩余家产留待幼子婚娶后再逐次分出。按照当地人的观念，父母为儿子承担的责任就是建房子、分田地，当房子建好、儿子成婚，父母的义务就算完成了。这时候，父母就不成为单独的户头了，整个家庭的责任当然也要分割给儿子。可见，在这个过程中，父母在主动计算着彼此的权利义务关系：儿子从父母那里得到房子和田地，也要承担账目和家庭责任，两者之间相比基本是对等的。父母急于分家就是觉得自己已经完成了对子女的义务，以后应该是子女独自承担责任的时候了。这时候的责任是不可预期的，一日不分家就意味着父母要多承担一日的责任和风险，所以父母有强烈的分家冲动。

（2）成员之间摩擦出现，家事不和时。在中国，传统的家庭伦理观一直认同“不分之家”〔1〕，因此，为了实现主观上遵奉传统的家庭伦理而客观上又不得已而为之的平衡与统一，就采取“制造”家庭摩擦的方式。〔2〕在这种情况下，儿子是不能在心理或行为上表现出来的，否则便会被视为“不孝”，媳妇则无所顾忌地在心理或行为上声明：我要分家。〔3〕长此以往，家庭成员之间都感觉这样的合家生活维持不下去的时候，分家也就成为顺理成章的事情。〔4〕

（3）父母一方或双方去世时。

2. 分家析产的参加人员

分家析产的参与人包括主持人、受产人、见证人和其他参加者。

（1）主持人。主持人一般有家庭的公亲族长、娘舅〔5〕以及村委会干部，他们对分家时间、财产处置等重要内容享有决定权，且组织分家活动、协

---

〔1〕 王荣武：《当前乡村分家习俗的民俗学思考》，载《民俗研究》1994年第3期。

〔2〕 而家庭摩擦的焦点，又集中在家庭关系中最为难以相处的婆媳关系方面。新媳妇嫁入初期，家人尚能以客相待，因为她毕竟是“外姓人”。

〔3〕 最一般的表现如媳妇经常没病装病，在正常的吃饭时间卧床不起，或隔三差五地回娘家，对家庭其他成员（包括自己的丈夫）冷言冷语。对此，家庭其他成员只能“看在眼里，记在心上”，敢怒不敢言。

〔4〕 但有意思的是，尽管儿子在心里也想闹分家，却不能爽快地答应，是一种半推半就式的。

〔5〕 舅甥如父子，再加上舅父与其姊妹的血亲关系，使得其最适于充当家务事仲裁人的角色，这在一定程度上反映了其所继承的古代传统中的舅父权。

调各种矛盾。

（2）受产人。受产人是指分割并承受家产的人，一般是被分家析产人的儿子。

（3）见证人。见证人分为两类，一类是被分家析产人的宗亲或妻亲，另一类是无亲属关系的邻里。他们与分家析产有一定的利害关系，且使分家情形得以在一定范围内传播、公示，更重要的作用是为了有效防止矛盾的发生。亲属出于情感或现实的考虑，希望在分家之后，新的家庭之间能够维持和睦，否则以后与新家庭之间也难以处理好关系。倘若亲戚在分家时产生矛盾，以后的关系往往变得更为复杂。所以，邀请证人是为将来可能发生的纠纷提供解决机制。

（4）其他参加者。其他参加者主要是指已出嫁的女儿和媳妇。这些人可以参加分家析产会议，但不得发表意见，也不需在分家析产文书上签名，媳妇只有通过她们的丈夫去实现对自身利益的维护。

3. 分家析产的范围

一般而言，分家析产所涉及的客体是整个家庭成员财产，包括共同财产和部分个人财产。每个家庭成员对家庭共有财产都有部分所有权和支配权，分家析产只不过是使得财产各归其主。原则上，如果各个儿子已经成家的话，分家析产的范围为所有的家产，只有部分儿子成家的话，分家析产的标的仅为部分家产。家产的范围主要包括积极财产和消极财产两大部分：

（1）积极财产。积极财产包括祖产和续置财产。其中，不动产包括田、房等，这一部分财产是中国传统家庭最为重要的部分，动产则包括金钱、牲口、家具等。除此之外，家庭债权也是分家析产的标的之一。在家产范围中，以“存众田”为主要表现形式的族房公用财产、未婚儿子的娶亲费用和待嫁女儿的出嫁费用等则均不属于分家析产的标的物。

（2）消极财产。根据“父债子偿”的传统规则，债务也会成为分家析产的对象。债务是指为整个家庭生活需要在外所欠债款。债务可指定儿子们分摊，也可以由一个儿子全部承担。

4. 分家析产的原则

一般情况下平均分配，但并非绝对平均。保护弱者，即对生活有特殊困难且缺乏劳动能力的，可以多分财产适当照顾。分家时一并解决现有老人的赡养问题，如划拨一部分特定的财产〔1〕归养老专用或决定采取子女直接轮流赡养、支付定额赡养费等方式。

5. 分家析产的形式要件

分家析产一般都会立有字据〔2〕，只是各地称呼不一，如“分家书”“分家单”“分单”等。虽无统一格式，但一般要载明被分财产之总额及种类、分产方法、承受财产名单、参与分产会议者名单。凡承受财产者，各执分书一份为拥有财产权利之证明。参与析产会议者都应在字据上签名，尤其是主持会议的人〔3〕，以供他日之参考。〔4〕

6. 分家析产的后果

（1）分门另过。分家析产后，“年青一代获得了对原属其父的部分财产的法定权利，对这部分财产开始享有了专有权”，“经济上，他们变独立了，这就是说，他们各自一份财产，各有一个炉灶”，即所谓的“分门另过”。〔5〕“但各种生活义务仍然把他们联系在一起，他们经常在生产、生活上互相帮助，关系十分密切。”〔6〕

（2）“分家”同时又是亲属关系的划分与归并。与泛化的亲属关系相比较：其一，确定了以媳妇的家族及关系为指向的亲属取向，不至于发生

---

〔1〕 最常见的形式为“养老房”的设定，即在分家析产的过程中，单独留下一间或两间房屋，其所有权由父母享有，在父母离世后，归属于尽了主要赡养义务的继承人。

〔2〕 习惯上使用红纸书写，以示喜庆。

〔3〕 一般为整个家族中有一定权威的人。

〔4〕 张利平：《以法律视角看民间继承习惯》，载《新乡教育学院学报》2009 年第 3 期。

〔5〕 在晋中地区，子辈另起炉灶之后，儿媳应该告知其娘家人她已经分家了。这时，娘家父母就会通知五服以内直系家属及亲戚，在一个选定的日子里（一般以农历的三、六、九为黄道吉日），去“添仓”（过去添仓主要是带粮食、日用品等，现在人们一般送礼金），作为今后生活的“启动生活资料”。

〔6〕 费孝通：《江村经济——中国农民的生活》，江苏人民出版社 1986 年版，第 47 页。

亲属关系的混杂和不同亲属系别之间的不均等而引起的家庭内部矛盾[1]；其二，强化了单个新家庭抵御风险与不测的能力，界定了亲属之间相互资助的责任与义务；其三，亲属关系的明晰与稳定促进了社会的进化与发展。

（3）增强了个人的独立意识和责任意识。在分开的小家庭里面，家庭成员较少，关系简单，居住不受太多干扰，使得夫妻二人进行感情交流的时间增多，有助于夫妻生活质量的提高和感情的融合。另外，个人独立意识的增强所带来的必然是责任意识的强化与提高，有助于人的现代化。

（四）“分家析产”和“继承”关系之分析

1.分家析产与继承的协调

从上述分家析产的习惯可以看到，其与我国传统继承制度具有许多相通点：

（1）贯彻父母意愿。继承法规定继承方式有法定继承和遗嘱继承，二者都是财产所有权的取得方式。民法理论认为财产所有权的取得方式有原始取得和继受取得的区别，判断标准在于是否依赖原所有人的意思。继承是继承人依赖了被继承人的意思而取得了其财产的所有权或所有权中的部分权能[2]，所以为继受取得。分家析产往往是在父母生前进行，具体方式视家庭的类型而定，如多子家庭、独子家庭、无子家庭分别实行诸子均分、家政管理权的过渡、招婿或立嗣。分家析产往往是父母为了子女更好地发展而做出决定，或者儿子、儿媳有分家的意思后由父母通过一定方式予以挑明，可见，分家析产协议也是依据父母的意思表示导致了所有权的转移。

（2）贯彻养老育幼原则上的和谐。我国继承法贯彻了养老育幼的原则[3]，同时也是我国家庭的主要职能之一。就分家析产而言，必然包含着赡

〔1〕 如现实中较多存在的“媳妇给娘家送东西而被婆婆指责”，“媳妇的生母想给女儿送东西而怕被家庭其他成员享用”的尴尬局面。

〔2〕 如土地承包经营权。

〔3〕《继承法》第13条第二款规定：对生活有特殊困难的缺乏劳动能力的继承人，分配遗产时，应当予以照顾。第14条规定：对继承人以外的依靠被继承人扶养的缺乏劳动能力又没有生活来源的人，或者继承人以外的对被继承人扶养较多的人，可以分给他们适当的遗产。第19条规定：遗嘱应当对缺乏劳动能力又没有生活来源的继承人保留必要的遗产份额。第28

养的附属义务。分家析产中的诸子均分原则，平均分财表明兄弟之间有相同的继承权，也负担着相同的对父母的赡养义务。在老百姓的观念中，父辈财产分配上的公平和子辈对父辈养老上的公平，形成一对互惠关系。尽管父母在家产分配、扶养问题上具有一定程度的决定权，但不能按自己的意志来任意分配家产，不能忽视分家的公正性，不能不考虑家庭的和睦。分家不均的情形，会导致兄弟冲突、婆媳争吵等，更可能导致日后养老出现纠纷。在当前我国社会保障体系不完备的情形下，除“五保户”外，老人的赡养依然是靠子女。

2. 分家析产与继承法的冲突

（1）发生的时间和原因不同。如前所述，分家析产一般在被继承人死亡之前进行。[1] 在日常生活中，在被继承人生前进行分家析产，主要是基于以下几种原因：父子之间或者儿子之间闹矛盾而家事不和；儿子年长且已娶妻而有必要单过。而继承是以被继承人死亡为前提条件，被继承人死亡是引发继承法律关系的法律事实之一。被继承人死亡，是法律意义上的死亡，不仅包括被继承人的生理死亡，也包括了被继承人的宣告死亡。

（2）财产范围确定上的不同。继承法中可继承的客体即遗产是公民死亡时遗留的个人合法财产，强调的是死亡时遗留的个人财产，而非共有财产，所以实践中往往要划分出夫妻共有财产、家庭共有财产中专属个人所有的合法财产，且公民个人的财产是可以不断变化的，是以其死亡为时间点确定其财产范围。而分家析产往往发生在父母在世时，对家庭共有财产的分割，确切说是同居共财，“是收入、消费以及保有资产等涉及各方面的

条规定：遗产分割时，应当保留胎儿的继承份额。胎儿出生时是死体的，保留的份额按照法定继承办理。

〔1〕 分家析产的这个特性，可以用来说明寡妇带产改嫁受阻的内在原因。一般情况下，析产是随着儿子的成家而完成的，也就是说，儿子已经接受了自己父母给予他的赠与。而父母在生前就将财产遗传给儿子是有条件的，那就是在他们年老的时候得到儿子的供养，可见，财产本身具有保障的功能。当儿子早亡后，这些财产的大部分依法应当由儿子的遗孀及其子女继承，而儿子的遗孀对自己的公婆并没有法定的赡养义务，儿子的去世使得儿媳与公婆之间连接的纽带断裂，从此成为彼此不相干的两个对立体。老人付出了财产，却不能够得到赡养，因此，寡妇带产改嫁会受到丈夫家族的阻止和干涉。

共同计算关系，即以每个人的勤劳所得和由共同资产所得的收益为收入，支出每个人的生活万端（死者的葬祭也作为重要的一项包括在内）的费用，若有剩余则作为共同的资产加以贮存，如果出现不足则坐吃资本以保全生命的那样一种维持共同生机的关系”。〔1〕

（3）继承主体不同。继承法中贯彻男女平等原则〔2〕，而民间继承习惯是将析产与赡养连在一起。由于女儿没有赡养的伦理义务，所以女儿不参与财产分配。继承法中对被继承人的范围是分顺序的〔3〕，而在民间继承习惯中，家产是按人头分割，诸子均分，父母是没有继承权的，“父母没有分得财产实际上是将自己潜在的份额交由儿子来掌管，以后的生活托付于儿子，这是父母对家产分割请求权的有条件的放弃，其中包含了赡养协议的达成”。〔4〕婚姻法规定，登记结婚后，根据男女双方的约定，女方可以成为男方家庭的成员，男方也可以成为女方家庭的成员。所以现行继承法规定不会因夫妻到谁家居住，而使男子丧失或减损了其继承权。但民间“上门女婿”是不能分得生身之家的财产的，相反却可以分得岳父母家的家产。

（4）偿还债务上的冲突。我国现行继承法确立了限定继承原则，即“继承遗产应当清偿被继承人应当缴纳的税款和债务，缴纳税款和债务以他的遗产实际价值为限。超过遗产实际价值部分，继承人自愿偿还的不在此

---

〔1〕 转引自陈丽洪：《中国现行继承法与民间继承习惯——分家析产习惯与继承法的协调和冲突》，载《四川理工学院学报》2008年第3期。

〔2〕《继承法》第9条规定，继承权男女平等。因此，男女平等是我国财产继承的一项重要原则，其含义包括以下几个方面：其一，女子与男子有同等的继承权，不因婚姻状况而不同。未婚女子享有继承权，已婚女子也享有继承权，女子的继承权不因是未婚、已婚或再婚而有所改变。其二，女子享有的继承权与其从事的社会职业无关系。不论女子参加社会工作，抑或在家从事家务劳动，其与男子的继承权平等。其三，夫妻之间有相互继承遗产的权利。我国《继承法》第30条规定，夫妻一方死亡后另一方再婚的，有权处分所继承的财产，任何人不得干涉。其四，法律规定的法定继承人的范围和顺序平等适用于男女，代位继承和转继承制度平等适用于男女。其五，男女平等还体现在同一顺位的继承人，无论男女，对财产享有的份额是平等的。

〔3〕 第一顺序包括了配偶、父母、子女；第二顺序包括兄弟姐妹、祖父母、外祖父母。

〔4〕 何永红：《中国农村赡养习惯与国家法的背离——以湖北钟祥石巷村的调查为基础》，载《私法》2005年第7期。

限。继承人放弃继承的，对被继承人应当缴纳的税款和债务可以不负偿还责任”。这就可能存在有“父债子不还”的现象。而分家析产中，诸子不仅均分财产，而且得接管父母当初欠下的债务，这里的债务是特指父母当初在管理家产和组织生产时以父亲的名义欠下的，严格来说应该是“家庭之债”。[1]如果父亲欠的债儿子不予偿还，其今后在乡里村里难以做人。因此，只要儿子的能力能够承受父债，儿子一般会予以清偿，哪怕清偿数额有可能超过其所继承的遗产。[2]

六、“父债子偿”之解读

（一）“父债子偿”观念产生之根源

1. 宗法社会与封建等级制度之下实行强制的宗祧继承制度是“父债子偿”观念产生的制度根源

中国古代社会最典型的特征是宗法性，以血缘关系为基础的宗族或家族为基本单位，家族之下又由数个小家庭组成。在继承上，实行宗祧继承制度。“宗”代表祖先、祖庙，“祧”为远祖之庙，“宗祧”二字即为祖先和宗庙之意思，宗祧继承即代表着祭祀权之继承。宗祧继承延伸至政治领域表现为政治身份之继承，如爵位继承；延伸至社会生活领域，表现为家长身份之继承。宗祧继承以身份继承为主，财产仅是身份附属品而已。嫡长子具有宗祧继承之权，在家族日常生活中主要表现为家长权之继承。古代传统社会，家族成员同居共财表现为一种常态，家长掌握家族所有财产，而子孙无私有财产，其生活依靠家族。理所当然，子孙并不能对家族之财产进行处分，其财产之需应通过家长才能得以满足。这印证了“无财产，即无人格”之理论，在外界看来，子孙并无独立之人格，其人格依附于家族之中，其对外之负债由家长为其解决。从另一个方面看，家长掌握家族之财产，支配整个家族之日常事务，掌握决定权，对外代表着整个家族或

---

〔1〕 对于该问题，本书在“父债子偿”一节中予以论述。

〔2〕 其思想根源盖因儿子成长结婚都是老人操的心，以后权力交给儿子，儿子自然就得接管当初欠下的债务。

家庭，其对外负债当然以整个家族的财产为担保。在家长去世之后，其子孙继承其家长地位，继承掌控、管理家族财产，并处理家族各种事务。

古代宗祧继承制度之下，继承对于继承人来说不仅是一项权利，而且也是一项义务，有继承权之继承人必须继承，不能放弃，换言之，宗祧继承是强制性继承，继承人并无选择权。嫡长子在继承之后，当然地享有家长权以及对家族财产的支配权，系前任家长（通常为其父亲）人格的延续，也应当然承担前任家长对外所负之债务，这就是我们通常所说的“父债子还”。

古代中国社会以男子为中心，父母在时，父为家长。儿子才有继承之权利，女子无继承权，即使后来法律规定女子有一定的财产继承权，但女子绝不可能继承家长之身份，因此被继承人为“父”，继承人为“子”，从而免除了“女儿”的清偿义务。

实质上，“父债子还”是中国古代社会同居共财状态下宗祧继承制度的必然产物，系古代经济、社会、文化的综合产物，并在法律上得到认可，使人们最终形成“父债子还，天经地义”的观念。

2.“熟人社会”中的“家族信任”是“父债子偿”观念产生的社会根源

古代社会系熟人社会。通常情况下，债权人愿意将钱财借于某人，并不是基于对个人的信任，而是基于对整个家族的信任。“父债子还”之观念使债权人之债权得到充分保证，构筑了当时朴素的信用机制，保护了债权人之利益，从而在某种程度上稳定了社会经济生活。

3.孝之观念巩固了“父债子还”

“‘孝’是中华民族绵延几千年的共同精神，也是历代法律贯穿始终的法律原则。‘孝’的观念最初起源于人们对父母的养育之恩的情感和回报心理，它至迟在西周就已存在。”[1]《诗经》中的这一段话淋漓表达了此种情感：“哀哀父母，生我劬劳。……无父何怙，无母何恃。……父兮生我，母

〔1〕金眉：《唐代婚姻家庭继承法研究——兼与西方法比较》，中国政法大学出版社2009年版，第213页。

兮鞠我。拊我畜我，长我育我。顾我复我，出入腹我。欲报之德，昊天罔极。”孔子将西周之孝德发展为孝道，并成为儒家伦理道德之核心，受到统治者的推崇。中国古代子女对父母之孝道表现为父母在世时奉养遵从，父母死后葬之以礼，并对其加以祭祀。由于受“孝”原则之影响，即使先父对外之负债实际上并非为整个家族之需，系为其个人私欲而对外负债累累，子女为保其父之名誉，避免其死后为外人所指责和侮辱，都会承担其先父对外之债务。“父债子还”成为对父母尽孝的表现之一，孝之观念进一步巩固和加强了“父债子还”。

（二）“父债子还”在当今社会的认可度

即使在当今社会，仍有多数民众认可“父债子偿”的传统观念，一方面是由于民众的法律意识不够高，但更多地表现出人们朴素的信誉观念，也表现了人们仍愿意付出代价以维护死去父母之尊严与人格。从现代意义上讲，“父债子还”系另类形式的信用体制，稳定了经济生活，系为债权人提供了可信的担保，保障债权顺利实现，是一个家庭诚实信用的体现。

（三）限定继承与中国传统社会

从上文阐述可知，“父债子还”系古代社会强制性的概括继承的通俗表示，继承系继承人之义务和责任，继承人必须无条件地继承被继承人之一切财产和一切债务。而现代继承制度下的限定继承，仅要求继承人在遗产范围内清偿被继承人之债务，继承人仅负有限责任，保护了继承人之利益。

从强制性的概括继承到限定继承的发展是由经济条件所决定的。在古代社会以自然经济为主，具有封闭性和保守性的条件下，家族才能得以稳固发展，个人依附于家，无独立之人格，只有家长才具有财产所有权，具有独立人格。随着商品经济的发展，人们经济生活日益丰富，交往日益频繁，个人参与经济，并获得财产，具备脱离家族之能力，进而获得独立人格。子女与父母都具有独立人格，对外债务也由以家庭共同财产清偿发展为以个人财产清偿，责任自负。于是强制性概括继承虽然保证了债权人之债权得以实现，但其侵害继承人利益之弊端日益突出，为平衡债权人与继承人之利益，方出现限定继承制度。

必须指出，我国现行限定继承制度与我国“父债子还”传统观念并非完全对立，从一定程度上说，“父债子还”体现在我国限定继承制度之中，根据我国《继承法》第33条规定，继承人自愿偿还的，不在此限。法律并不禁止“子”自愿偿还“父债”。在我国信用体制尚未建立的情况下，“父债子还”还具有一定的存在价值，是信誉之体现。

第四章　家事习惯与我国家事立法的修改、完善

一、我国现行立法、司法对习惯的态度

正如卢梭所说的那样：习惯，“这种法律既不是铭刻在大理石上，也不是铭刻在铜表上，而是铭刻在公民们的内心里；它形成了国家的真正宪法；它每天都在获得新的力量；当其他的法律衰老或消亡的时候，它可以复活那些法律或代替那些法律，它可以保持一个民族的创制精神，而且可以不知不觉地以习惯的力量代替权威的力量”。[1]习惯的重要性是不容置疑的，在家事法律中尤是如此。但是重要是一回事，是否被家事立法所采用又是另一回事。

（一）学界仁智各见：是否顾及习惯而进行立法

在现实的立法活动中，针对是否顾及习惯而进行立法，学界存在两种意见。

一种意见认为，民事立法必须顾及习惯。这种意见认为民事习惯是一国随着历史发展在民事活动过程中所形成的一种传统，是民族精神不可或缺的一部分，是长期以来为本国人民所接受的一种生活方式，根据私法自治的原则也理所当然地为民事立法所关注。对于这种观点，有学者则认为它混淆了习惯与道德的关系，“把旧道德中的非理性因素装扮成早已有之的习惯以确认其合理性”，“不区分传统道德、习惯与法的价值发生冲突后应

〔1〕［法］卢梭：《社会契约论》，何兆武译，商务印书馆 1980 年版，第 73 页。

择取的标准，而是简单地在西方法社会学中找些支离破碎的理论来证明自己，美其名曰：'法律只能规律社会，不能产生社会者也'，是近代中国社会流行的一种恋旧情绪"。[1]

另一种意见认为，民事立法不应该过多地受到习惯的束缚。在传统的中国社会，缺乏系统、严密的民事立法，使相当一部分民事活动的执行在一定的时候需要依靠地方性习惯来维持。在我国辽阔的地域中，各地不平衡的社会发展和文化观念等多种原因使得民事习惯出现了一定的地域差异，很难将其纳入立法之中。"惟我国幅员辽阔，人口最多，各处所受之影响不同，社会及经济上种种进步，种种组织，未必出能与其他种种进步及组织并驾齐驱。结果所致，各省、各区域之风俗习惯大相悬殊，且根深蒂固、牢不可拔者有之。且此等习惯，多因各地特殊情形，均有特殊之用。一旦废除之，殊非易事。"[2]罗文也有分析中国当时不能采用习惯和条例的原因，"采用习惯之弊。中国习惯多属恶劣，就广东一省言，无一习惯可以认为有法之效力者，倘妄为援引，必违法理，若置而不用，又难执行，故法官常进退两难；而中国幅员广大，习惯不一，省与省殊，县与县异。例如同一继承，在此县为合法，在他县则否，徒落人们之争议，且于国家法律之统一相刺缪也"。[3]

纵观此二种意见，均是合乎情理且非互相冲突的。前者侧重于处理内外关系，是对本国特点的肯定，主要从实体上述及习惯对立法的重要影响；而后者则侧重于本国内部不同区域的关系，更多地考虑到法律程序和执行问题。二者都有将民事习惯纳入立法议程中，是民事习惯在立法的不同阶段面临的不同问题，一方面是从整体上而言如何构造充实整个民法典，另一方面则是思考民法典制定以后实行时可能遇到的困难。

---

〔1〕 梁慧星主编：《民商法论丛》，金桥文化出版（香港有限公司），2000年第2号总第17卷，第488页。

〔2〕 胡长清：《中国民法总论——附录》，载《比较法研究》2000年第4期。

〔3〕 梁慧星主编：《民商法论丛》，金桥文化出版（香港有限公司），2000年第2号总第17卷，第494页。

（二）星火燎原：习惯在立法、司法活动中践行

1. 立法中确立对习惯的尊崇

中华人民共和国建国以后，长期以来，习惯作为法源的作用是比较有限的，但亦未禁绝。例如，1949 年的《中国人民政治协商会议共同纲领》第 53 条规定："各少数民族均有发展其语言文学、保持或改革其风俗习惯及宗教信仰的自由。"现行《宪法》第 4 条第四款规定："各民族都有使用和发展自己的语言文字的自由，都有保持或者改革自己的风俗习惯的自由。"现行《民族区域自治法》第 10 条规定："民族自治地方的自治机关保障本地方各民族都有使用和发展自己的语言文字的自由，都有保持或者改革自己的风俗习惯的自由。"上述规定为确立习惯法在我国法律体系中的地位奠定了宪政基础。

在民事立法和司法方面，习惯法受到了尊重。例如，作为新中国建立后的第一部法律——1950 年《婚姻法》在列举禁止结婚诸情形的同时，规定对其他五代以内的旁系血亲间禁止结婚，从习惯。1951 年 7 月 18 日，《最高人民法院西南分院关于赘婿要求继承岳父母财产问题的批复》中指出，如当地有习惯，而不违反政策精神者，则可酌情处理。1953 年 6 月 15 日，《中央人民政府司法部关于不同民族男女结婚后所生子女应属何族问题的复函》认为，不同民族结婚后所生子女应属何族，应根据群众一般习惯决定。

我国现行法律体系中，相当一些法律、法规涉及习惯法方面的内容。例如，《人民警察法》第 20 条要求警察尊重人民群众的风俗习惯。《监狱法》第 52 条规定，对少数民族罪犯的特殊生活习惯，应当予以照顾。《戒严法》第 29 条规定，戒严执勤人员应当尊重当地民族风俗习惯。

尤其应当指出的是，由于目前我国尚未诞生统一的民法典，民事立法处于分散、不完备的状态，因此，习惯补充民法法源的地位不可或缺，习惯作为法源实际上已被我国民事立法所确立。例如，《民法通则》第 151 条规定："民族自治地方的人民代表大会可以根据本法规定的原则，结合当地民族的特点，制定变通的或者补充的单行条例或者规定。"第 142 条规定："中华人民共和国法律和中华人民共和国缔结或者参加的国际条约没有规

定的，可以适用国际惯例。”《婚姻法》第 50 条规定：“民族自治地方的人民代表大会有权结合当地民族婚姻家庭的具体情况，制定变通规定。”《继承法》第 35 条规定：“民族自治地方的人民代表大会可以根据本法的原则，结合当地民族财产继承的具体情况，制定变通的或者补充的规定。”《消费者权益保障法》第 14 条规定：“消费者在购买、使用商品和接受服务时，享有人格尊严、民族风俗习惯得到尊重的权利。”《物权法》第 85 条规定：“法律、法规对处理相邻关系有规定的，依照其规定；法律、法规没有规定的，可以按照当地习惯。”第 116 条第二款规定：“法定孳息，当事人有约定的，按照约定取得；没有约定或者约定不明确的，按照交易习惯取得。”《最高人民法院关于适用〈中华人民共和国婚姻法〉若干问题的解释（二）》第 10 条规定：“当事人请求返还按照习俗给付的彩礼的，如果查明属于以下情形，人民法院应当予以支持：（一）双方未办理结婚登记手续的；（二）双方办理结婚登记手续但确未共同生活的；（三）婚前给付并导致给付人生活困难的。适用前款第（二）、（三）项的规定，应当以双方离婚为条件。”而《合同法》中共有 9 处提到适用交易习惯，或根据交易习惯确立，或存在交易习惯的则排除合同法一般条款的适用而优先适用交易习惯等内容。[1] 总之，当前在我国，习惯的作用主要表现在有关少数民族的婚姻、继承等方面以及某些涉外方面的规定所遵从的国际惯例。

2. 办案中运用习惯的力量化解纷争

与立法发展相适应，当前国家立法开始关注并践行习惯对制定法的影响，习惯在我国立法和司法中的地位和作用有了比较显著的变化，法院愈来愈多地引用习惯作出判决。2007 年 2 月 6 日，江苏省姜堰市法院审判委员会通过《关于将善良风俗引入民事审判工作的指导意见（试行）》（以下简称《意见》）。针对赡养问题，《意见》提出这样一个解决方针：处理赡养纠纷案件应遵循法定义务原则、保护被赡养人合法权益原则、利益均衡原

〔1〕《合同法》第 26 条：“承诺通知到达要约人时生效。承诺不需要通知的，根据交易习惯或者要约的要求作出承诺的行为时生效。采用数据电文形式订立合同的，承诺到达的时间适用本法第十六条第二款的规定。”

则、遵守风俗习惯原则、赡养人的经济能力与保障被赡养人的基本生活相适应原则，以及尊重当事人意愿着重调解的原则。这样，就给予判案法官较大的自由裁量权，法官需要运用自身掌握的法律知识，结合姜堰当地的风俗习惯，依照当事人的实际经济状况以及尊重双方意愿的原则来处理纠纷。

2007 年 3 月 7 日，最高人民法院出台的《关于进一步发挥诉讼调解在构建社会主义和谐社会中积极作用的若干意见》(以下简称《意见》)第 14 条规定："当事人达成和解协议或者调解协议后申请人民法院制作调解书的，人民法院应当依法对调解协议或者和解协议进行审查。审查内容包括：协议是否违反了法律、行政法规的强制性规定，是否侵害国家利益和社会公共利益；协议内容是否属于当事人处分权的范畴；当事人争议的法律关系是否涉及到案外人的权益；协议指定转移的财产上是否存在案外人权利；协议内容是否符合善良风俗和公共道德；调解是否存在明显违反当事人真实意思的情形等。"《意见》中把对善良风俗的重视提高到了法律层面，一方面说明全国各地的法院在处理纠纷时运用习惯作为认定案件事实的依据已经明显增多，另一方面说明法官的这种办案手法对于构建和谐社会具有很大的促进作用。

二、家事立法中制定法与习惯的良性互动〔1〕

如前所述，民法与习惯具有天然的亲缘关系，家事法作为民法的一部分，当然应贯彻这一精神。"国家制定法和民间法之间必须尽力沟通、理解，在此基础上相互妥协、合作，这样可以避免更大的伤害，获得更大的

〔1〕"法律既是从整个社会的结构和习惯自下而上发展而来，又是从社会的统治者们的政策和价值中自上而下移动。法律有助于以上两者的整合。"([美]伯尔曼：《法律与革命——西方法律传统的形成》，贺卫方等译，中国大百科全书出版社 1993 年版，第 664 页。)笔者认为，国家法和地方习惯的矛盾不是一个简单吞并、改造和挤压、平均的过程，正确的方法是要对国家法与地方习惯进行必要的互动与整合。

收益”[1]，为了实现收益最大化以及稳定社会秩序，我们努力实现制定法律规范与民间习惯的良性互动。

（一）习惯存在的现实原因

不同于主要以习惯调整人们行为方式的传统模式，现代社会讲究“依法治国”，即将社会生活的方方面面均纳入制定法规范的范畴。我们的成文立法也尽可能地规范和完善，以满足动态社会和科技发展对法律调整的要求。然而，由于现实生活复杂，法律不可能事无巨细地囊括每一个方面，因此，在针对某些问题上，法律仅仅规定原则性和框架性的条文，而留出足够多的空间赋予人们以自治权，或者留待将来根据现实情况来进一步作出修改和完善。

我国是一个农业人口占主导地位的国家，乡土社会是当今中国大部分社会的真实写照。在这些地方，除了法律规范起作用外，还存在大量的民族习惯以及家族做法。这些民族习惯和家族做法已经延续了几千年，远远久于才制定颁布几十年的《婚姻法》、《继承法》等家事法律、法规。对于这些民间习惯，我们现行法的态度是，除了刑事法律规范强制执行外，其他大部分涉及人身和家庭关系的法律规范则可以兼顾法律调整和习俗调整的方式。这样的做法为广大乡村和民族地区的社会稳定和和谐发挥了积极而重要的作用。应该承认，“一个不同于正式制度所构想和构建起来的乡村社会的秩序是客观存在的。特定地区的乡民所拥有的规范知识也并不因为它们是传统的就一定是落后和不合理的”[2]，“我们在疯狂地引进西方法律文化时需牢记外来物可能会因水土不服而难以发挥其效用，因此我们应将眼光多多放在本土资源上”。[3]

---

〔1〕 张晓辉、王启梁：《民间法的变迁与作用——云南25个少数民族村寨的民间法分析》，载《现代法学》2001年第5期。

〔2〕 梁治平：《乡土社会的秩序、公正和权威》，载王铭铭、王斯福主编：《乡土社会的秩序、公正与权威》，中国政法大学出版社1997年版，第416页。

〔3〕 张利平：《以法律的视角看民间继承习惯》，载《新乡教育学院学报》2009年第3期。

（二）习惯与制定法的本质趋同

法和法律概念层面本质的趋同，为习惯与制定法的融合提供了切入点。

1. 民间习惯是民法渊源的一种，二者并无实质的差别

我国民法渊源可以分为制定法和习惯法两大类。其中，制定法包括如下几个方面：其一，宪法中的民法规范：宪法是国家的根本大法，具有最高的法律效力，是民事法的立法依据。宪法中的作为民事法律所依据的原则和规定，如关于所有权的规定、关于民事主体的基本权利和义务的规定等，既是民事法律的立法依据，也是调整民事关系的法律规范。其二，《民法通则》以及民事单行法：《民法通则》规定了民事生活的共同原则和制度。在民法渊源中，《民法通则》处于指导和核心地位。此外，《合同法》《担保法》《婚姻法》《继承法》《公司法》《著作权法》等，均是重要的民事单行法。在其他一些法律诸如《文物保护法》《草原法》《矿产资源法》《森林法》中，也含有重要的民事规范。其三，国务院制定发布的民事法规：国务院制定的民事法律规范也是民法的重要渊源，但其不得与宪法和法律相抵触。国务院制定的民事法律规范有两类，一类是根据政府行政职能，为立法部门制定的法律配套的，如企业法人登记管理条例等，另一类是含有民事法律规范的单行行政法，如《土地管理法》等。其四，地方性法规、自治条例和单行条例：地方性法规、自治条例和单行条例中，有些属于民事规范，在不与宪法、法律、行政法规相抵触的前提下，根据立法规定的立法权限，有地方性法规制定权的机关可以制定地方性法规、自治条例和单行条例。但地方性法规、自治条例和单行条例，只能在制定者管辖的行政区域内有效。其五，规章：根据立法法的规定，规章分为部门规章和地方政府规章。规章中有些是民法规范，规章也是民法的主要渊源。其六，最高人民法院民事解释规范性文件：最高人民法院对于民事法律的系统性解释文件和对法律适用的说明，对法院审判有约束力，故也有法律规范的性质。最高人民法院制定的系统性民事法律解释文件很多，如《最高人民法院关于贯彻执行〈中华人民共和国民法通则〉若干问题的意见（试行）》等。其七，国际条约中的民法规范：我国政府签署并经全国人大批准的国际公约或双边

协定，具有与国内法等同的法律效力，也是法律重要的渊源之一，如《联合国国际货物销售合同公约》等。

此外，民事习惯也是民法的重要组成部分之一。我国民法没有对习惯的效力做一般性规定，但有些单行法肯定习惯的效力，除传统的“公序良俗”原则之外，我国现行的《物权法》《合同法》均规定了有关习俗调整民事法律关系的条文。[1]

2. 将习惯确认为法的渊源是立法者的一贯做法

（1）英美法系国家中习惯的法律价值。在英美法系国家，习惯不仅存在而且是名正言顺的主要的法律渊源之一。11 世纪前后，地中海沿岸的海上贸易逐渐发展，“商人们在贸易活动中逐步形成一些贸易习惯，各城市的商人团体根据自己的交易习惯，制定商业交易的规约，并且逐步发展成为商人法”。[2] 在英美国家，没有制定法，法院审判案件的依据是遵循先例，而先例则是习惯的法典化，每一判例则是法官对某一习惯的认识、分析和认定，判例法也因此而成为习惯法的代称。例如，美国《统一商法典》也总是随着商业习惯的变化而变化，而不是反过来。英美法系通过遵循先例的原则运用司法判决的方式保证了对习惯的最有效、最广泛的吸纳，也是

---

〔1〕《中华人民共和国物权法》第 62 条：集体经济组织或者村民委员会、村民小组应当依照法律、行政法规以及章程、村规民约向本集体成员公布集体财产的状况。根据该条规定，我们可以明确作为习惯表现形式之一的“村规民约”已经成为有约束力的，调整村民集体财产的依据。

《中华人民共和国合同法》第 22 条：承诺应当以通知的方式作出，但根据交易习惯或者要约表明可以通过行为作出承诺的除外。第 60 条：当事人应当按照约定全面履行自己的义务。当事人应当遵循诚实信用原则，根据合同的性质、目的和交易习惯履行通知、协助、保密等义务。第 61 条：合同生效后，当事人就质量、价款或者报酬、履行地点等内容没有约定或者约定不明确的，可以协议补充；不能达成补充协议的，按照合同有关条款或者交易习惯确定。第 92 条：合同的权利义务终止后，当事人应当遵循诚实信用原则，根据交易习惯履行通知、协助、保密等义务。第 125 条：当事人对合同条款的理解有争议的，应当按照合同所使用的词句、合同的有关条款、合同的目的、交易习惯以及诚实信用原则，确定该条款的真实意思。合同文本采用两种以上文字订立并约定具有同等效力的，对各文本使用的词句推定具有相同含义。各文本使用的词句不一致的，应当根据合同的目的予以解释。在上述条文中，进一步确认了具有一般意义的交易习惯在补充法律和解释合同方面的功能。

〔2〕 林国民等编：《外国民商法》，人民法院出版社 1996 年版，第 3 页。

习惯适用于民事审判的价值体现。

（2）大陆法系立法对习惯的态度。英美法系的判例法多是以习惯为基础的，自不待言。在大陆法系国家和地区，“现代各国（和地区）民法均承认习惯为法源之一”[1]，在相关的民法典中，像我国台湾地区，瑞士、法国、德国、日本等国家和地区，还对习惯的法源地位予以明确承认。

我国台湾地区“民法典”总则篇第1条规定：“民事，法律所未规定者，依习惯；无习惯者，依法理。”《瑞士民法典》第1条规定：“无法从本法得出相应规定时，法官应依据习惯法裁判；如无习惯法时，依据自己如作为立法者应提出的规则裁判。在前一款的情况下，法官应依据公认的学理和惯例。”“法国民法典有两个渊源，其中习惯处于优势。”[2]在司法实践中，由于当事人对地方习惯和行业习惯的选择，还有法官对法律的解释，使得习惯的作用显得十分重要，以至于大家普遍认为“法国民法典是一部真正的习惯法”。德国民法第一草案中第2条规定了习惯为民法典的渊源，该条规定：“习惯法的规定，仅限于有法律明示为习惯法者，方具法律之效力。”但德国民法典制定的时代正是概念法学流行的时代，该条在民法典正式出台后被取消。尽管如此，习惯依然在很大范围内形成和发展，它通过所谓的法律实践，尤其是通过最高法院的长期判例而产生。今天，德国的主流学说均认为习惯是“有约束力”的规范。[3]日本民法中，关于亲族法和继承法部分，“以不构成社会弊端为限保存传统的制度习惯，同时保持一种前瞻性编纂时也充分考虑到尽可能满足今后时代变迁的要求”。[4]

通过上述考察，我们不难看出，立法者对待习惯，在形式和内容上均予以高度重视，在法国和德国的立法中，虽然没有明确习惯的地位，但都通过判例发挥着弥补制定法不足的作用。

---

〔1〕梁慧星：《民法总论》，法律出版社2001年版，第28页。

〔2〕《法国民法典》，李浩培、吴传颐、孙鸣岗译，商务印书馆1979年版，第11页。

〔3〕[德]卡尔·拉伦茨：《德国民法通论》（中译本），王晓晔等译，法律出版社2003年版，第14~16页。

〔4〕渠涛编译：《最新日本民法》，法律出版社2006年版，第389页。

（三）家事法的内在特点决定了习惯与制定法的“殊途同归”

1. 家事法的家庭性为习惯在家事法中的适用提供了可能性

民法之所以将习惯作为其重要的法律渊源乃是因为民法更多的是一种任意法，它体现了浓厚的意思自治精神，这是习惯得以适用的前提。另一方面，习惯的适用也必须要求交易双方或多方的民事主体间有着相同的习惯，只有这样，交易双方才能达成一致意思，而如果交易各方根本无共同习惯而言，则习惯的适用也必将成为不可能或者至少难度相当大。在当今社会中，由于长期的交往与磨合，同时，也基于交易特点在世界范围内是基本一致的，因此，尊重甚至遵循习惯在很多时候具有了可能性。然而，我们也应该看到，由于世界各国乃至一国范围内地域文化的差异及因此而导致的各地风俗习惯的相异使得习惯的适用范围大为缩小，因为一个交易动辄跨省、市乃至跨国，因此，在世界范围内，对交易规则的统一是非常必要的，这种国际立法也必然导致了习惯适用空间的萎缩，可以说，空间跨度越大，则适用习惯的空间越小，这也是习惯的地域性所决定的。

家事法则不同，虽然继承法也会存在跨区域乃至跨国的现象，然而，继承法在绝大部分情况下毕竟不同于交易：它的涉及面较小，它更多的是存在于一个小的区域甚至是存在于一个家庭中。在这样一个局限性的区域内，适用习惯并不会像在交易中适用习惯那样存在着引起交易秩序混乱的状况，或者说，它不会引起社会大的震荡。

2. 家事法的伦理特质决定了习惯在家事法中适用的必要性

另一方面，家事法律关系的当事人大部分均为亲戚，在这种情况下，婚姻家庭继承制度往往与伦理道德挂上了钩，正是家庭伦理的存在使得在家事法律关系中存在着更大的规避制定法的可能性，因为我们的传统是“礼”“和谐”等观念的传统，这种传统已经深入人心，因此，当制定法虽然符合现代法的精神而违背了一般的家庭伦理时，制定法就可能被其所规避，因为“如果某人重复不断地违反社交规则，那么他很快就会发现自己已被排斥在这个社交圈以外”[1]，当政府忽视了这一点而强行推行制定法时，必然会破坏社区的伦理道德观念乃至引起社会的动荡，而这又不是效率所能弥补的。

（四）司法实践的现实需要为家事习惯存在与发挥作用创造了合理性

当前，人民法院审判任务日益繁重，面临着前所未有的审判压力。“案结事了、定分止争、息事宁人”的司法目标，鲜明地突出了司法的纠纷解决功能，更加彰显了和谐司法的功能性社会意义。在基层法院，近 1/3 的案件属于家事案件，如何有效解决纠纷，这是社会变革时期人民法院必须直面和需要解决的重要问题。将家事习惯有机地运用于司法审判，就是提高人民法院有效解决纠纷能力的一条重要途径。

1. 尊重家事习惯有利于提高民众守法的主动性

法律的规定须反映民众的情感，这样才能为民众所接受和遵守。如前所述，家事习惯来源并扎根于人们的日常生活，家事立法如以家事习惯为原料，吸收其精华部分，无疑会增强人们对相关家事立法的认同感、接纳感，从而唤起人们自觉守法的主动性、积极性，减少法律的实施成本。

2. 运用民间家事习惯来处理家事纠纷，有利于和谐社会的构建

“妥善化解矛盾纠纷”“建设和谐社会”是法治国家的必然要求。“和谐”口号促使法学、法律界思考如何通过司法手段最大限度增加和谐因素，以不断促进社会和谐。在笔者看来，司法是处理纠纷的一种手段，完全可以通过司法程序使得争议双方“心服口服”而和谐相处。就家事纠纷而言，多为关系较密切的亲属，如此处理尤为重要。常言说“清官难断家务事”，通过民间家事习惯来处理家事纠纷，不失为一良策。同时，“妥善化解矛盾纠纷”是指导人民法院司法工作的一项重要司法政策，民事纠纷占当前法院受理案件总数的 1/3 多，这便进一步为家事习惯被司法运用增加了砝码。

---

〔1〕［美］E. 博登海默：《法理学、法律哲学与法律方法》，邓正来译，中国政法大学出版社 1999 年版，第 379 页。

此外，由于现行《婚姻法》《继承法》等法律、法规本身存在诸多问题，严格地“依法办事”而忽略掉社会中的“软法”的做法在实践中往往造成“案结事不了”的现象，甚至造成矛盾激化，危害社会秩序等严重后果，法律的权威性和严肃性受损〔1〕，所以，在原则性问题坚持法律效果第一的前提下，为了达到良好的社会效果，我们也不得不以习惯来处理之，以求达到法律效果和社会效果的统一。〔2〕

3. 实践中，法官只有正确适用家事习惯来审判，才能弥补法律漏洞，维护公平正义

“法有限，情无穷”，面对多变的社会形势，不可能将各种情形都写入法律条文，然而，法官却不能以没有法律规定为由而拒绝判案，此种情况下，法官只有正确适用民事习惯来审判，才能弥补法律漏洞，维护公平正义。〔3〕同时，将民事习惯引入司法裁判领域，也有利于制约法官的自由裁量权，在法律没有明文规定的情形下，如果不适用民事习惯，而是按照法官个人的理解断案，那么法官就可以任意断案；相对而言，如果明确规定适用民事习惯，就会使法官的自由裁量权受到一定约束。

---

〔1〕 比如在太谷，碗是女方陪嫁的“必备”嫁妆之一，当地叫作“子孙碗”，谁从男方家中拿走“子孙碗”，就意味着男方家要断子绝孙，男方一般不会答应。当地法官就曾在执行一个价值不到10元的“子孙碗”时，遭到了当地近百名村民的阻挠，被围困达两小时之久。试想，如果能够提前考虑到当地的风俗，在裁决中稳妥有效地处理相关标的，那么判决本身就会更有说服力，更能得到民众的理解，就不会发生“判决容易执行难”的事情。

〔2〕 在最高人民法院的肯定下，民事习俗研究进入司法领域。2009年“两会”上，最高人民法院院长王胜俊在《最高人民法院工作报告》中指出：要“重视发挥乡村善良民俗习惯在化解社会矛盾中的积极作用”。这一表达说明，民事习俗进入司法领域不仅是学理上的探讨，而且已为我国司法实践所认可，民事习俗已经成为我国司法机关所适用规则的组成部分，在实际的司法过程中发挥着不可或缺的作用。

〔3〕“风水”问题过去完全被视为封建迷信，但是由于现实生活中，我国民众一直有“卜宅”的传统，重视住宅“风水”。按姜堰市农村习惯，房屋建设应当在一条直线上，不能前后参差不齐，特别是东部的房屋不能超前，否则挡住“紫气东来”。建设粪池不得破坏他人“风水”，烟囱安置有忌讳，讲究粪坑、汪塘、灰堆不宜正对着别人家的门窗。这些涉及建房“风水”的纠纷如处理不当，极易导致伤害等民转刑案件。

4. 将家事习惯引入司法裁判领域，是尊重传统、尊重民众首创精神的表现，更是司法人性化的具体体现

家事习惯是民众在实践中遵循的规则，是“生活中的法律”，法官如果面对这种“活法”视而不见，如何能让司法的适用契合社会实际，如何能让判决得到民众的理解与支持，实践中在这方面有不少经验教训。[1]“这些民俗习惯是在长期社会生活历史中形成的，为大家内心所确信的，凝结着社会大众的普遍性的价值判断准则，如果在裁判中不考虑到习惯，便不能实现案结事了，提升司法的公信力。”[2]

综上所述，笔者认为，在家事法中确立尊重习惯原则是可行的、必要的，并且，“通过调查，在禁忌、习惯和村规、民约中，涉及婚姻家庭的民间习惯最为细致”[3]，这又证明，在家事法领域中确立尊重习惯原则具有极强的可操作性。实际上，多数法官尤其是基层法官往往选择在调解中运用民间家事习惯来解决相关纠纷。[4]

---

〔1〕 婚姻给付彩礼这一民间习惯由来已久，至今在我国许多地区还相当普遍，在晋中地区也是由来已久。如今人们的生活逐渐富裕，订婚给付彩礼已经发展到礼金高达数万元，戒指、项链乃至高档钻石也不鲜见。一旦结婚不成，就涉及彩礼的返还，彩礼数额变大，矛盾冲突也增多。一些人通过婚姻介绍人及亲戚朋友按民间习惯进行了处理，也有不少人选择通过诉讼来解决。为此，《最高人民法院关于适用〈中华人民共和国婚姻法〉若干问题的解释（二）》中对此专门作出了规定。按说有了该司法解释，此类案件的审理也就不存在法律上的难题了，法官所要做的就是依照该司法解释第10条处理案件，在认定了彩礼数额的基础上要求收受方返还就可以了。〔第10条规定：“当事人请求返还按照习俗给付的彩礼的，如果查明属于以下情形，人民法院应当予以支持：（一）双方未办理结婚登记手续的；（二）双方办理结婚登记手续但确未共同生活的；（三）婚前给付并导致给付人生活困难的。”〕这对于当地的法官却不是这么简单，原因在于这个法律规定同当地习惯之间存在明显的冲突。当地的习惯是只有女方反悔才返还彩礼，男方反悔，女方家不返还彩礼。法庭上，坚持习惯规则的当事人质疑法律的正当性，有的判了也案结事不了，根据法律的处理方式受到坚持习惯的当事人的抵制。

〔2〕 吴晓峰：《中国民事审判开始重视运用善良习俗》，载《法制日报》2008年10月12日第6版。

〔3〕 张晓辉、王启梁：《民间法的变迁与作用——云南25个少数民族村寨的民间法分析》，载《现代法学》2001年第5期。

〔4〕 需要指出的是，笔者强调国家法尊重地方习惯，并不是让国家法退出乡土社会。地方习惯存在着一系列的弊端与缺陷，因此，地方习惯的适用范围不能无限地扩大，对于最基本最重要的社会关系必须运用国家强制性的法律予以调整，对一些严重危害社会的犯罪行为，国家法必须站稳立场。

三、家事习惯的法律规制

如前所述，家事习惯有优劣之分，在实践中应用当然要做出一番取舍，“在中华法律文化遗产中既有‘良性遗产’，也有劣性遗产，当然还有中性遗产。无论是什么性质的遗产，它之所以被称为遗产，就是因为它们仍然存在于现实社会之中，而它们存在的形式正是习惯或习惯法。如此，就需要解决一个如何区别对待各种性质的遗产的问题。首先应通过深入分析和研究准确地确定优与劣乃至中性的概念分类和具体分类。其次，应该在此基础上通过慎重的分析和详细的论证，将良性遗产中仍然具有实用价值的具体制度以实定法的形式上升为国家法。将劣性遗产作为垃圾，毫不留情地予以摈弃。将中性遗产作为习惯法在一定的范围和条件下予以承认”。[1]从一定意义上说，家事习惯是传统文化记忆的载体和传承的渠道。其中，不乏中国传统文化中优良的成分。比如，在家族习惯中对孝道的重视，在人际交往中对诚信、友爱的倡导，对人与人、人与社会、人与自然关系和谐的追求等，但是，有的家事习惯却是带着封建糟粕基因的陈规陋习，有的甚至是暴力的、不人道的。如“结冥婚”“童养媳”等。“那些不是由理性引进的，而是先因错误后因习惯而形成的做法，不再适用于其他类似案件。”[2]因此，对家事习惯，必须进行必要的甄别分析，作出取舍。[3]

---

〔1〕 渠涛:《中国民法典立法中习惯法应有的位置——以物权法立法为中心》，载渠涛主编:《中日民商法研究》(第一卷)，法律出版社 2003 年版，第 79~80 页。

〔2〕 [意]桑德罗·斯奇巴尼亚选编:《正义和法》，黄风译，中国政法大学出版社 1992 年版，第 65 页。

〔3〕 取舍的标准如何，笔者以为，应遵循以下三个原则:(一)普遍公认性。在一定地区内，一种做法是否形成风俗，这个风俗是否“善良”，应当得到人们的普遍公认。有村规民约的，以其文字记载为准；没有文字记载但却“客观存在”的，应当经过证人或村民委员会或居民委员会或族人的“公证”，以说明习惯的内容。(二)不违法性。即该家事习惯的内容不违反法律和国家的政策，不损害社会公共利益，不侵犯他人合法权益。这里的法律要做广义的理解，包括行政法规、地方性法规、自治条例和单行条例，还包括民族自治地方权力机构对国家法律、行政法规的变通规定、补充规定。不违法，不是说习惯要符合法律、法规规定的条件，而是意味着法律、法规没有禁止性规定和强行性规定的，习惯即可以执行，不违法就是执行的“底线”。(三)反复适用性。指该家事习惯在人们的社会生活中，自发地规范人

（一）亲属范围制度的完善

亲属的范围在不同的国家、不同历史时期具有不同的内容。在中国古代，长期以来的农耕文化和自给自足的自然经济，形成了聚族而居的家庭模式，同居一室的家庭成员很多，亲属的范围也远比现在的要广得多。

1. 亲属范围之立法模式评析

为了便于亲属关系的法律调整，大陆法系各国都将亲属关系限定在一定的范围内。纵观各国亲属范围立法例之模式，可以分为总体限定立法模式和分别限定立法模式两种类型。

所谓总体限定立法模式，是指在立法上统一规定亲属的范围，在此范围以外的亲属关系不具有法律上的意义。日本就对其亲属的范围作了总体限制，进行概括性的规定，如日本《民法》在亲属编的第一章总则中，就首先明确“下列人为亲属：六亲等内的血亲；配偶；三亲等内的姻亲”。所谓分别限定的立法模式是指法律对亲属范围不作概括性规定，而是根据不同法律关系的需要，对亲属的法律效力作出具体规定，明确在具体的法律关系中那些亲属具有什么权利和义务。除日本外，其他国家都没有对亲属范围作概括性规定，只是对亲属之间的禁婚、扶养、亲属关系的解除、监护、继承等方面作出规定，明确规定在这些具体的法律关系中哪些亲属具有哪些权利和义务。如法国民法规定“直系亲属关系中，婚生或非婚生的尊亲属与卑亲属之间，以及同系的婚亲之间，禁止结婚”；旁系血亲关系中，“婚生或非婚生兄弟姐妹之间，禁止结婚”。同时，法律还明确叔、伯与侄女之间，舅父与外甥女之间，姑母与侄子之间，叔伯母与侄子之间，姨与外甥及舅母与外甥之间，不管其亲属关系由婚姻或非婚姻产生，都禁止结婚，这一规定，就将禁止结婚的亲属范围明确了。

这两种立法方式相比较，分别限定的立法模式优于总体限定的立法模

们的行为，调整一定的社会关系，被反复运用。要与偶尔的“习惯”相区别。“与习惯法应严予区别的，系事实上的习惯，此仅属一种惯行，尚欠缺法的确信。易言之，即一般人尚未具有此种惯行必须遵从、倘不遵从其共同生活势将不能维持的确信。此种事实上习惯不具法源性，无补充法律的效力。”（王泽鉴：《民法总则》，中国政法大学出版社 2001 年版，第 58 页。）

式。作总体限定性的规定，对其范围的宽窄难以把握，不利于处理现实生活中的各种复杂的亲属关系。如果范围过宽，不利于保护近亲属之间的权利义务关系，如果范围过窄，又不符合全面调整亲属关系的需要，势必还要在此范围以外作出若干补充性的特别规定。[1]

2. 我国亲属范围之立法现状

我国没有专门的亲属法，《民法通则》中也没有专编设置亲属编，关于近亲属的制度散见于《婚姻法》《继承法》《收养法》及《民法通则》的相关章节中，及至后来，相关诉讼法和司法解释也相继对近亲属范围进行了规定。

《刑事诉讼法》第106条第（六）项规定："'近亲属'是指夫、妻、父、母、子、女、同胞兄弟姊妹。"1988年《最高人民法院关于贯彻执行〈中华人民共和国民法通则〉若干问题的意见（试行）》（以下简称《意见》）中规定："民法通则中规定的近亲属包括配偶、父母、子女、兄弟姐妹、祖父母、外祖父母、孙子女、外孙子女。"其范围除了《刑事诉讼法》中规定的"夫、妻、父、母、子、女、同胞兄弟姊妹"外，还包括"祖父母、外祖父母、孙子女、外孙子女"，明显宽了很多。2000年《最高人民法院关于执行〈中华人民共和国行政诉讼法〉若干问题的解释》第11条中对近亲属的解释为："行政诉讼法第二十四条规定的'近亲属'，包括配偶、父母、子女、兄弟姐妹、祖父母、外祖父母、孙子女、外孙子女和其他具有扶养、赡养关系的亲属"，除了民法中所列的近亲属外，还包括"其他具有扶养、赡养关系的亲属"，范围最为广泛。此外，《婚姻法》中规定禁婚亲的范围除了近亲属外，还包括三代以内旁系血亲。《继承法》中享有继承权的人除近亲属外，还可扩大到包括对公婆、岳父母尽了主要赡养义务的丧偶儿媳、丧偶女婿等亲属。

---

〔1〕 日本《民法》在对亲属的范围作了总体限定的规定后，又在具体的法律关系中对具有权利义务的亲属范围作出了规定。在具有扶养义务的亲属的范围中明确"直系血亲及兄弟姐妹之间，有相互扶养的义务"。特殊情况下，'三亲等内的亲属之间亦负扶养义务。"在其法律中还有禁止结婚的亲属范围的规定和享有法定继承权的亲属范围的规定等。

考察我国现行法律及司法解释，可以看到，亲属范围的规定是不尽一致的。由于立法目的不同，侧重点不一，立法形势和立法水平也处在不断变化的过程中，使得这一本应十分明确的法律概念，在不同部门法中具有不同的外延。笔者认为，我国目前对亲属关系采取单行立法模式，加之在亲属关系范围的界定上采取“分别限定法”，即在具体的法律关系或法律事项上分别规定亲属的法律效力，是导致对近亲属范围规定不一的原因所在。

3. 我国亲属范围制度之完善

亲属以婚姻或血缘为中心，上下各代连绵不断，左右血统联系无穷，因而极为广泛。只有在法律上划定一个恰当的范围，才能使法律上的亲属与道义上的亲属相区别。范围过宽，人们难以遵循，法律对亲属关系的调整也丧失了意义；范围过窄，又达不到法律设立亲属制度的目的。

亲属法具有鲜明的地域、民族特性和传统伦理内涵，与社会的民族文化传统伦理道德紧密联系，不能在立法时超越民族传统和文化、伦理习惯，使立法脱离国情。同时，也必须从中国国情和民族传统出发，大胆吸收人类社会优秀法律文化成果，充分借鉴外国立法中的技术典范，注重采用国际通行做法，使亲属法成为民族主义与世界主义紧密结合的典范。

（1）明确规定亲属种类。我们认为，应当将我国亲属分为配偶、血亲和姻亲三个种类。

配偶关系的发生和消灭。我国法律没有明确规定配偶关系的产生与消灭，由于配偶之间的法定权利义务较多，我国在立法中应当对配偶关系的产生和消灭的具体条件作出明确规定，以便准确判断双方权利义务是否存在，避免过多纠纷的发生。配偶关系以婚姻成立为发生原因，以婚姻的终止或者当事人一方死亡为终止原因。

血亲关系的发生和消灭。自然血亲关系基于出生的事实而发生，这是无一例外的，不论婚生或者非婚生都以此为标志。各国法律一般规定，自然血亲关系的终止以当事人一方死亡为终止原因，不能通过法律或者其他手段人为地解除。对于拟制血亲关系，大陆法系各国都以所拟制的亲属身份关系依法成立为发生原因。通过收养发生拟制血亲关系，是各国亲属立法的通例。拟制血亲关系的消灭除因当事人一方死亡而消灭外，还会因所拟制的亲属身份关系依法解除而消灭。

我国自然血亲关系的发生和消灭可按照各国的通例，即以人的出生为其产生的原因，以人的死亡作为其消灭的原因。对拟制血亲产生和消灭的原因要作出明确的规定，尤其是要对继父母子女这种亲属的产生和消灭作出具体的规定。因收养而形成的拟制血亲关系有收养法的规定，其产生和消灭比较明确，但是对继父母子女这种拟制血亲关系产生和消灭的规定不明确，带来的问题较多。应该对其产生和消灭的具体条件作出较明确的规定。

综上所述，对血亲我们可作如下之规定：血亲包括自然血亲和拟制血亲。自然血亲是出于同一祖先有血缘联系的亲属，如父母与子女、祖父母与孙子女、外祖父母与外孙子女、兄弟姐妹等。拟制血亲是本无血缘联系或者没有直接的血缘联系，但法律上确认与自然血亲有同等权利义务的亲属。拟制血亲因收养和抚养教育而产生，在养父母养子女之间产生父母子女的权利义务关系，继父母子女之间形成抚养教育关系产生父母子女之间的权利义务关系。

姻亲关系的产生与消灭。姻亲是以婚姻为中介而产生的亲属，配偶一方与另一方的血亲之间为姻亲关系。我国的姻亲应当分为三类：第一，血亲的配偶，是己身的血亲，包括直系血亲和旁系血亲的配偶。第二，配偶的血亲，是配偶的直系血亲和旁系血亲。就夫方来说，配偶的血亲是指岳父母、妻的兄弟姐妹及其子女等；就妻方来说，配偶的血亲是指公婆、丈夫的兄弟姐妹及其子女等。第三，配偶的血亲的配偶，是指自己配偶的血亲的夫或者妻。

（2）明确规定亲等。亲等是计算亲属亲疏、远近的单位。亲等数少的，表示亲属关系亲近；亲等数多的，表示亲属关系疏远。以亲等来确定亲属关系的亲疏远近，是各国亲属法的通例。大陆法系各国采用罗马法的亲等计算方法，并在法律中明确了直系血亲，旁系血亲及姻亲等亲属亲等的具体计算方法。如意大利《民法》规定："直系血亲以代为计算单位，一代为一亲等，共同祖先不计算在内。旁系血亲同样以代为计算单位，从一方的血亲开始按代向上数至共同祖先，再由共同祖先向下数至他方血亲，一代为一亲等，代数的总和即为亲等数，共同祖先亦不计算在内。”还规定：“配偶一方某一亲系某一亲等的血亲为另一方配偶该亲等的姻亲。”这些规定，就明确了亲等的计算方法。[1]

我国一直没有建立亲等制度。古代实行丧服制，是以祭奠死者时所穿的丧服的差别来区别亲属的亲疏远近的一种制度。国民政府制定《民法》，在亲属编中采用了亲等制，现在我国台湾地区“民法”仍使用亲等制。我国《婚姻法》以“世代计算法”来计算亲属的亲疏远近：“代”，是表示亲属亲疏远近的单位。代指世辈，从己身算起，一辈为一代，代数多的，表示疏远，代数少的，表示亲近。世代计算法的缺陷在于不够精确，相同世代数的不同亲属也会有亲疏的差异，不能通过世代数清楚地反映出亲属关系的亲疏状况。例如按照世代计算法，己身与伯、叔、姑，与姨表兄弟姐妹同为三代旁系血亲，但显然前一种亲属关系要亲近于后一种亲属关系。而这种矛盾情形，如果是适用罗马法的亲等计算法就会迎刃而解。

在法律需要说明亲属关系的范围时，用亲等来表示远比世代计算法或列举亲属称谓方便，立法理应舍繁取简。更为重要的是，由于国外亲属法中普遍规定亲等制，在处理涉外以及涉港、澳、台的亲属关系时，相应制度的欠缺会使我国公民难以维护个人的利益，同时也不利于对外交流。例如，两岸开放探亲之禁时，对亲属范围的限定使用了亲等的概念，而我国立法上没有关于亲等的制度，许多人无从知晓何为亲等。因此，我国亲属法的亲属制度有必要设立亲等及亲等计算方法：

---

〔1〕 罗马法的计算方法虽然与寺院法的计算方法有一些相同点，如两者都是以世代数确定亲等，两者的直系血亲亲等计算方法相同，两者计算亲等时都是以自身为中心往上或者往下数但所指的世代数都没有包括自己在内等。但两相比较，罗马法的亲等计算方法更为科学，准确。用罗马法的方法来计算亲属关系的亲疏远近，不论相隔多少代数，不管是直系还是旁系，都能够精确地表示出亲等的差别，不会出现直系亲、旁系亲、长辈亲、晚辈亲差别不清的现象，相同亲等级的亲属相互间的基因比例完全一致。由于罗马法的亲等计算方法是至今为止最为科学的亲等计算方法，因此世界上绝大多数的国家都采用罗马法的亲等计算方法。

第一，明文规定亲等是计算亲属关系亲疏远近的单位。

第二，规定亲等的计算方法，以采用罗马法的计算法为宜。直系血亲的亲等，从己身往上或往下数，以一代为一亲等，数至要计算的亲属的世代数，即其亲等数。计算直系姻亲和旁系姻亲的亲等，以配偶与对方的亲等为转移，如子女是一亲等的直系血亲，儿媳、女婿就是一亲等的直系姻亲，伯、叔是三亲等的旁系血亲，伯母、婶母就是三亲等的旁系姻亲。

（3）明确规定我国近亲属的范围。考虑到体现传统、兼顾现实、顾及协调的立法宗旨，我国近亲属的范围应规定为：配偶、父母（包括养父母和形成抚养教育关系的继父母）、子女（生子女、养子女、形成抚养教育关系的继子女）、儿媳、女婿、祖父母、外祖父母、孙子女、外孙子女。

（二）结婚形式要件之改革

随着社会文明发展的进程，传统婚礼的意义、功能已逐渐转向真正意义上的人生庆典兼社交活动，所保留下来的富有传统色彩的仪式内容，主要在于体现民族传统和习俗惯制情调的娱乐活动，并势必受到某些外来文化的影响。提倡并实行富有传统文化风格而又兼具现代文明特征的新婚礼，是社会进步的要求，历史发展的必然。保持和探讨、设计、推广现代文明婚典，不只是民俗学家、社会学家的责任，也是现代社会法律的制定及实施中所必须面对的问题。

损益古今，权衡中外，笔者认为赋予法律以民俗的内容，赋予民俗以法律的特征，是法律在当代中国发展的有效途径。具体来说，就是法律借助民俗渗透到社会中去，介入百姓的生活，发挥作用。因此，对我国目前婚姻礼仪不宜简单否定，而应切实正确引导，并对我国现行结婚制度进行适当改革：

1. 结婚的形式要件采登记与公告结合制的形式

（1）建立结婚登记公告制度。目前我国对当事人双方是否符合结婚的实质要件，全凭婚姻登记员对当事人所提供的证件和证明材料的审查，而且要当场作出给予登记或不给予登记的答复。从当事人提出结婚申请，到经审查后予以登记，通常都在数小时内完成，有的只有几十分钟，甚至是十几分钟。在如此短暂的时间内，婚姻登记管理人员只能从表面上、形式上对当事人的结婚申请及相关证件进行审查，对于当事人的真实情况以及是否真正具备结婚的实质要件，是很难真正查实的。因此婚姻登记工作有时会不可避免地出现错误，使不符合结婚条件的违法婚姻获得结婚登记。导致重婚和无效婚姻的产生。

因此，我国应借鉴其他国家的规定，建立结婚登记公告制度。所谓结婚登记公告制度，是指当事人向婚姻登记机关提出结婚申请后，婚姻登记机关经过审查，对那些形式上符合结婚条件的申请，以公告的形式公布之，公告期限届满，如无人提出异议，则给予登记，发给结婚证，如有人提出异议，则有待进一步审查后再作出是否给予结婚登记的决定。从我国的国情出发，结婚公告制度可作如下设计：结婚公告由婚姻登记机关负责，在婚姻登记机关所在地设立一个专门的婚姻公告栏，或在当地的报纸上开辟专栏，进行结婚登记公告，公告的内容主要是拟结婚的男女双方的基本情况，公告的期限为 30 日。结婚公告期满，如无人对拟结婚的男女双方提出不宜结婚的异议，则婚姻登记机关给予双方登记，发给结婚证。如有人提出异议，则婚姻登记机关对提出的异议进行进一步的审查，审查属实，则不给予双方登记并说明理由。如经审查并非属实，则向提出异议的人作出书面答复，后者未对答复作出复议请示的，视为同意审查的结果，然后由婚姻登记机关给予当事人婚姻登记。如提出异议之人对婚姻登记机关的答复提出复议申请的，为了对即将缔结的婚姻负责，婚姻登记机关应暂缓对婚姻当事人的结婚申请给予登记，并向当事人说明理由，直到异议完全排除后，才对当事人的结婚申请作出最终登记与否的决定。

（2）举行一定的仪式。时间在登记时，地点应在登记机关。由两名登记官员主持婚礼仪式，并有两名证人参加。要求双方当事人在婚礼仪式上面对登记官员、证人及参加仪式者公开表示双方乃自由合意并无任何结婚障碍，同时领取《结婚证》并接受大家的祝福。

结婚的形式要件采用登记与仪式结合制，一方面有利于对“结婚必须男女完全自愿”进行实质性审查，另一方面与我国传统民俗相结合，满足了人们的从众心理。使婚礼仪式显得朴素，庄重，既喜庆又有意义。

2. 限制承认“未登记婚”

未登记婚是指男女双方没有履行结婚登记程序而以夫妻名义同居生活的两性关系。

近年来，未登记婚在我国日益增多，特别是农村和一些边远地区，结婚不登记的达70%～80%，有的地方竟高达90%以上。纠纷发生后，诉至法院或要求解除同居关系的案件也逐年上升，给社会带来了许多不良影响。究其原因，主要是传统观念的影响：自古以来，我国长期盛行仪式制的结婚制度，从周朝至明、清，皆以儒家的礼制为婚姻成立的必备条件。在国民党统治时代，其《民法》亲属编规定以“公开仪式并有两个证人参加”为结婚的形式要件，历代统治阶级均把婚姻看作是当事人的私事，官府不予干预。因此，数千年来，人们重结婚仪式轻婚姻登记，形成了结婚以举行婚礼来取得社会承认的习惯。

这种“婚姻”是由社会认可的，有的同居后还生有子女，形成了对后代的抚养、对老人的赡养等家庭义务，具有婚姻性。对于未登记婚，如果一律承认其效力，不利于维护法律的严肃性，如果一律否认其效力，有时也会损害当事人，特别是女方和子女的利益。所以，笔者建议对未登记婚采取限制承认主义，即有条件地承认欠缺形式要件的未登记婚具有法律效力。虽然欠缺结婚的形式要件而成立的婚姻应为无效，但不完全否认其效力，或是在一定条件下不再以欠缺形式要件为理由而宣布婚姻无效。如德国《婚姻法》第17条规定，凡未办理本法第13条（已经订婚的双方同时在婚姻登记官员面前亲自申明他们愿意互相缔结婚姻，婚姻关系便告成立）所规定的结婚手续者，婚姻无效。但如果在举行结婚仪式后，配偶双方曾在婚姻共同体中生活3年以上，婚姻视为自始有效。也就是说，对于欠缺形式要件的婚姻本应宣布无效，但如双方已在婚姻共同体共同生活五年，即以夫妻身份共同生活五年，或已满三年一方死亡的，婚姻视为自始有效。也就是说，双方以夫妻名义共同生活达一定期限，是欠缺形式要件的婚姻由无效向有效转化的条件。

（三）我国彩礼制度之立法完善

1. 我国彩礼返还制度之解读

我国《最高人民法院关于适用〈中华人民共和国婚姻法若干问题的解释（二）》（以下简称《解释（二）》）第10条规定："当事人请求返还按照习俗给付的彩礼的，如果查明属于以下情形，人民法院应当予以支持：（一）双方未办理结婚登记手续的；（二）双方办理结婚登记手续但确未共同生活的；（三）婚前给付并导致给付人生活困难的。"从以上规定可以看出，我国的彩礼返还不受过错的影响，不论当事人有无过错，只要符合上述规定就要返还彩礼，即使当事人一方有过错，只要不符合上述三个条件，也不负返还的义务。

《解释（二）》第10条在司法实践中虽然对处理彩礼的返还问题起到了很大的作用，但因其规定过于原则化，在实际应用当中还存在很大缺陷。

（1）对于第一个条件即双方办理结婚登记手续应当返还彩礼的规定没有考虑具体的情况，且可操作性不强。

①如男女双方在给付彩礼后虽未办理结婚登记手续，但已开始同居，并且彩礼可能也已经用于同居期间的共同生活，可以说女方此时已经履行了相当于结婚的义务，如果无条件地按第一条的规定让其返还彩礼，有失法律之公平。如果给付彩礼后结婚登记以前，男方由于与第三人发生性行为而导致女方不同意结婚的，此时如果也允许男方请求全部退还彩礼，对于女方来说似有不公。

②离婚时彩礼的返还适用条件考虑欠周全。

（2）对于第二个和第三个条件，实际上是离婚时彩礼返还的问题。

笔者认为这两个条件亦存在缺陷。首先，如果双方登记以后，因男方的原因而未能在一起生活，如登记后男方离家出外打工，双方既没有身体上的共同生活（性生活），又没有精神上的共同生活（基于配偶身份的相互理解和慰藉），但女方却在男方家照顾公婆，双方因客观原因而未能共同生活，后因感情不和而离婚，此时如果按"双方办理结婚登记手续但确未共同生活"而要求女方全部返还彩礼既不合情也不合法。因为婚姻是以履行结婚登记为生效要件的，只要登记了双方就享有夫妻的权利并履行夫妻的义务，并不是以共同生活为条件的，而此处却将共同生活作为彩礼返还的条件，不分当事人是否有过错，一概要求返还彩礼并不符合法律的基本精神。其次，离婚时男方家虽然因给付彩礼而导致生活困难，但如果女方此时也生活困难，是否也应按“婚前给付并导致给付人生活困难”为由而要求女方全部返还？如果男方家生活富裕，女方故意借结婚骗取彩礼，结婚后短期内即要求离婚，此时是否根据此条的规定不予返还？这些都给司法实践带来了一系列的问题。

2. 我国彩礼返还制度之立法完善

彩礼纠纷是基于特定人身关系变动引起的财产争议。“社会不是以法律为基础，相反地，法律应以社会为基础”，在处理该问题时，我们完全可以从习惯中找出可借鉴的解决方案，再以司法的面目使其获得强制力。同时，法律应当承认婚约关系变动给当事人精神利益产生的实际影响，通过对物质利益的安排，使得当事人之间失衡的利益关系恢复平衡。当然，民间解决方案在司法中运用要有所修正，不能简单地按照谁主动退婚就对谁不利的原则处理，而要具体考察解除婚约的原因，以体现公平自愿的原则。

（1）彩礼返还的必要性和可行性。

①彩礼返还的必要性。当事人双方利益的平衡以及社会和谐的考量使得彩礼的返还成为必要，这也是彩礼返还的社会价值所在。

“人类创设法律的真正目的是通过法律规范人之行为以调节人与人之间对自然资源、社会资源和异性资源的分配关系，作为‘正义’化身的法律实则为平衡社会主体相互间对相关资源之占有关系及其分配法则。”〔1〕利益的平衡不仅仅是法律的要求，也是社会发展的要求，彩礼返还规则正是基于利益平衡的价值产生的。此外，现实生活中因为彩礼返还引发的纠纷大量存在，基于家庭和社会和谐的要求，有条件地返还彩礼也是十分必要的。

②彩礼返还的可行性。我国最高人民法院的历次司法解释和各级法院

〔1〕刘云生：《民法与人性》，中国检察出版社2005年版，第21页。

的审判经验为彩礼返还规则的完善提供了支持和依据。

虽然我国《婚姻法》没有明确规定彩礼制度的相关内容，但是我国最高人民法院的历次司法解释中对此则有相关的规定。20世纪60年代《最高人民法院关于贯彻执行民事政策几个问题的意见（修正稿）》规定："因买卖婚姻造成男方生产、生活上的严重困难，可酌情令收受财物的人返还一部或全部。""如果婚姻基本上系自主自愿，一方父母虽然索取了对方小量财物，对于这种问题主要是进行正面教育，提倡新风尚的问题，不应作为买卖婚姻处理。对于索取的财物，不予没收，一般的也不予追还，如果发生争执时，可根据具体情况参照上述精神合理解决。"70年代《最高人民法院关于贯彻执行民事政策法律的意见》规定："属于买卖婚姻的财物，应根据具体情况分别处理。……（2）对尚未结婚或结婚时间不久，情节较轻的，其财物可不予没收。其中确因买卖婚姻造成了男方生产、生活上的严重困难，可让收受财物的人酌情返还一部。……（3）对共同生活多年、生有子女的买卖婚姻，其财物不予没收，也不予返还。……对于完全自主自愿的婚姻，男女主动互相赠送和赠送对方父母的财物，以及为结婚而共同购置的衣物用品，离婚时，原则上不予返还。"80年代《最高人民法院关于人民法院审理未办结婚登记而以夫妻名义同居生活案件的若干意见》第10条规定："同居生活前，一方自愿赠送给对方的财物可比照赠与关系处理；一方向另一方索取的财物，可参照最高人民法院〔84〕法办字第112号《关于贯彻执行民事政策法律若干问题的意见》第（18）条规定的精神处理。"[1]90年代《最高人民法院关于人民法院审理离婚案件处理财产分割问题的若干具体意见》第19条规定："借婚姻关系索取的财物，离婚时，如结婚时间不长，或者因索要财物造成对方生活困难的，可酌情返还。对取得财物的性质是索取还是赠与难以认定的，可按赠与处理。"

各级人民法院尤其是基层人民法院在处理彩礼返还的民事纠纷中积累

〔1〕 参见西南政法学院民法教研室编：《中华人民共和国婚姻法教学参考资料》（第一辑），内部发行资料，1984年10月，第196~197页、203页。

了丰富的经验，在司法审判实践中吸取了营养。2007年河南省周口市中级人民法院就出台了《关于审理涉及婚约彩礼纠纷案件的指导意见（试行）》，依据遵循当地习俗习惯原则，照顾无过错方原则和公平原则，将在婚约财产纠纷中发生的各种情况细化量化，并详细列举了不予返还、减少返还数额的具体情形，值得参考借鉴。

（2）我国彩礼返还制度之立法完善

首先，给付彩礼后双方未办理结婚登记手续而要求返还彩礼的，应根据不同的情况区别对待。如果给付彩礼后双方未在一起同居，则给付彩礼的一方可以要求返还彩礼，法院应当支持，但给付彩礼时是男方自愿赠与的除外。如果给付彩礼后虽未登记但男女双方即开始同居，并且用彩礼购置房屋、家具或用于日常开销的，应当在返还彩礼时将此部分扣除，自愿赠与的不予返还。如果同居后女方怀孕或者流产的，应当考虑女方利益少还或不予返还。

其次，双方办理结婚登记手续但确未共同生活的，应当按照过错原则进行返还。如果接受彩礼的一方有过错，如故意借婚约索要财物、与第三人有性行为等，应当返还全部彩礼，给予方自愿与予的除外。如果给付彩礼的一方有过错则应当少还或者不予返还。如果双方均有过错或均无过错，则应根据公平合理的原则进行返还。如果虽未共同生活，但接受彩礼的一方对对方尽了主要义务的，则彩礼应当适当少还或者不还，自愿赠与的不予返还。

最后，婚前给付并导致给付人生活困难的，也应根据不同情况来确定是否返还彩礼以及返还的数额。如果婚前给付，男女双方结婚时间在2年以上的，离婚时彩礼应不予返还。因为此时男女双方已经履行了各自的义务，根据婚姻自由的原则，离婚是合法行为，经过2年时间，已经排除了接受彩礼方借结婚索要财物的可能性，因此不应返还。结婚时间在2年以下的，如果离婚时给付人生活困难的，应当返还彩礼，但返还彩礼将导致接受彩礼一方同样生活困难的，则应根据公平原则确定返还数额，自愿赠与的不予返还。结婚时间在2年以下的，虽然给付并未导致给付人生活困难，但如果接受彩礼一方是故意借结婚诈骗财物的，也应当适当返还。

（四）嫁妆与继承权：归扣制度的构建

由于中国传统的财产继承制是单边而非双边的，以父系血缘关系为准绳，因此只要有儿子就不可能轮到女儿来继承财产，女性一直是被排斥在外的，其原因如法国历史学家古朗士所指出的，将来接替父亲祭祀祖先的是儿子。[1]儿子要传递家族的香火，要继承父母的财产，但是也要负担赡养父母的义务。女儿长大后要嫁与别姓，不会继承财产。但与此同时，人们也认为嫁出去的女儿没有赡养出生家庭父母的责任，只有逢年过节看望父母的义务。当我们把女儿受赠的嫁妆和儿子继承的财产相比较时，就会发现，这个比较结果和女儿看望父母的义务与儿子承担的赡养责任相比较所得到的结果是完全相适应的。但问题在于，在现实生活中，女儿在出嫁后，仍然承担了赡养父母的义务，前面的调查数据也与此观点相契合，那么，在这种情况下，如何充分贯彻权利义务相一致原则，如何平等保护继承人（男性继承人、女性继承人）的利益，成为摆在我们面前需要解决的问题。笔者认为，中国特色归扣制度的建立，将起到良好的定分止争的作用。

1. 归扣之制度设计

（1）发生归扣的条件。

①须为共同继承人。

②须于生前受有特别赠与。

③须无扣除之免除情形。

（2）归扣的主体。

为现行《民法通则》规定的享有法定继承权的继承人。

（3）归扣的客体。

包括工资、薪金、股票、利息、股息、个体经营户的生产经营所得、

[1] [法]古朗士：《希腊罗马古代社会研究》，李玄伯译，上海文艺出版社1990年版，第34~35页。

劳务报酬、稿费、保险费、因侵权造成伤害的损赔费、财产租赁所得、财产转让所得等。[1]

下列开支可列入无须归扣的财产：低经济价值的赠与；为扶养未成年子女及配偶、父母或其他继承人所作的开支；为负担家庭生活所作的开支；为子女结婚及安家立业所做的一般性开支或礼品；为子女接受义务教育所做的开支。

除有害于其他继承人之特留份外超过应继份之部分，继承人无须归还。[2]

（4）归扣的方法与赠与之价值算定。

我国宜采充当计算主义，赠与之价值以赠与时价值计算。

（5）法律责任。

继承人如不提交死者生前的赠与财产，可视下列情况处理：

①如相应遗产分割时，无其份额或份额不足则依法责令受赠与人执行返还或提交返还多余财产部分。

②对于继承人对被继承人及其他继承人的人身、财产和名誉恶意犯罪而被判刑超6个月以上的，因虚假的、篡改的遗嘱而判有罪的及其配偶履行扶养义务的，应剥夺其继承权，有扣还义务的并责令其执行返还义务。

2. 归扣制度设计之依据

（1）关于归扣的适用范围。

从归扣制度渊源来看，其主要运用于数个继承人共同继承。然而，所谓的共同继承不仅包括数个法定继承人的共同继承，而且也包括数个遗嘱继承人的共同继承，还包括数个法定继承人与数个遗嘱继承人的共同继承。

---

〔1〕 归扣制度有其特定的调整范围，有些情况看似应适用归扣，但事实上不属于归扣的范围，对于此种情况应加以排除，以免引起混淆：其一，被继承人对其生前之赠与有反对归扣的意思表示；其二，被继承人生前所做出的给付是对待给付；其三，赠与非以向继承人本人的名义做出，例如向继承人的配偶、子女或其他人做出。

〔2〕 我国台湾地区“民法”无此明文限制，学说意见并不统一，肯定说参见史尚宽：《继承法论》，中国政法大学出版社2000年版，第233页，否定说参见陈棋炎、郭振恭、黄宗乐：《民法继承新论》，三民书局2000年版，第183页。

对于第一种情形，学者们并无疑义（详见本书第一部分之相关阐释）。而对于后两种情形，目前学界论及甚少，故有必要做一梳理。

数个遗嘱继承人共同继承的情形虽不常见，但也不能忽视对其的研究。我们知道，遗嘱继承人既有属于同一继承顺序的，也有属于不同顺序的。前者实质上为法定继承人中的共同继承，易于理解。那么，不同法定继承顺序的法定继承人在依被继承人意思而形成共同继承时，对于法定继承人在被继承人生前基于赠与而取得的财产，有无归扣的必要？在此情形下，不必进行归扣。其原因在于，法律对不同继承顺序的规定是基于血缘关系的亲疏远近而确定的，血缘关系较近的，其继承顺位则愈前，反之，则愈后。更为重要的是，不同继承顺序的法定继承人的权利义务亦不相同。顺位靠前的，与被继承人的权利义务联系密切，这就注定了被继承人生前对其的关心与照顾往往多于顺位靠后的继承人，此时，对他们的生前特殊赠与也就顺理成章，不足为怪。所以，若依被继承人的遗嘱，不同顺序的法定继承人共同继承时，对先顺序的法定继承人基于特殊赠与而取得的财产进行归扣，虽基于公平但势必会违背被继承人的生前意愿。

所谓法定继承人与遗嘱继承人的共同继承，实际上，也就是不同法定继承顺序之间的共同继承。这是因为遗嘱继承人是在法定继承人中由被继承人用遗嘱的方式加以指定而形成的。当然，法定继承人在应召继承人序列中时，同一顺序的应召法定继承人中不存在用遗嘱的指定，但存在对遗产份额指定的情形。依前述同样的理由，后顺序的法定继承人无论在实行亲等制或亲系制的立法体例中，都与被继承人的联系均较为疏远，故被继承人对先顺序的法定继承人予以特别赠与的财产若让后顺序的法定继承人（即遗嘱继承人）参与继承时进行归扣，无疑会有失公平，所以，此情形也不宜进行归扣。另一种情形，若被继承人生前已给予遗嘱继承人特别赠与，在与法定继承人共同继承时，是否也应当归扣？笔者认为，此种情形应当归扣。这是因为，依遗嘱继承人与被继承人的血缘关系而言，遗嘱继承人往往与被继承人的血缘关系较远，也意味着，他们之间的权利义务联系亦不密切。在遗嘱继承人事先通过特别赠与取得被继承人的财产的情形下，又以遗嘱方式让其通过规定的顺序分割遗产，无疑会使其获得双重利益，从而也就造成了法定继承人与遗嘱继承人之间的实质不公平，所以，为了矫正此现象，唯一办法就是对遗嘱继承人已取得的财产进行归扣。与之相同的立法，最典型的莫过于《德国民法》第2052条规定，被继承人已指定直系卑亲属作为继承人继承其作为法定继承人将获得的财产的，或被继承人已以其相互间处于法定应继份相同的关系的方式指定其应继份的，如无其他规定，应认为直系卑亲属应依法负补偿的义务，除非被继承人生前有反对归扣的意思表示。〔1〕

（2）关于归扣的主体。

归扣之义务人为受有此特种赠与之继承人，考虑到法律体系的完整与协调性，应为现行《民法通则》规定的享有法定继承权的继承人，包括配偶、父母、子女、兄弟姐妹、祖父母和外祖父母等。

（3）关于归扣的客体。

①归扣客体的类型。

通常，归扣的标的物可以分为两类：一类限于特殊赠与，即仅对于法律所明确列举的赠与实行归扣，如德国；二是包括遗产或赠与，如日本。我国法律确认归扣的标的物应限于生前特种赠与，不应包括遗赠。因为，在我国现行继承制度中，遗赠是指以遗嘱的形式将个人财产赠给国家、集体或法定继承人以外的人。而归扣制度只适用于共同继承之中，只能从受有财产的共同继承人处归扣，对共同继承人之外的人不能实行归扣，因此，作为法定继承人之外的遗赠受与人所得之遗赠的财产，不作为归扣标的物。

②归扣客体的范围。

正确确定归扣客体范围，首先必须坚持被继承人生前意愿优先的原则。按照这一原则，不仅被继承人生前可以明确表示免除归扣的范围，而且不应该扩大归扣的范围，以免严重限制被继承人生前处分财产的自由。其次

〔1〕 郭丹、王肃元：《归扣制度若干问题探析》，载《哈尔滨工业大学学报（社会科学版）》2004年第2期。

按照传统习惯及现实国情确定归扣客体范围。这一范围应该包括被继承人因继承人婚嫁、分家、营业[1]时给予的特殊赠与以及超出正常限度的教育、培训开支。其中特殊赠与是归扣的客体较容易理解，需要讨论的是超出正常限度的教育培训开支，我国宪法赋予了公民义务教育权，因而被继承人对继承人的义务教育年限内的开支不仅不能视为遗产预支，还应该是父母的法定义务。然而为公平起见，超出法定义务的限度，特别是因出国、加入贵族学校等而产生的过多的额外教育、培训开支都应该列为归扣的客体。

考虑到社会习俗、死者的经济与社会状况、赠与财产的用途等多方面的因素，低经济价值的赠与，为扶养未成年子女及配偶、父母或其他继承人所支出的开支，以及为负担家庭生活所支出的开支，为子女结婚及安家立业所支出的一般性开支，为子女接受义务教育所支出的开支等可列入无需归扣的财产。

（4）关于归扣的方法与赠与之价值算定。

归扣的实行，有两种主义，即原物返还主义与充当计算主义。前者易生返还困难，且易危害财产使用的现有正常秩序。相较而言，以充当计算主义较为科学。对于赠与之价值算定有三种：赠与时、继承开始时与遗产分割时。按照史尚宽先生的观点，如采原物返还主义，则以继承开始时为准较好，如采充当计算主义，则以赠与时为准较好。对此，笔者持赞同观点。

（五）我国婚约制度之构建

我国之所以未设立婚约制度，主要理由有三：其一，婚约是“包办、买卖婚姻”的产物，如果建立婚约制度，将导致旧的婚嫁观念的死灰复燃；其二，婚约违背了意思自治的民法原则和婚姻自由的婚姻法基本原则；其三，婚约大多源自民间习惯，我国不同地区、不同民族、不同宗教信仰对婚约之习俗均极不统一，难以通过国家法加以统一规范。

然而，事实胜于雄辩，婚约虽产生于古代，但经近现代各国婚姻立法

〔1〕 参见台湾地区“民法典”第1173条。

的完善，现代意义上的婚约制度较之古代婚约已有了本质的不同。[1]从本质而言，现代婚约制度其实已注入了婚姻自由的理念。同时，飞速发展的民商事民间习惯法研究亦表明，民事习惯绝非仅用“封建思想”“封建制度”即可概括总结的。此外，法律对婚约制度作出的是原则性规定，同时确立使用婚约制度的基本原则，不会因各地在此问题上的差异而导致司法的迷惘。因此，上述理由以今日之背景均难以成立。

1. 我国构建婚约制度之可行性分析

（1）婚约习惯为婚约立法准备了良好的社会条件。

从西周到清末变法年间，婚约制度既是一种宗法伦理规范，又是国家制定法规范，具有民间习惯和国家制定法的双重身份。民国时期，南京国民政府在民商事习惯调查的基础上，再次将订婚纳入国家法范畴。从某种意义上说，婚约制度一直是我国传统婚嫁制度和婚嫁文化的重要组成部分，具有浓郁的中国农耕文化的印记，有广泛的社会基础。直至今天，婚约仍被大多数的国人遵循，婚约观念也深入人心。现实生活中男女双方相识、恋爱、订婚、结婚可称得上是婚姻四部曲。一旦时机成熟，订立婚约，双方便会产生合理信赖，此时双方已进入一个具体的生活关系，当事人为将来结婚而准备，如购买住房、购置家具、迁居、调动工作、放弃职位、预定婚宴、送发请帖等。为保护此种信赖[2]，一些国家和地区明确规定了婚约制度，所以，法律规定婚约，并不会对人们处理婚约问题造成不适应，相反有了法律的规定，人们的订婚活动会更加规范、合理，尤其有利于解决不遵守婚约产生的相关问题。

（2）“意思自治”的贯彻为婚约制度的设计扫清了立法障碍。

“意思自治”在婚约中，主要表现为以下三点：

---

〔1〕 古代婚约的成立与当事人之间的感情并无必然联系，多数情况下是出于维护家族利益，且订婚权在尊长而不在当事人，婚约当事人双方往往处于被动接受的地位。现代婚约充分贯彻当事人的意思自由，无论是在婚约的选择、缔结和效力方面，都以当事人意思自由为理念。

〔2〕 谭兵主编：《民事诉讼法学》，法律出版社 1997 年版，第 111 页。

①在整个订婚过程中贯彻了当事人意思自治的原则，当事人双方在平等、自愿的基础上缔结婚约关系，任何一方不得强迫另一方缔结婚约。父母、尊长等的意见仅具有参考意义，当事人婚约的成立基于当事人双方的感情。

②现代各国法律均未赋予婚约强制履行的法律效力，婚约履行完全取决于双方的自愿。婚约成立后，可基于双方感情的发展变化，既可双方合意解除婚约，也可单方解除婚约，一般情况下是不承担法律责任的。

③婚约制度的设计是为那些有订立婚约意愿的人们提供法律规范，同时也为当事人提供权利救济。对于那些不需要订立婚约的人来说，只需依据婚姻法的有关规定缔结婚姻就可以了，不用考虑婚约的问题。

（3）司法实践一定程度上已经承认婚约的效力。[1]

虽然法律没有规定婚约，但是法院却在处理大量的婚约纠纷案件，虽然各个法院对婚约的认识态度不同，处理婚约所依据的规则不同，但是一般来说都能根据案件实际并结合法律精神、相关司法解释，对婚约纠纷案件有一个基本合理的处理。通过大量婚约纠纷案件，可以得出四个基本的结论：其一，法院基本上都受理婚约纠纷案件；其二，法院一般都会依据诉讼程序进行审理，做出判决；其三，判决所依据的基本上都是民法规则、婚姻法上的禁止借婚姻索取财物原则，以及婚姻法司法解释关于彩礼返还的规定；其四，法院大都支持了返还彩礼的诉讼请求。这些结论说明了：其一，婚约纠纷特别是彩礼纠纷是民事诉讼的一个重要领域，法院也予以受理；其二，法院受理婚约纠纷案件后虽然没有直接的法律依据，但是亦能根据相关规则及时地解决婚约纠纷；其三，法院在司法实践中一定程度上承认了婚约的效力，尽管所依据的只是法律精神、司法解释，甚至是民事习惯。

虽然我国不存在“法官造法”的说法，但是法院或者法官在司法实践中的主观能动性对于法治建设依然十分重要。法院在没有法律规则指导的

---

〔1〕 袁志丽：《对构建我国婚约制度可行性的思考》，载《西部法学评论》2009 第 3 期。

情况下，运用审判规则，结合社会习惯，对案件进行审理，不仅维护了司法的裁判价值，而且评价了婚约的法律价值，以司法形式对婚约关系进行了调整。既然司法实践中处理婚约纠纷的法院一定程度上是承认婚约效力的，那么说明婚约制度的构建不会造成司法的被动，相反能规范司法，有利于婚约纠纷解决。

2. 我国婚约制度之立法建议稿及其理由分析

婚约制度作为民间婚姻习惯之重要组成部分，在我国广大地区尤其是农村地区，在一定程度上具有类似国家制定法之效力。此外，随着我国改革开放的步伐不断加大，国民与外界的交流日趋增多，大量的跨国婚约、跨地区婚约也因此出现。由于我国台湾“民法”、澳门民法均有婚约制度的规定，西方国家也多规范婚约及其救济方式，亲属法增加婚约制度不仅可避免婚约纠纷的“无法可依”状况继续上演，而且可一定程度避免在跨国婚约或跨地区婚约纠纷中我国公民可能面临的保护不利之尴尬。回避婚约问题，将婚约问题一概以道德问题论述，无助于解决司法实践中的相关问题，故有必要对之加以规制。

（1）立法建议稿。

通过对我国婚约制度争议问题分析、总结，笔者提出对我国婚约制度的立法建议。

第一条【婚约的概念】

婚约，是男女双方以将来结婚为目的而进行的约定。

第二条【婚约成立的条件】

订立婚约的双方男不得早于 20 周岁，女不得早于 18 周岁。一方或双方不具有完全行为能力的，其所订立的婚约无效。

婚约需经双方当事人意思表示一致而订立。

婚约订立的形式可由当事人自由约定，也可以依据习惯、风俗。

第三条【婚约的效力】

生效婚约，任何一方当事人不得向法院提起履行婚约的诉讼。

婚约当事人应诚实信用、彼此恪守忠实义务，并为实现结婚而积极履行其他相关义务。

除婚约当事人之外的第三人不得以任何方式破坏、阻挠婚约的订立和履行。

第四条【婚约的无效和可撤销】

不得以婚约形式规避婚姻法关于禁止结婚的规定，不得违反法律强制性规定及善良风俗，否则婚约无效。

一方以欺诈、胁迫、乘人之危使对方在违背自己真实意愿的情况下所订立的婚约为可撤销婚约。

第五条【无效婚约、可撤销婚约的财产返还】

无效婚约中，受赠一方应返还赠与财产，无法返还的应予以补偿。

可撤销婚约中，受赠一方对所受赠与财产不予返还。

第六条【婚约的解除】

婚约订立后，出现下列情形之一，婚约自动解除：

（一）一方下落不明满一年；

（二）一方被宣告失踪；

（三）一方死亡或被宣告死亡；

（四）一方丧失民事行为能力；

（五）再与他人订立婚约；

（六）订婚后四年内没有就登记结婚达成合意的。

在出现下列情形之一时，婚约当事人可主张解除婚约：

（一）一方患有法定不宜结婚之疾病；

（二）一方受刑事徒刑刑罚；

（三）一方患有重大疾病或残疾；

（四）严重伤害对方或对方近亲属者；

（五）有其他事由出现。

婚约的解除不得附条件，不得附期限。

第七条【解除婚约的法律后果】

符合前条第一款第一至第四项以及第六项自动解除婚约的，基于订立婚约而给付之彩礼，应彼此返还。无法原物返还的，应基于公平原则，在不违背善良风俗情形下，酌情适当补偿。

符合前条第一款第五项情形，第二款第二、四项情形而解除婚约的，无过错方按本条第一款返还财产。有过错一方应返还全部基于订立婚约而受赠之财产，无法原物返还的，应予以赔偿，并应向无过错方负精神损害赔偿责任。[1]

当事人主张解除婚约的，符合前条第二款第一、第三、第五项情形时，依本条第一款处理。

第八条【婚约费用承担】

因订立婚约而产生之必要支出，双方有约定的，依约定。双方无约定或约定不明的，由双方按照婚约订立地之习俗处理，依然不能够达成一致意见的，由双方平均承担。

因出现第六条第一款第五项及第二款第二、四项而解除婚约的，订婚费用由过错方独自承担。

第九条【其他财产的返还】

订婚期间，除彩礼外非以明示表示的方式而赠与对方的财产，视为附结婚条件的赠与，双方当事人未结婚的，赠与人可主张返还，但原物因正常使用而产生磨损、消耗的，对磨损、消耗的部分或价值，受赠与人可不予补偿，受赠与人故意损坏赠与物的，应予以赔偿。受赠方于解除婚约前已转让财产的，适用《中华人民共和国民法通则》《中华人民共和国物权法》以及相关部门法的规定。

---

〔1〕 婚约的解除是否要进行精神损害赔偿呢？对此，各国和地区的理论与立法多予以肯定，但其具体操作及依据又略有不同。如《瑞士民法典》第 93 条第 1 款即赋予受损害一方获得抚慰金的权利。台湾地区“民法”第 977 条规定：无过失之一方，对有过失之他方，虽非财产上之损害，亦得请求相当之金额即指精神抚慰金。就我国而言，因受传统观念影响至深，婚约的解除往往对他方精神伤害更为严重，因而精神损害赔偿更应当受到关注。问题是，有没有法律依据？通观我国关于精神损害赔偿的现行法律规范，仅规定了人格权损害及具有人格象征意义的特定纪念物品损害可提起精神损害赔偿。显然，因婚约解除而提起精神损害赔偿诉讼，只能以人格权损害为其诉由。

（2）立法建议稿之理由分析。

因婚约以民间习惯为主，婚约制度立法应更重视民间习惯，故建议中采用了较多的“尊重”“依照”习惯等用语。为防止民间陋习对婚约制度产生不利影响，条文表述中采用了较多的公平、公序良俗等用语。婚约制度虽应纳入国家制定法调整范畴，但此种立法目的在于解决司法实践中出现之大量问题，而绝非鼓励婚约制度出现，反而应通过体系的构建，在法律框架内尽可能限制当事人订立婚约，因此对于婚约期限、解除婚约的赔偿问题等，对当事人做出了一定的限制及课以责任，以期达到当事人审慎订立婚约之目的。

①婚约的概念。

婚约概念的界定，来源于史尚宽先生的认识，“婚约，谓一男一女约定将来应缔结婚姻之契约”。[1]较之其他界定，史先生的定义更符合“种概念+属差”的定义规则，因而更加可取。

对婚约应从以下四个方面把握其意义：其一，婚约应由男女当事人自行订定；其二，婚约须以将来正式结婚为目的[2]；其三，婚约仅为婚姻的准备，而不是结婚的必经程序；其四，婚约为不要式契约。[3]但依习惯，婚约的成立须依一定的方法为公众所知悉。

②婚约成立的条件。

关于订婚主体自身资格，现有理论无大争议，即其自身应具有民事行为能力。与一般民事法律行为不同，婚约关系到当事人的重大身份利益，当事人的个人意志自由应受到特别尊重，为防止父母等第三人借代理之名行包办、强迫婚姻之实，干涉他人婚姻自由，法律宜要求婚约是由当事人自行订立。此外，与结婚年龄的设置相适应，要求婚约的订立，男方不得

---

〔1〕史尚宽:《亲属法论》，中国政法大学出版社2000年版，第111页。

〔2〕如当事人仅为同居或永久共同生活为目的而缺少依法结婚的意思，不得称之为婚约。这是由婚约本身的目的性所决定的。

〔3〕订立婚约无须采用法定形式。口头允诺，书面协议，交换订婚戒指均可视为婚约成立的形式。

早于 20 周岁，女方不得早于 18 周岁。至于无订婚真实意思表示，而仅为欺诈钱财等而订立之婚约，无论订婚主体是否适格，婚约均自始无效。理由在于婚约必须以预定结婚关系为目的，结婚的意思必须真实。

关于婚约的形式要件，赋予当事人以自由选择权。

③婚约的效力。

婚约的效力，又称为婚约的法律效力，是指法律所赋予依法成立的婚约具有拘束男女双方当事人乃至当事人之外的第三人的强制力。

由于婚约具有预约合同的性质，婚约的订定意味着当事人之间产生合理信赖，即正常情况下婚姻可以缔结。为保护此种信赖利益，依诚实信用原则，法律应使婚约当事人负有继续谈判、磋商的作为义务，即双方当事人负有在约定或合理的期间内继续恋爱，尽最大努力以便最终缔结婚姻的诚实信用义务，恪守忠实义务自无须怠言。

除婚约当事人之外的第三人对当事人婚约应予以尊重，一方面，是对于当事人订立婚约行为的尊重，不得强迫当事人订立婚约或者不订立婚约，尊重当事人选择订约对象的自由，以及自主处理婚约事宜的权利。另一方面，对于已经有效成立的婚约，除婚约当事人之外的第三人都应当予以尊重，不得以任何方式破坏、阻挠。

④婚约的无效和可撤销。

婚约的无效，是指因为违背法律的禁止性规定，婚约不产生法律效力。《婚姻法》规定直系血亲以及三代以内旁系血亲禁止结婚，婚约是以将来结婚为目的的预先约定，因此婚约的成立不得违背法律关于禁止结婚的规定，否则无效。

婚约的撤销，是指当事人双方或一方行使撤销权，使婚约不发生法律效力。婚约是当事人双方真实意思的体现，一方以欺诈、胁迫、乘人之危使对方在违背自己真实意愿的情况下所订立的婚约为可撤销婚约。此规定，与民法和婚姻法的基本理念一致。

⑤无效婚约、可撤销婚约的财产返还。

权利和义务是相对应的，责任和过错是联系在一起的。无效婚约中，订立婚约的主体一般为婚约当事人的近亲属，且很可能是按照当地固有风俗习惯订立婚约，很难严格说哪方有过错或定义为双方均有过错。因此，如果给付彩礼的，“能返则返，不能返的，尽量补补”。可撤销婚姻中，由过错方承担不利的法律后果。

⑥婚约的解除。

婚约当事人虽负有继续恋爱的作为义务，但为保障婚姻自由，法律允许当事人自由解约。婚约解除应区分法定解除和当事人自主选择解除。法定解除规定之事由属客观上已无法继续履行婚约；自由解除则贯彻了当事人意思自治的私法原则。

第一款第（六）项的原因在于，男女双方订立婚约的实际最低年龄为男 20 岁，女 18 岁，而我国《婚姻法》规定男女最低结婚年龄分别为 22 岁、20 岁，故 2 年的时间双方仍无法就结婚相关事宜达成一致，解除婚约也应在情理之中。

⑦婚约财产返还（第六条至第十条）。

婚约的解除产生如下法律后果：

其一，彩礼的返还。传统的礼仪婚是聘娶婚，以男方父母交付女方父母一定数量的聘礼、聘金为成婚的必要条件。“聘则为妻”“无币不相见”成为不可动摇的婚姻原则。尽管中国婚姻的“六礼”在历史上曾有过变化，但“纳征”这一环节是没有去掉的，而且越来越得到强化。此礼一成，男女双方都不能轻易悔婚，否则不仅舆论不容，而且要受到法律处分。“诸许嫁女，已报婚书及有私约……而辄悔者，杖六十“虽无许婚之书，但受聘财亦是”。无论有无婚书或私约，只要受了聘财，婚姻关系就受到法律保护，聘礼是婚姻的核心和重要条件。

婚约双方的赠与物，在解除婚约时可请求返还。婚约期间的财物赠与并非单纯以移转财物所有权为目的，实际上是附解除条件的赠与，如果婚约因解除、无效、撤销而婚姻无法成立时，解除条件成就，赠与物依一般不当得利之法理请求返还。因婚约一方死亡而解除的，不得要求返回赠与物。

只要以将来结婚为目的而赠送的物品，不问赠送礼物的种类如何，均应予以返还。如果该物已不存在，应折价返还。

其二，解约时的损害赔偿。损害赔偿包括财产损害赔偿和精神损害赔偿。婚约解除后，财产损害赔偿可以使双方的财产关系尽可能恢复到婚约成立前的状态，以体现法律的公平。对因婚约解除受到的名誉损害而主张的精神损害赔偿应视是否受到重大的损害，造成特别严重的后果而决定支持与否。对于借婚约之名骗财、骗色的，当事人因为婚约解除所造成的精神损害，可以主张精神损害赔偿。对以在婚约存续期间因发生性关系，贞操权受到侵害为由主张精神损害赔偿的，应区别对待：（1）双方自愿发生性关系且无其他损害后果的，无论是合意解除婚约还是一方擅自解除婚约，均不予赔偿；（2）虽然双方自愿发生性关系，但女方因怀孕做人流手术造成身体损害或者因多次做人流手术造成习惯性流产甚至失去生育能力的，可以主张精神损害赔偿。[1]

⑧婚约费用的承担。

婚约解除后的财产返还问题之所以不同于一般的附条件赠与，就在于此种财产赠与是依附婚约关系而产生的，是双方当事人的基于人格关系的准共有人格利益。

实务中基于婚约问题产生的财产纠纷大多因“合法不合情”或“合法不合俗”而产生。因此关于婚约财产返还制度的设计必须尊重当地习惯及宗教风俗，故而设计了第八条第四款。第八条第一、二款主要基于公平正义原则并考虑婚约当事人感受。因法定事由而解除婚约以及因当事人客观上履行困难而解除婚约（即第八条第二款之情形）的，当事人之间感情并不一定产生问题，只是因为客观上的原因而无法最终结婚，而且客观不能履行或履行困难一方本已遭受打击，不宜采用严格的财产返还制度，况且，此类婚约财产问题一般亦不会产生较为严重之财产纠纷，故设计理念为“能

---

〔1〕 熊进光：《论解除婚约的民事责任——从我国首例因征婚引出巨额财产纠纷案说起》，载《河北法学》2004年第9期。

返则返，不能返的，补补就好”，并采用了“酌情适当”用语。

⑨其他财产的返还。

主要针对二人确立恋爱关系或婚约关系，双方亲属为表示祝贺等而向当事人赠与财产，而一旦当事人此种关系解除，赠与人往往期盼返还赠与物。此类赠与既不同于一般赠与——赠与行为本身的确基于受赠人极有可能与赠与人在未来存在亲属关系，又不同于合同法规定之附条件赠与——以订立身份关系为条件不应在合同法调整范围内，所以，本条文的设计着重考虑保护赠与人与受赠人之间的感情不受大的伤害。金钱赠与不予以返还主要基于赠与行为本身的法律含义及我国多数地区的习惯，如结婚时他人赠送之礼金，不因二人以后离婚而返还。至于非金钱的赠与，有可能是对家族有一定意义或对赠与人有一定意义，因此，能返还的予以返还，此种返还一般亦不会伤害到受赠人的感情，正常磨损、消耗的，受赠与人自愿补偿的“可补偿”。因受赠人知道赠与人主张返还后，“气急败坏”地损坏赠与物，属受赠与人恶意损坏即将不属于自己之财产——他人财产，故“应予以赔偿”。

（六）完善法定继承制度

1. 关于继承权的男女平等

在我国，尤其是偏远地区，继承权事实上的不平等甚至女子在事实上根本就不参加继承是一个普遍存在的客观现象。很显然，这与“继承权男女平等”的法治理念是相悖的。然而，这并没有引起人们的普遍不满。因为继承法是最具民族特色的部门法之一，与一个国家的婚姻家庭制度和民族传统习惯有着密切的联系。继承法必须和婚姻家庭制度和谐一致。女子不分或少分遗产，在很大程度上反映了男子与女子在家庭中的权利与义务的不同分配状况，也在一定程度上反映了社会经济生活的现状。我们对于类似不违反社会公共利益的继承习惯必须充分考虑。

笔者认为，如有惯例的存在，应在一定程度上默许女子少分或不分遗产。也就是说，女子在明知惯例与自己的继承权发生冲突而不主张权利时，国家公权力则不必强行介入而宣告该行为无效。反之，则必须按照国家制定法的规定同时酌情考虑习惯做法作出处理。当然，一定程度的默许并不等于迁就，我们应该积极宣传，提高人们的法制观念，以先进的立法引导群众逐步改变落后习惯。

2. 关于法定继承人的范围

笔者建议将侄子女、外甥子女规定为法定继承人。原因主要有三：其一，照顾民间有侄子继承的习惯；其二，防止财产的外流；其三，在我国，由于社会供养机制尚未完全建立，现实生活中无子女的姑、伯、叔、舅、姨，往往是由其侄子女、外甥子女给予精神上的慰籍，经济上的供给，生活上的帮助。因此，赋予其继承权，符合权利、义务相一致原则。

3. 关于法定继承顺序

笔者认为，我国现行继承法中关于法定继承顺序的规定没有充分考虑群众的继承习惯，是不尽合理的。具体分析如下：

（1）关于子女及其直系卑血亲的继承顺序。根据张玉敏教授在 20 世纪 90 年代对我国民间继承习惯所做的调查，我国继承法实施十几年后，许多地区人们的继承习惯仍然是子女优先于父母继承，在死者有后人时，父母一般不参与继承遗产，即是说，在继承时父母和子女事实上有一个顺序上的差别。按我国民间的习惯，父母只能在死者没有直系卑血亲的时候方能继承。因此，笔者认为，将子女及其直系卑血亲作为第一顺序法定继承人，既符合我国人民的继承习惯，也符合世界上大多数国家的立法例。

（2）关于父母的继承顺序。笔者认为，应将父母作为第二顺序继承人。因为，父母和子女一样都是被继承人最近的直系血亲，父母与祖父母、外祖父母、兄弟姐妹相比，被继承人与前者的关系比后者更为密切，在没有直系卑血亲时，大多数人是希望遗产由父母继承的。

（3）关于兄弟姐妹及其子女、祖父母、外祖父母的继承顺序。笔者认为，应分别将兄弟姐妹及其子女作为第三顺序继承人，祖父母、外祖父母作为第四顺序继承人。祖父母、外祖父母和兄弟姐妹都是二亲等血亲，为什么不把祖父母、外祖父母和兄弟姐妹同列为第三顺序继承人呢？其原因与把父母列为第二顺序的原因是相同的，即避免遗产向更远的旁系血亲扩散，符合我国人民的继承习惯。

（4）关于丧偶儿媳和女婿只要符合对公婆或岳父母尽了主要赡养义务，不论其是否再婚，均得为第一顺序法定继承人，且这不影响其子女的代位继承权。这一规定的立法目的是为了鼓励儿媳和女婿赡养老人，保证失去子女的老人晚年生活有依靠。但是若死者的父母、子女均已死亡或丧失继承权，且子女亦无直系卑血亲代位继承，丧偶儿媳和女婿则可能因其尽了主要赡养义务，独享所有遗产，将第二、三顺序的法定继承人排除在外。若其再婚，这无疑造成了死者的遗产落入外人手中，不符合由氏族社会发展至今的传统习惯，即财产尽可能留在本家族内的原则，也不符合世界各国均不承认姻亲有继承权的习惯。因此，笔者认为，丧偶儿媳和女婿尽了对公婆和岳父母的主要赡养义务，可适用适当分给遗产制度来实现其权利义务的一致。故建议删除1985年《继承法》第12条之规定。

4. 关于配偶应继份上的先取权和使用权

从我国民间的习惯来看，配偶一方死亡后，对于住房和家具等基本生活资料，一般不予以分割，而是由生存一方继续居住和使用。

但我国现行法律对于生存配偶的这项基本权利却未加以确认，而只规定："遗产分割的时间、办法和份额，由继承人协商确定。"假若其他继承人坚持分割，必将危及生存配偶的正常生活。特别是在再婚家庭中，这个问题显得尤为突出。

因此，如果被继承人死亡后有第一顺序继承人时，被继承人的父母、祖父母、外祖父母等均不能参加继承。为了保障依靠被继承人扶养的法定继承人（往往是被继承人的父母、祖父母、外祖父母等老年人）的生活不受影响，有必要赋予其一定的遗产（主要是供日常生活使用的物品和住房）使用权。由于使用权是他物权，依靠被继承人扶养的法定继承人在生存期间对其生前使用的部分遗产享有使用权，当其死亡后则该使用权归于消灭，不会影响被继承人的直系卑血亲继承遗产而取得所有权，故不会导致死者的遗产流向家庭外部。

（七）确立遗产破产制度

我国几千年的封建历史，具有长期的身份继承和父债子还的传统。近代清末修律，清政府于1906年颁布了中国历史上第一部有关破产的法律《破产律》，但仅仅颁布两年就因多遭非议而被明令废止。1910年颁布《大清现行刑律》，仍带有传统“诸法合体”的色彩，其有关继承的规定大体沿袭古制，少有变革。曾仿德日民法拟成《大清民律草案》，但这部法律并未颁布。中华民国国民政府于1930年颁布《民法继承编》，实行概括继承原则下的选择限定继承制度。1935年，颁布了《破产法》，该法采纳一般破产主义，适用于商人和非商人，同时规定遗产具有破产能力，从制度上废除了身份继承和父债子还的传统。中华人民共和国成立后，当即废除了民国时期颁布的所有法律。长期的计划经济和公有制制度使个人财产很少，也鲜有个人经济交往。直到改革开放后的1985年我国《继承法》颁布，确立了无条件限定继承制度，再次从制度上废除父债子还的习惯。但习惯总是根深蒂固的，法的宣示、指引作用呈现出一个过程性的变化，加上我国继承制度的不完善，以致我国现今在关于自然人死后的债务偿还的社会观念上表现出父债子还、人死债没、限定继承的多种观念并存的多元化形态。基于我国当时的社会情况，虽颁布了强调养老育幼社会功能和保护继承人继承权的继承法，却缺乏对遗产债权的保护。随着社会和经济的发展，现行继承法的社会功能和继承人的利益与遗产债权保护的矛盾越来越突出，为求得两者的平衡，本人认为，应该引入遗产破产制度，并结合我国现实的社会现状和习惯，设立适合我国国情的遗产破产制度。

1. 遗产破产制度之理论考量

（1）破产能力之发端。

在远古，债权人自力救济盛行，而且一般采取以人身执行为主的方式。罗马建国440年以后，财产执行制度逐渐建立并获得发展。财产执行之方法采取委付财产的方式，法官可依债权人之请求，发给管财命令，允许债权人占有债务人之全部财产。管财命令应当公布，其他债权人可参加管理债务人的财产，并获得分配。[1]此种制度即为后世破产制度之起源。此处管财命令即相当于近日破产宣告，债务人已经获取类似破产能力之资格。

英国在制定成文的破产法以前，法律任凭债权人扣押债务人的财产甚至拘禁债务人。1542年亨利八世颁布《破产条例》，该法规定，凡不能清偿债务而有欺诈行为者，无论是否是商人，皆适用该法。自此，英国采用商人破产主义。随着时代演进，1914年的《破产法》适用于自然人破产，而法人破产则适用《公司法》规定。1986年英国颁布《无力偿债法》，将《破产法》的自然人破产与1985年《公司法》中的法人破产合为一体。[2]英国对自然人破产能力问题经历了由一般破产主义到商人破产主义再到一般破产主义的转变。美国1800年第一部《联邦破产法》仅适用于商人，1841年第二部《联邦破产法》则建立了非商人的破产程序并采用保护债务人的政策，以后亦同。1807年《法国商法典》为商人破产主义代表。商人破产主义认为依商法规定而为商行为的自然人才有破产能力，其他的自然人不具备此种能力。商人破产主义立法多将破产纳入商法典，以今天的意大利、比利时为典型。商人破产主义立法例在20世纪后发生很大变化，破产法适用开始向非商人拓展。但是，对于自然人的适用仍然非常严格，非商人的法人实体或许可以适用破产法，而非商人的自然人却仍被排除在适用破产法之外。[3]值得注意的是，法国1967年修订《破产法》，制定了个人破产程序，从而改商人破产主义为一般破产主义，将破产制度适用于一般自然人。

在制定有个人破产制度的成文法国家中，遗产破产是个人破产的重要组成部分。如《法国司法重整与司法清算法》第16条规定，商人、手工业者或者农业生产者在停止支付状态下去世的，在其死亡之日起1年内，法庭应继承人的申报或者债权人的申请立案受理遗产破产。法庭也可以在相同期限内依职权或者检察官的申请，在听取已知的继承人意见后或者依法

---

〔1〕 刘冰、韩光印：《论破产清算组的法律地位》，载《法学评论》1995年第3期。

〔2〕 王卫国：《破产法精义》，法律出版社2007年版，第30～31页。

〔3〕 邹海林：《破产程序和破产法实体制度比较研究》，法律出版社1995年版，第47页。

进行传唤后立案受理遗产破产。日本《破产法》第129条规定，不能以继承财产清偿被继承人的债权人及受遗赠人的债务时，法院因申请可以裁定宣告破产。对继承财产有破产申请权的人包括：债权人、继承人、遗产管理人以及遗嘱执行人。英国《破产法》第130条规定，死亡债务人的任何债权人，于债务人生前足以对其提出破产申请的，得依破产法的规定申请破产法院对遗产适用破产程序。[1]在德国民法典及其破产法的规定中，设有“暂定遗产管理人”，这是在继承事件未确定时，法院应继承人申请所指定的遗产管理人，以便同确定继承时指定的遗产管理人相区别，这种暂定遗产管理人即有破产申请权。[2]

（2）遗产破产之界定。

所谓遗产破产，是指被继承人死亡后，若其遗产不足以清偿所欠债务，并且也无继承人继承遗产，或者虽有继承人，但继承人仅为限定继承或全体抛弃继承，或者未抛弃继承的继承人全体均有破产原因，经债权人、继承人、遗产管理人及对遗产有管理权的遗嘱执行人的申请，由法院针对遗产所宣告的破产。

①遗产破产与自然人破产的比较。

学理上对遗产破产中的破产主体有“被继承人说”“继承人说”“分别说”“遗产本身说”等四种主要观点。[3]“遗产本身说”一般为通说，因为破产宣告的法律后果只及于死者及其生前未获清偿的债权人，在死者不再具有法律关系主体资格的情况下，破产申请人通常被认为拥有相当于代理人或利害关系人的法律地位。另一方面，遗产破产的破产主体即遗产本身仅具有形式上的法律地位，因而同自然人的破产相比在程序设计上呈现出不同特征：

其一，破产原因不同。遗产的破产原因为“债务超过”，即将其财产总

〔1〕付翠英编著：《破产法比较研究》，中国人民公安大学出版社2004年版，第130页。

〔2〕白庆兰、伍容平：《当代继承制度发展趋势初探》，载《湖南省政法管理干部学院学报》2002年第5期。

〔3〕李永军：《破产法律制度》，中国法制出版社2000年版，第33页。

额与债务总额作简单比较，而不是如同自然人那样以“支付不能”为破产原因，后者除资产与负债的比较外，还考虑信誉、技术、能力等软件因素。

其二，申请权人不同。自然人破产的申请权人一般仅包括债务人和债权人两方，而遗产破产的申请权人则以多元化为特征，且债务人因其死亡而不具有破产申请权。

其三，债权人申请破产所受限制不同。自然人的破产程序中，只要债权人的债权不逾诉讼时效则概有破产申请权，而遗产破产中，债权人的破产申请受有一定的期限限制。例如，德国《破产法》第 220 条规定：“继承接受两年后，遗产债权人无权为程序宣告的申请。”

其四，财团债务的法定范围不同。自然人破产中的财团债务一般仅包括破产费用和破产程序中所产生的债务及其他耗费，而遗产破产中的财团债务则要宽泛得多，除前几项费用外，还包括合乎被继承人身份的丧葬费等。

其五，和解能力不同。自然人除破产能力外还有申请和解的能力和资格，但遗产破产则仅具破产能力而无和解能力。例如，日本 1922 年《和议法》第 12 条第 2 项规定：“遗产不得为和议开始之申请。”但是，1935 年德国《和解法》则明文规定遗产有和解能力，其《破产法》第 230 条也有相同规定。德国立法例与和解预防破产，争取复苏的立法目的是否相悖，学界还有不同意见，笔者认为此非设立遗产破产制度的目的，由谁来承担和解整顿的责任也是难题。当然，如果债权人委员会协议联手整顿，也不失为解决问题的方法。

其六，免责与复权不同。自然人破产后之是否免责受制于立法者的政策选择，但遗产破产则除免责外别无选择。复权也是如此。自然人的破产有所谓资格限制、权利限制或人格破产的问题，复权制度因而成为必要，对遗产破产而言则不存在此类问题。[1]这是由债务的相对性决定的。债务人（被继承人）死亡后，其所负债务应由其个人遗产承担，遗产破产也只

〔1〕 汤维建：《破产程序与破产立法研究》，人民法院出版社 2001 年版，第 95 页。

能以其个人财产为限进行分配，继承人本身并不负偿还义务。

②遗产破产与法人破产的比较。

其一，破产原因不同。如上文所述，遗产的破产原因为“债务超过”。对于法人而言，除“债务超过”外，“支付不能”也被认为是破产的原因。

其二，主体身份的取得不同。遗产和法人在破产法上的主体地位都是法律拟制的结果，但是，遗产破产中遗产本身作为破产主体基本上是从民事程序的角度出发来设计的[1]，而法人权利主体身份的获得则是从实体法上拟制的。[2]

其三，和解能力不同。遗产破产无和解能力，自然人及私法人有和解能力，至于公法人，其私益色彩浓厚者，应认为具有和解能力。[3]

其四，整顿制度的适用不同。在预防破产的制度体系中，首先出现的是和解制度，既而在 19 世纪末 20 世纪初又出现一种所谓整顿制度。整顿制度体系的建立和完善已经成为法人破产法发展的普遍趋势，但是，整顿制度却不适用于遗产破产。[4]

把遗产拟制为法律上的人格，承认遗产作为主体，赋予其应有的民事权利能力和民事行为能力，可以通过管理人分割遗产、清理债权债务。不仅能够维护死者的真实意思，同时，还可以更好地保护遗产上所产生的继承人、受遗赠人以及其他债权人的利益。尤其是遗产不能清偿死者生前债务的情况下，把遗产作为主体，立法赋予其破产能力，这对于保护继承人以及债权人的利益就显得尤为重要。

2. 遗产破产制度的设置基础

设立遗产破产制度的必要性主要表现在以下几个方面：

（1）有助于弥补遗产之债保全措施行使的不足。

在被继承人生前行为危害债权人债权时，我们赋予了债权人行使撤销

〔1〕 例如《日本民事诉讼法》第 46 条。

〔2〕 例如我国《民法通则》第 36 条。

〔3〕 陈宗荣：《破产法》，三民书局 1991 年版，第 43 页。

〔4〕 汤维建：《破产程序与破产立法研究》，人民法院出版社 2001 年版，第 95 页。

权来保全自己的债权，但是，基于遗产债权人撤销权行使的局限性，其不足以充分保护债权人的利益：

第一，被继承人对部分到期债权的清偿，其他未得清偿的到期债权人不得主张撤销。因为，清偿届期债务不能作为撤销权行使的对象。

第二，被继承人所为的有偿法律行为如清偿未到期债务等，撤销权的行使必须以债务人即被继承人与受益人均有恶意为条件，若仅有债务人的恶意而受益人为善意时则不得撤销其二者之间的法律关系。

第三，被继承人生前处分其财产的行为，并不总是能为其债权人所知晓，当其债权人不知晓被继承人所为的危及他们债权的行为时，也就无从行使撤销权。

第四，撤销权的行使系为全体债权人的利益，撤销权人有义务将取回的财产或取得的代替原来利益的损害赔偿金加入债务人的一般财产，作为全体一般债权人债权的共同担保，撤销权人对其取回的利益并无就其债权额优先受偿的权利，其债权只能按债权总额中所占的比例清偿。撤销权的这个效力无疑会削弱债权人行使撤销权的积极性。

第五，撤销权的行使必须通过法院按诉讼程序进行，颇为费时费力。

综上分析，我们不难发现，撤销权的行使并不能充分有效地保护遗产债权人的利益。在笔者看来，此时如引入遗产破产的法律制度，以上问题即可迎刃而解。

（2）有助于债务人死亡且无人继承时债权的实现。

由于债务人的死亡，又无继承人或者继承人表示放弃继承时，而使债权人主张权利面临下述两方面的困难：

第一，没有适格的被告。实践中，债务人死亡留有一定遗产，但无人继承时，或虽有继承人，但继承人已明确表示放弃继承的，债权人此时向继承人主张权利则没有法律依据。退一步讲，即使可以向继承人主张，由于遗产不够折抵债务，继承人为了少找麻烦而什么都不管，因此也是形同虚设。如果无继承人，债权人又不能擅自处分遗产。寻求保护，法律又告知其没有被告而不予受理。实际上，债权人往往无处主张其权利。

第二，没有可适用的审理程序。债务人死亡且留有一定的遗产，但是没有人继承或继承人明确表示放弃继承的案件，没有适当的审理程序。其一，不能适用普通的民事案件审理程序。由于债务人死亡，没有继承人或者继承人明确表示放弃继承，因而没有适格的被告，不符合《民事诉讼法》第 119 条的规定[1]，因此，不能按照普通的民事案件审理。其二，不能适用特别程序审理。由于债权人主张的是债权，属于民事权益争议，不属于《民事诉讼法》第 177 条规定的情形[2]，因此，不能适用特别程序审理。其三，不能适用企业法人破产还债程序审理。因为该程序的适用对象只能是企业法人。

面对上述窘境，债权人只有通过法律救济，而目前的法律制度又使得债权人得不到相应的法律救济，故有必要设立遗产破产制度，以有效维护债权人的合法利益。

（3）有助于避免继承人“坐收渔利”。

由于继承人放弃继承往往是因为遗产不足以折抵债务，而法律制度的空白，使得债权人无法实现债权。而继承人虽然明确表示放弃继承，但往往实际上占有遗产，因此，最终还是继承人得到遗产。

设立遗产破产制度的法理学基础主要有：其一，基于平等的观念。平等是一种社会观念，在其作为近代资本主义政治制度的价值目标之前，早已为远古的哲学家所推崇，但无论平等这一制度或思想源自何处，它始终都是社会正义的化身，是法律价值体系中首要的构成要素。在法学范畴内，主体的机会平等是平等最重要的含义，亦即是“每个人都享有作为人被平等对待的权利”。[3]民事主体要平等地被对待，在权利能力上必须平等，只

---

〔1〕《中华人民共和国民事诉讼法》第 119 条规定：“起诉必须符合下列条件：（一）原告是与本案有直接利害关系的公民、法人和其他组织；（二）有明确的被告；（三）有具体的诉讼请求、事实和理由；（四）属于人民法院受理民事诉讼的范围和受诉人民法院管辖。”

〔2〕《中华人民共和国民事诉讼法》第 177 条规定：“人民法院审理选民资格案件、宣告失踪或者宣告死亡案件、认定公民无民事行为能力或者限制民事行为能力案件和认定财产无主案件，适用本章规定，本章没有规定的，适用本法和其他法律的有关规定。”

〔3〕“Taking rights seriously ”,（rerised edition ）by R.Dworkin ，Harvard university press pp.272—273.

有使一切主体平等地拥有享受权利、承担义务的机会，在困境中获得法律同等的救济，方可实现最真正的法律人格的平等。

其二，基于增进社会经济关系稳定性的要求。稳定性是法理学上用以形容社会关系状态的术语。有人将秩序定义为社会中存在的各种关系稳定性、结构的有序性、行为的规则性、进程的连续性、事情的可预测性以及财产和心理的安全性等多方面，进而使稳定性成为秩序化后社会关系的表现。[1]事实证明，大量动态中的经济关系实质就是特定当事人之间的具体权利义务关系——即民法上债的关系，这样债权、债务关系必将透过经济关系对社会的稳定性施加影响，因此，债的关系的畅顺是社会稳定的重要因素。

设立遗产破产制度的可行性在于，“历史的经验已经反复证明，理论上很完美的制度不一定都可以付诸实施，而行之有效的制度未必都是事先设计好的”。[2]笔者认为，在缺少成熟理论的研究时，我国建立遗产破产制度也有充分的可能性。除社会经济发展情况外，很重要的一点就是，某些实体和程序上的规范可以直接从现有的法律中获得。这主要表现在《民法通则》第108条、第84条规定了“债务应当清偿”，“债权人有权要求债务人按照合同的约定或者依照法律的规定履行义务”，《继承法》第33条规定了“继承遗产应当清偿被继承人依法应当缴纳的税款和债务，缴纳税款和清偿债务以他的遗产实际价值为限。超过遗产实际价值部分，继承人自愿偿还的不在此限。继承人放弃继承的，对被继承人依法应当缴纳的税款和债务可以不负偿还责任”。《破产法》第2条规定了“企业法人不能清偿到期债务，并且资产不足以清偿全部债务或者明显缺乏清偿能力的，依照本法规定清理债务。企业法人有前款规定情形，或者有明显丧失清偿能力可能的，可以依照本法规定进行重整”。

从上述规定可以看出，一方面，无论是企业法人，还是公民或其他组

〔1〕 张文显主编:《法理学》，高等教育出版社2007年版，第93页。

〔2〕 季卫东:《法治与选择》，载《中外法学》1993年第4期。

织，债务人都有义务依照合同的约定与法律的规定履行义务。当公民死亡后，特别是继承人放弃继承后，因继承人对被继承人依法应当缴纳的税款和债务可以不负清偿责任，债权人的利益难以得到保障。

企业法人因严重亏损，无力清偿到期债务，可以宣告破产。应用类比推理的逻辑原理，公民因死亡这一法律事实的出现，死亡公民作为债权债务关系当事人，已丧失了主体资格，以之为中心所形成的法律关系必将消灭，因此，对民事法律关系中的债权债务关系和行政法律关系中的纳税和征税关系作出法律上的确认和处理，进入清产和还债程序是完全可行的，也是非常必要的。

另一方面，债权人都有权利依照法律规定或合同约定享有债权，而这种债权，依照《民法通则》规定的公民、法人和其他组织在民事法律关系中的平等地位和《民法通则》所规定的民事行为的公平性原则，各债权人之间的民事债权是平等的，债务人对各债权人的义务应当是平等的。退一步来讲，假定债权人与债务人之间的权利义务关系已转化为继承人与各债权人之间的债权债务关系，也应当是平等的。因此，设立死亡公民破产还债程序也是十分必要的。

3. 遗产破产制度设计之依据

（1）关于遗产破产的主体。

遗产具有破产能力表明遗产不再是权利、义务的客体，而是作为主体。既然是主体，法律必须确认其应有的地位。从民事主体范围考虑，除了自然人、法人之外，非法人组织作为民事主体已经是无可非议的事实。对于非法人组织，一般都是指不具备法人资格的人的集合体。遗产作为财产的集合体，与财团法人相似，但遗产又无法达到财团法人的设立条件，如财产必须达到一定数额、必须进行登记等。遗产作为死者的财产，需要从夫妻共有财产、家庭共有财产中进行分割，并且这些遗产又作为亲属寄托感情的载体，数量又不等，其目的仅仅是为了分割。由于这些因素的存在，无法使遗产等同于财团法人。对遗产的管理可以使用财团法人的管理方法，但不能确认其为财团法人。如果还要明确遗产的主体地位的话，可直接定位为非财团法人。

（2）关于遗产破产的原因。

债务超过，又被称为资不抵债，是指遗产债务总额[1]超过遗产总额。债务超过是遗产破产的原因，并且是唯一的原因。[2]究其缘由乃在于遗产具有固定性，在继承开始后到破产宣告时止，其范围一般总是确定的。

（3）关于遗产破产的申请主体。

①死者的继承人在遗产出现不能清偿债务的情形时，可以申请遗产破产。

继承人申请遗产破产的应符合：其一，该继承人没有放弃继承也未丧失继承权；其二，被继承人所遗留的财产债权不足以偿付其所负的有效债务（包括到期债务和未到期债务）；其三，对上述支付能力状况，申请人应提供证据证明；其四，以书面形式提出申请。

②遗产清理人、管理人有权对遗产进行管理和处分，在遗产出现不能清偿债务的情形时，可以申请遗产破产。

遗产清理人、管理人申请遗产破产的应符合：其一，被继承人所遗留的财产债权不足以偿付其所负的有效债务（包括到期债务和未到期债务）；其二，对上述支付能力状况，申请人应提供证据证明；其三，以书面形式提出申请。

③债务人（被继承人）死后，遗产债权人可以直接对遗产提出破产。

遗产债权人申请遗产破产的应符合：其一，有证据证明被继承人的经济状况恶化或有证据证明继承人、遗产管理人有损害债权人利益的行为；其二，债权人可以自己提出申请也可以由他人代理申请；其三，申请人以

---

〔1〕 在遗产债务总额确定的时候，应把所有的债务，不论是否已届清偿期、不论所附条件是否已成就，均计算在内。原因在于，被继承人死亡以后，遗产债权人权益的实现与否全在遗产。此时，如果遗产不足以清偿所有的债务，而未到期的（所附条件未成就的）债权与到期的（所附条件已成就的）债权又不能得到一起清偿，其就有可能失去保障，这对这些债权人显然不公平。

〔2〕 [日]伊藤真：《破产法》，刘荣军、鲍荣振译，肖贤富译校，中国社会科学出版社1995年版，第40页。

书面形式提出申请。

在前面的论述中我们已经提到，债权人、继承人和遗产管理人均有权申请遗产破产。继承人和遗产管理人申请破产是法律赋予的一种特权，因为在一般民事诉讼程序上，继承人和遗产管理人是不能对自己提起诉讼的。法律之所以规定继承人和遗产管理人可以提起破产申请，是因为他们较为了解遗产的负债情况，在资不抵债的情况下，及时提出破产申请，能够避免损失的进一步扩大，有利于债权人利益的保护。但是，法律赋予继承人和遗产管理人的这种特权，在现实生活中，不可避免地要被继承人和遗产管理人利用，当遗产负债累累，继承人和遗产管理人在时机成熟的时候主动申请破产，借以摆脱沉重的债务负担。对于此种情况，法律上如何补救，国外的做法值得我们借鉴：首先，是规定继承人和遗产管理人有申请破产的义务，而不是申请破产的权利。因为规定其有申请破产的义务则意味着一旦达到了法律规定的界限就必须主动申请破产，这样做可以较好地保护债权人的利益。其次，全面规定破产犯罪问题。通过加强破产犯罪的规定，避免利用破产制度损害债权人利益情形的发生。

（4）关于遗产破产的目的。

由于债务人死亡后才发生遗产破产，其破产原因又是债务超过，因此，遗产破产不存在自然人破产或法人破产中的破产人再生的问题，遗产破产的目的是唯一的，即破产清算。

（5）关于遗产破产的破产财产的范围。

破产财产，是指破产宣告时为破产人所有，依破产程序在债权人之间进行分配的全部财产。对于遗产破产的破产财产的范围而言，通常认为，以属于遗产的一切财产为破产财产。此处所谓的“一切财产”并不限于继承开始时的财产，在继承开始后宣告破产前，继承人、遗产管理人等由于管理和处分遗产而生的权利也应当计算在总额内。

（6）关于遗产破产的破产债权的范围。

①被继承人生前成立的无财产担保的债权。无财产担保的债权，又称为普通债权，是指债权人在设立债权时，没有要求债务人以其特定的财产

作为履行债务的担保的债权。

②被继承人生前成立的有财产担保的债权，其数额超过担保价额的未受清偿部分，该部分为普通债权。

③遗产破产宣告时未到期的债权。这种债权视为已到期，因为若等到期限届满，债务人的财产会被其他债权人分配完毕，该债权人因此而索债无门，不免有失公平。所以，未到期的债权应作为破产债权，但应减去未到期的利息。盖因利息因时间作用而产生，破产宣告后，债务人不可能继续使用本金，故不应支付未到期的利息。

④被继承人生前未支付的，有强制执行效力的罚金、罚款、违约金、赔偿金等。被继承人生前因触犯我国相关法律而被课以的经济处罚，是国家对破产人违法犯罪行为的追究，是其对社会应承担的法律责任。债务人不能因为自己死亡和破产而推卸这种责任，故应列入破产债权。

⑤遗赠扶养协议之债。所谓遗赠扶养协议，是指遗赠人与扶养人签订的，由遗赠人遗赠个人财产给扶养人所有，扶养人承担遗赠人生养死葬义务的协议。在该债权债务关系中，对价表现为对债务人生前的扶养和债权人对债务人死后遗产的获得，其符合普通债权的特征，所以应当被列为破产债权。

⑥其他债权。该条属于兜底性规定，目的在于查遗补漏，适应不断变动的现实的需要。

关于债权申报期限的规定，采用现行《破产法》的设计，以保证法之统一。

（7）关于遗产破产的受理。

①管辖法院。为保持部门法之间制度设计的统一，适用了《民事诉讼法》有关专属管辖的规定。

②受理的效果。法院受理遗产破产申请，意味着破产程序的开始。破产程序开始后，破产财产进入保全状态，遗产债权人的权利行使也受到约束。具体说，发生以下效果：

第一，对继承人（包括遗产清理人、遗产管理人）的约束。自遗产破产案件受理之日起，继承人（包括遗产清理人、遗产管理人）承担以下义务：遗产保全义务、说明义务、提交义务。保全债务人的财产和掌握债务人在财务、经营和其他有关方面的信息，是人民法院审理遗产破产案件和债权人行使权利的重要条件。因此，保护和移交财产，如实说明有关情况和完整、真实地提交有关材料，是继承人（包括遗产清理人、遗产管理人）在破产制度上的重要义务。

需要特别注意的是，继承人（包括遗产清理人、遗产管理人）有不对个别债权人清偿的义务。遗产破产程序开始后，未经人民法院许可，继承人（包括遗产清理人、遗产管理人）不得对个别遗产债权人清偿债务，也不得以破产财产设立新的担保。

第二，对遗产债权人的约束。遗产破产程序的一个重要任务，就是维护债权人集体受偿的秩序。因此，破产程序开始的一个重要效果，就是自遗产破产案件受理之日起，自动冻结遗产债权人的个别追索行为。具体表现为以下三项规定：其一，遗产破产案件受理后，遗产债权人只能通过遗产破产程序行使权利。其不得个别追索债务，也不能向人民法院提起新的民事诉讼。其二，有财产担保的遗产债权人，在破产案件受理后至破产宣告前的期间，未经人民法院准许，不得行使优先权。其三，被继承人生前的开户银行，不得扣划其既存款抵还债款。

（8）关于清偿行为的无效。

人民法院受理破产案件后，对被继承人财产的民事执行程序中止，继承人对部分债权人的清偿无效，各债权人只能通过破产还债程序按比例提请清偿。其次，公民死亡，遗产被宣告破产后，死亡公民生前一定时期内某些处分自己财产的行为无效。企业法人破产法规定的期限是人民法院受理破产案件前六个月至破产宣告之日这段时期。对于遗产破产应稍短些，以被继承人死亡前三个月至破产宣告之日为宜。因为，被继承人生前恶意处分自己的财产是基于其意识到自己将不久于人世这一点上，而其这种预见能力是有一定限度的。某些处分自己财产的行为指下列行为：

①无偿转让其财产；

②放弃自己的债权；

③对未到期的债务提前清偿；

④对到期的数个债务，只清偿了部分债权人的债务；

⑤隐匿或者无偿转让财产。

4. 遗产破产之制度设计

（1）遗产破产的主体是遗产。

遗产作为非法人财团，破产时遗产仅具有形式上的法律地位。[1]

（2）遗产破产的原因是债务超过。

（3）遗产破产的申请主体。

破产申请人为死者的债权人、继承人、或遗产清理人、管理人。[2]

（4）遗产破产的目的是进行财产清算。

（5）遗产破产的破产财产的范围。

通常认为，以属于遗产的一切财产为破产财产。

（6）遗产破产的破产债权的范围。

遗产破产的破产债权有以下几种：

①被继承人生前成立的无财产担保的债权；

②被继承人生前成立的有财产担保的债权，其数额超过担保价额的未受清偿部分；

③遗产破产宣告时未到期的债权；

④被继承人生前未支付的，有强制执行效力的罚金、罚款、违约金、赔偿金等；

⑤遗赠扶养协议之债；

⑥其他债权。

收到法院通知的债权人，其债权申报期限为收到通知后一个月内，未收到通知的债权人，其债权申报期限为公告之日起三个月内。

---

〔1〕 付翠英编著：《破产法比较研究》，中国人民公安大学出版社 2004 年版，第 131 页。

〔2〕 继承人、遗产清理人、遗产管理人不是真正的债务人，但是他们管理债务人的财产，并依法享有处分权，因此在学理上被称为准债务人。

（7）遗产破产的受理。

①管辖法院。

有管辖权的法院应为被继承人住所地的基层人民法院或主要遗产所在地的基层人民法院。

②受理的效果。

其一，自遗产破产案件受理之日起，继承人（遗产清理人、遗产管理人）承担以下义务：遗产保全义务、说明义务、提交义务；不对个别债权人清偿的义务。

其二，自遗产破产案件受理之日起，自动冻结遗产债权人的个别追索行为。

（8）清偿行为的无效。

被继承人死亡前三个月至破产宣告之日，被继承人的无偿或恶意处分行为无效。

参考文献（按字母排序）

一、中文著作类：

[1] 薄洁萍 . 上帝作证——中世纪基督教文化中的婚姻 . 北京：学林出版社，2005.

[2] 陈鹏 . 中国婚姻史稿 . 北京：中华书局，2005.

[3] 陈苇 . 当代中国民众继承习惯调查实证研究 . 北京：群众出版社，2008.

[4] 陈宗荣 . 破产法 . 台北：三民书局，1991.

[5] 邓伟志、徐榕 . 家庭社会学 . 北京：中国社会科学出版社，2001.

[6] 费孝通 . 江村经济——中国农民的生活 . 北京：商务印书馆，2006.

[7] 费孝通 . 乡土中国 生育制度 . 北京：北京大学出版社，1998.

[8] 付翠英编著 . 破产法比较研究 . 北京：中国人民公安大学出版社，2004.

[9] 高其才 . 中国习惯法论 . 长沙：湖南出版社，1995.

[10] 顾希佳 . 礼仪与中国文化 . 北京：人民出版社，2001.

[11] 何山、江启疆主编 . 婚姻家庭法解析 . 北京：群众出版社，2001.

[12] 黄松有主编 . 最高人民法院婚姻法司法解释（二）的理解与适用 . 北京：人民法院出版社，2004.

[13] 胡旭晟、夏新华、李交发 . 民事习惯调查报告录 . 北京：中国政法大学出版社，2000.

[14] 金眉 . 唐代婚姻家庭继承法研究——兼与西方法比较 . 北京：中国政法大学出版社，2009.

[15] 梁慧星 . 民法总论 . 北京：法律出版社，2001.

[16] 梁慧星主编 . 民商法论丛 . 香港：金桥文化出版（香港有限公司），2000.

[17] 梁治平 . 清代习惯法：社会和国家 . 北京：中国政法大学出版社，1996.

[18] 梁治平 . 乡土社会的秩序、公正和权威 . 北京：中国政法大学出版社，1997.

[19] 林国民 . 外国民事法 . 北京：人民法院出版社，1996.

[20] 林嘉 . 外国民商法 . 北京：中国人民大学出版社，2000.

[21] 李庆军 . 破产法律制度 . 北京：中国法律出版社，2000.

[22] 刘云生 . 民法与人性 . 北京：中国检察出版社，2005.

[23] 梅仲协 . 民法要义 . 北京：中国政法大学出版社，1998.

[24] 平遥地方志编纂委员会 . 平遥县志 . 北京：中华书局，1999.

[25] 祁县地方志编纂委员会 . 祁县志 . 北京：中华书局，1999.

[26] 史尚宽 . 亲属法论 . 北京：中国政法大学出版社，2000.

[27] 苏力 . 法治及其本土资源 . 北京：中国政法大学出版社，1996.

[28] 戴炎辉、戴东雄 . 中国亲属法 . 台北：三民书局，1988.

[29] 太谷县志编纂委员会 . 太谷县志 . 太原：山西人民出版社，1993.

[30] 杜江涌 . 遗产债务法律制度研究 . 北京：群众出版社，2013.

[31] 汤维建 . 破产程序与破产立法研究 . 北京：人民法院出版社，2001.

[32] 童光政 . 明代民事判牍研究 . 南宁：广西师范大学出版社，1999.

[33] 王洪 . 婚姻家庭法 . 北京：法律出版社，2003.

[34] 王丽萍 . 婚姻家庭法律制度研究 . 济南：山东人民出版社，2004.

[35] 王卫国 . 破产法精义 . 北京：法律出版社，2007.

[36] 王泽鉴 . 民法总则 . 北京：中国政法大学出版社，2001.

[37] 陈苇主编 . 婚姻家庭继承法学 . 北京：群众出版社，2012.

[38] 张文显主编 . 法理学 . 北京：高等教育出版社，2007.

[39] 张希坡 . 中国婚姻立法史 . 北京：人民出版社，2004.

[40] 周枏 . 罗马法原论 . 北京：商务印书馆，2002.

[41] 邹海林 . 破产程序和破产法实体制度比较研究 . 北京：法律出版社，1995.

二、外文著作 / 译文类：

[1] [美] 埃尔曼 . 比较法律文化 . 贺卫方、高鸿钧译 . 北京：三联书店，1990.

[2] [美] 艾伦・沃森 . 民法法系的演变及形成 . 李静冰、姚新华译 . 北京：中国政法大学出版社，1992.

[3] DavidHicksand Margaret A.Gwynne，Gultural Anthropology，HarperCollins College Publishers，1994.

[4] [美] E. 博登海默 . 法理学、法律哲学与法律方法 . 邓正来译 . 北京：中国政法大学出版社，1999.

[5] [法] 古朗士 . 希腊罗马古代社会研究 . 李玄伯译 . 上海：上海文艺出版社，1990.

[6] [法] 亨利・莱维・布律尔 . 法律社会学 . 许钧译 . 上海：上海人民出版社，1987.

[7] [法] 卢梭 . 社会契约论 . 何兆武译 . 北京：商务印书馆，1980.

[8] Macdonald，Barry.Tradition as Personal Relationship，Journal of American Folklore.1997.No.110（435）.

[9] [德] 马克斯・韦伯 . 社会学的基本概念 . 顾中华译 . 桂林：广西师范大学出版社，2005.

[10] [德] 马克斯・韦伯 . 论经济与社会中的法律 . 张乃根译 . 北京：中国大百科全书出版社，1998.

[11] [法] 孟德斯鸠 . 论法的精神 . 张雁深译 . 北京：商务印书馆，1982.

[12] Peter gouwaldetc，Family and Sucession Law in Germany，Kluwer law international，2001.

[13] [意] 桑德罗・斯其巴尼亚选编 . 正义和法 . 黄风译 . 北京：中国政法大学出版社，1992.

[14] [美] 威廉・J. 古德 . 家庭 . 魏章玲译 . 北京：社会科学文献出版社，1986.

[15] [美] 詹姆斯・哈威・鲁滨孙 . 新史学 . 齐思和等译 . 北京：商务印书馆，1964.

[16] [日] 伊藤真 . 破产法 . 刘荣军、鲍荣振译，肖贤富译校 . 北京：中国社会科

学出版社，1995.

[17] 阎云翔 . 礼物的流动：一个中国村庄中的互惠原则与社会网络 . 李放春、刘瑜译 . 上海：上海人民出版社，1999.

[18] [德] 卡尔·拉伦茨 . 德国民法通论 . 王晓晔等译 . 北京：法律出版社，2003.

三、期刊 / 网络文章

[1] 白庆兰、伍容平 . 当代继承制度发展趋势初探 . 湖南省政法管理干部学院学报，2002，5.

[2] 常建华 . 明代溺婴问题初探 . 中国社会历史评论，2002，4.

[3] 陈丽洪 . 中国现行继承法与民间继承习惯——分家析产习惯与继承法的协调和冲突 . 四川理工学院学报，2008，3.

[4] 傅郁林 . 审级制度的建构原理——从民事诉讼视角的比较分析 . 中国社会科学，2002，4.

[5] 广东高院民一庭、中山大学法学院 . 民俗习惯在我国审判实践中运用的调查报告 . 法律适用，2008，5.

[6] 郭丹、王肃元 . 归扣制度若干问题探析 . 哈尔滨工业大学学报（社会科学版），2004，2.

[7] 韩红俊 . 民俗习惯的司法运用机制研究 . 前沿，2010，2.

[8] 何永红 . 中国农村赡养习惯与国家法的背离——以湖北钟祥石巷村的调查为基础 . 私法，2005，7.

[9] 胡长清 . 中国民法总论—附录 . 比较法研究，2000，4.

[10] 姜旭朝、蒋贞灿 . 农村婚嫁费用、女性人力资本与农村社会保障——一个基于民间金融的分析框架 . 东岳论坛，2005，5.

[11] 季卫东 . 法治与选择 . 中外法学，1993，4.

[12] 李霞 . 民间习俗中的彩礼及其流变 . 民俗研究，2008，3.

[13] 刘冰、韩光印 . 论破产清算组的法律地位 . 法学评论，1995，3.

[14] 刘银春 . 最高人民法院关于适用《中华人民共和国婚姻法》若干问题的解释（二）的理论与实务问题解析 . 法律适用．2004，10.

[15] 毛立平．清代的嫁妆．清史研究，2006，6.

[16] 毛立平．清代妇女嫁妆支配权的考察．史学月刊，2006，6.

[17] 容肇祖．风俗改革与民俗研究．二十世纪中国民俗学经典（民俗理论卷）. 北京：社会科学文献出版社，2002.

[18] 宋东侠．宋代婚嫁述论．兰州大学学报，2003，2.

[19] 孙善侠、史清华．我国农村婚姻市场中彩礼现象的经济学分析．江西农业学报，2009，6.

[20] 王荣武．当前乡村分家习俗的民俗学司考．民俗研究，1994，3.

[21] 吴晓峰．中国民事审判开始重视运用善良习俗．法制日报，2008-10-12.

[22] 熊进光．论解除婚约的民事责任——从我国首例因征婚引出巨额财产纠纷案说起．河北法学，2004，9.

[23] 徐国栋．认真地反思民间习惯与民法典的关系．百度文库。

[24] 袁志丽．对构建我国婚约制度可行性的思考．西部法学评论，2009，3.

[25] 俞江．论分家习惯与家的整体性．政法论坛，2006，1.

[26] 张根大、俞静尧．有告必理——一项法制原则．法学研究，1996，4.

[27] 张利平．以法律视角看民间继承习惯．新乡教育学院学报，2009，3.

[28] 张萍．中国违法婚姻现状分析．社会学研究，1993，5.

[29] 张晓辉、王启梁．民间法的变迁与作用——云南 25 个少数民族村寨的民间法分析．现代法学，2001，3.

[30] 张元、王绒．陕北婚姻习俗中的禁忌探析．延安职业技术学院学报，2009，5.

[31] 钟祥虎、范晓颖、冯文娟．农村招赘婿形式与内涵．湖北师范学院学报，2008，1.

[32] 陈寒非．民法典编纂中的民事习惯调查：历史、现实与方案．福建行政学院学报，2015，3.

[33] 陈苇、杜江涌．我国法定继承制度的立法构想．现代法学，2002，3.

[34] 杜江涌．论尊重习惯法原则在继承立法中的贯彻．内蒙古社会科学，2005，1.

[35] 杜江涌．解读与重构：继承中的财产移转机制研究．民商法学，2006，10.

四、法典类

[1] 德国民法典 . 陈卫佐译 . 北京：法律出版社，2006.

[2] 最新日本民法 . 渠涛译 . 北京：法律出版社，2006.

[3] 汉谟拉比法典 . 世界著名法典汉译丛书编委会译 . 北京：法律出版社，2000.

[4] 摩奴法典 . 世界著名法典汉译丛书编委会译 . 北京：法律出版社，2000.

[5] 瑞士民法典 . 殷根生、王燕译 . 北京：中国政法大学出版社，1999.

[6] 意大利民法典 . 费安玲等译 . 北京：法律出版社，2004.

[7] 中华人民共和国婚姻法 .

[8] 中华人民共和国继承法 .

[9] 法国民法典 . 李浩培、吴传颐、孙鸣岗译 . 北京：商务印书馆 ,1979.

[10] 法国民法典 . 罗结珍译 . 北京：北京大学出版社，2010.

晋中地区家事习惯调查问卷

您的年龄是：__________

您的性别是：A. 男 B. 女

您的文化程度是：__________

您的婚姻状况是：A. 未婚 B. 已婚 C. 离异 D. 丧偶

1.（1）在您看来，哪些人是您的近亲属？

____

____

（2）您所在地区的人们是否认为一定范围内的亲属不能通婚？

A. 认为五服内的亲属不能通婚

B. 认为直系亲属或三代以内旁系血亲不能通婚

C. 不知道

D. 其他

2.（1）您所在的地区在婚前存在定婚（订婚）的风俗习惯吗？

A. 普遍存在

B. 存在，但并不普遍

C. 不知道

D. 其他

（2）您所在的地区人们结婚时是否还遵循传统的婚姻礼仪？

A. 有，普遍都遵循

B. 有，但已较少人遵循

C. 没有

D. 不知道

（3）您认为是否应该遵循传统的婚姻礼仪？

A. 应该　　B. 不应该　　C. 不知道　　D. 其他 __________

如果您认为应该，请问理由有哪些？

____

____

3.（1）您所在地区的婚俗中，结婚时男方是否需要付给女方家一定数量的彩礼？

A. 需要　　B. 不需要　　C. 不知道　　D. 其他 ________

如果选择 A 需要，请继续回答下面的问题：

（2）您所在的地区，彩礼的数额一般是多少？

A.5000 元以下（包括 5000 元）

B.5000 元～10000 元（包括 10000 元）

C.10000 元～20000 元（包括 20000 元）

D.20000 元以上

（3）如果您是男方，您愿意支付彩礼吗？

A. 愿意　　B. 不愿意　　C. 不知道　　D. 其他 ________

如果您是女方，您会要彩礼吗？

A. 会　　B. 不会　　C. 不知道　　D. 其他 ________

（4）您认为彩礼应该归

A. 女方父母　　B. 女儿个人　　C. 不知道　　D. 其他 ________

（5）您所在的地区如何解决彩礼纠纷？

A. 双方协商　　B. 按当地习惯　　C. 上法院　　D. 其他

如果是按照当地的习惯解决彩礼纠纷，请问解决的方案是什么？

____

____

4.（1）您所在的地区，女子在出嫁时是否要陪带“嫁妆”

A. 需要　　B. 不需要　　C. 不知道　　D. 其他 ________

如果选择 A 需要，请继续回答下面的问题：

（2）结婚时女子陪带的“嫁妆”，主要的形式有哪些？价值有多少？

____

____

（3）结婚时女子陪带“嫁妆”，您认为有必要吗？

A. 有必要 ________________________________

B. 没有必要 ________________________________

C. 不知道

D. 其他 ________________________________

5.（1）您所在地区是否存在男方入赘女家的情况？

A. 存在　　B. 不存在　　C. 不知道　　D. 其他 ________

（2）男方入赘女家的原因有哪些？

____

____

（3）您接受“男到女家落户”吗？

A. 接受 ________________________________

B. 不接受 ________________________________

C. 不知道

D. 其他 ________________________________

（4）男方入赘女家其本人和其子女是否要随女家姓？

A. 男方本人及其子女都要随女家姓

B. 男方本人不需要改姓，但其子女需要随女家姓

C. 男方本人及其子女都不需要随女家姓

D. 不知道

E. 其他 ________

（5）落户到女方的男子社会地位如何？

____

____

6.（1）张三的妹妹嫁给李四的条件是李四的妹妹或姐姐要嫁给张三，这种情况称之为换亲婚，俗话又称“姑换嫂”。您所在地区是否存在这样的情况呢？

A. 以前有，现在较少

B. 没有

C. 不知道

D. 其他 __________

（2）张三死后，其妻子嫁给张三的兄弟的情况称之为收继婚，您所在的地区是否存在这样的情况呢？

A. 以前有，现在较少

B. 没有

C. 不知道

D. 其他 __________

7.（1）按照当地风俗习惯，夫妻离婚时，财产是如何分割的呢？（可多选）

A. 财产全部归夫所有，妻子不能取得财产

B. 财产全部归妻所有，丈夫不能取得财产

C. 夫妻财产平均分配，夫妻各得一半财产

D. 要视具体情况而定，若系一方过错导致的离婚，则过错方不能分得财产或少分财产

E. 抚养子女的一方可以获得全部或较多的财产

F. 其他 __________

（2）按照当地风俗习惯，夫妻离婚时其子女归哪一方抚养？

A. 子女归夫抚养　　原因是：______________________________

B. 子女归妻抚养　　原因是：______________________________

C. 夫妻双方可以约定子女归哪一方抚养

D. 一般通过法律途径来解决子女的抚养问题

E. 其他 ____

8.（1）按照当地风俗习惯，一对夫妻什么情况下可以收养子女？

A. 多年未生育子女，并有收养子女的意愿

B. 即使已有亲生子女，只要自己愿意就可进行收养

C. 自己没有亲生儿子，不管其是否有亲生女儿，就可以进行收养

D. 不知道

E. 其他 ________________________________

（2）按照当地风俗习惯，收养的一般是男孩还是女孩？

A. 男孩居多，但也有少数收养女孩

B. 女孩子居多，但也有少数收养男孩

C. 按照当事人自己的愿意选择收养男孩还是女孩

D. 都是男孩

E. 都是女孩

F. 其他 ________________________________

（3）您所在地区的人们收养子女的主要目的是什么？被收养子女是否以同宗同姓为限？是否需要进行一定的仪式？养子女的地位与亲生子女的地位是否相同？

9.（1）当地在子女成家后有分家的习惯吗？

A. 有

B. 没有

C. 不知道

D. 其他 ________

（2）分家一般在什么时候进行？

____

____

（3）分家一般由哪些人参加？

____

____

（4）您认为分家是好事还是坏事？

____

____

（5）分家后，家里老人的赡养方式是什么？

____

____

10.（1）一个人死后，您认为哪些人可以作为继承人？

____

____

（2）在当地，出嫁的女儿可不可以继承父母的遗产？

A. 可以

B. 不可以

C. 不清楚

D. 其他 ________________________________

（3）如果出嫁的女儿不可以继承父母的遗产，原因是：

A. 女儿出嫁后不赡养父母

B. 女儿出嫁时已经拿了嫁妆

C. 女儿出嫁后就是外人了，不应当继承家产

D. 女儿在婆家可以分得家产

E. 当地的习惯就是这样

F. 怕人笑话

G. 其他 ________________________________

11. 一个人死后，您认为应该列入死者遗产范围的是：

A. 别人欠死者的钱

B. 死者欠别人的钱

C. 死者的房屋和物品

D. 死者的物品

E. 其他 ________________________________

12.（1）一个人死后，您认为应该

A. 先分财产，后还债

B. 先还债，后分财产

C. 只分财产，不还债

D. 其他 ______________________________

原因是：______________________________

____

（2）一个人死后，您认为他在生前所欠的债务，该如何处理？

A. 先用死者留下来的财产偿还，不足部分用自己的财产偿还

B. 先用死者留下来的财产偿还，不足部分不再偿还

C. 用自己的钱偿还全部

D. 不还

E. 其他 ______________________________

原因是：______________________________

____

13. 父亲（母亲）生前欠有债务，在他（她）死后，对于父亲（母亲）死亡的消息，您会

A. 立即通知债主

B. 立即通知自己知道住址的债主，对于自己不知道住址的债主会想办法通知

C. 立即通知自己知道住址的债主，对于自己不知道住址的债主不通知

D. 过一段时间通知债主

E. 不通知债主

F. 其他 ______________________________

14. 一个人死后，您认为丧葬费用该怎样负担？

A. 用死者留下来的财产负担

B. 先用死者留下来的财产负担，不足部分由其子女凑钱负担

C. 这部分费用应完全由其子女凑钱负担

D. 其他 ______________________________

15. 对于一个人死亡的消息，您认为

A. 有必要让别人知道

（如果您认为有必要让别人知道，那么，您觉得通过哪种方式合适？通

知村委会或居委会；通过当地的报纸或电视；贴告示；其他）

B. 没有必要让别人知道

原因是：______________________________

____

16. 对于一个人死亡后留下来的财产，在被继承前，您认为

A. 应该由其子女一起管理

B. 应该找一个德高望重的人管理

C. 应该由村委会或居委会管理

D. 应该找一个懂法律的人来管理

E. 其他 ______________________________

17.（1）父亲（母亲）生前一直对一个与你们家庭无关的人进行照顾，在父亲（母亲）死后，您认为

A. 如果被照顾的人没有能力，那么，应拿出一部分遗产继续救济

B. 不管被照顾的人有没有能力，都应该按照父母的意愿继续照顾

C. 不管被照顾的人有没有能力，都不应该继续照顾

D. 其他

原因是：______________________________

____

（2）父亲（母亲）生前一直被子女以外的其他人照顾，父母死后，您认为

A. 应拿出父母的部分遗产对曾经照顾过他们的人补偿

B. 不予以补偿

C. 其他 ______________________________

18. 当地人有生前立遗嘱的习惯吗？

A. 有

B. 没有

C. 不清楚

D. 其他 ______________________________

致　谢

“万般皆下品，唯有读书高。”小的时候，父母每每以这句话教育我要努力，懵懂的认识中，我只知道好的成绩能给父母带来快乐，于是下定决心要把“书底读穿”。

从孩童到为人父，从山西小城到歌乐山麓，从嘉陵江畔到鼓浪屿之滨，无论是一坛让人心醉的老醋，还是一声幽幽的川江号子，抑或舒婷《致橡树》的呢喃耳语，“已把他乡作故乡”的我深深地爱着太谷、重庆、厦门这三个让我付出，让我魂牵梦绕的地方。

我想说，我是幸运的。回首过往，无数的亲人、朋友、尊长、同人给我鼓励、支持、温暖和快乐。无以表达，真挚地道声：感谢。

选择厦大，不仅是因为它有“全国最美的校园”，更在于它的学术氛围和“一群为自己的事业执着追求的人们”；选择蒋月老师，源于2000年在大连“婚姻法年会”上的一次邂逅。她温婉的语调、自信的表达和平易近人的举止，从那一刻起，就注定了后来的学术之缘。

博士后出站报告完成的过程，也是我儿子从孕育到出生的过程。在我最艰难的时候，是父亲、母亲无私的付出与鼓励，让我得以坚持；是妻子默默的理解让我难言放弃；是儿子杜禹乐恒的微笑让我努力做一个好的榜样；是导师陈苇教授以及学院领导、同事的关爱让我始终信心满满。

从博士后流动站出站到本报告的出版，经过的是岁月的流逝，不变的是我对事业的追求以及对工作始终的热情。

再次感谢经历的、得到的、拥有的一切。

此刻的我，幸福万分……

补　记

本文是我的博士后出站报告。

从完成到付梓大概经过了6年的时间，6年间，我多次阅读、数次修改，到底要不要公开出版，我有过犹豫。原因之一，部分人认为，家事习惯的研究没有意义，现代社会要依法治国，部分人认为，家事习惯具有地方性，研究没有全局价值。原因之二，从2009年我就开始了本报告的调研工作，一直持续至今，其间的调查报告成文数次被杂志社退稿，其中最主要的理由是“该选题不是社会热点”，我甚至开始“怀疑人生”。原因之三，家人问我，如此付出，怎么没有看到产出？我汗颜。

但我一直在内心深处告诉自己：要坚持。既然做了这个选题，就要坚持到底。在我看来，习俗作为社会调控的有效手段之一，尤其是在民事领域，它的价值一定会被重视，也一定会发挥其独有的作用。

2017年3月15日中华人民共和国第十二届全国人民代表大会第五次会议通过，于2017年10月1日起施行的《中华人民共和国民法总则》第10条规定：“处理民事纠纷，应当依照法律；法律没有规定的，可以适用习惯，但是不得违背公序良俗。”这标志着“习惯”被正式列为民法法源，意味着民事纠纷如出现法律没有规定的事项，法院可在一定条件下根据民间习惯或商业惯例做出裁决。

另一方面，国际社会的民事立法经验表明，即使拥有再完备的民法典，也无法穷尽民事领域的所有事项，亦无法随时消除社会变迁所导致的立法滞后性，而世代相传、积淀民间的习惯，往往可以有效弥补成文法的漏洞，补救国家法的缺失。同时，获得民众普遍内心认可，并由情感、道德、文化等维持的习惯，体现的是一种“同意权力”，其运行成本也远低于国家法。

于此，我看到我工作的价值。

在路上，我将继续努力……